Das YouTubiversum

Hektor Haarkötter · Johanna Wergen
(Hrsg.)

Das YouTubiversum

Chancen und Disruptionen
der Onlinevideo-Plattform
in Theorie und Praxis

Springer VS

Hrsg.
Hektor Haarkötter
Hochschule Bonn-Rhein-Sieg
Sankt Augustin, Deutschland

Johanna Wergen
Hochschule für Medien, Kommunikation
und Wirtschaft HMKW
Köln, Deutschland

ISBN 978-3-658-22845-3   ISBN 978-3-658-22846-0   (eBook)
https://doi.org/10.1007/978-3-658-22846-0

Die Deutsche Nationalbibliothek verzeichnet diese Publikation in der Deutschen National-
bibliografie; detaillierte bibliografische Daten sind im Internet über http://dnb.d-nb.de abrufbar.

Springer VS
© Springer Fachmedien Wiesbaden GmbH, ein Teil von Springer Nature 2019

Springer VS ist ein Imprint der eingetragenen Gesellschaft Springer Fachmedien Wiesbaden GmbH
und ist ein Teil von Springer Nature
Die Anschrift der Gesellschaft ist: Abraham-Lincoln-Str. 46, 65189 Wiesbaden, Germany

Inhalt

II   Wirtschaftliche Bedeutung und Finanzierung

III   Umsetzung und praktische Folgerungen

IV   Ausblick: Social Video auf anderen Plattformen

Autor_innenverzeichnis

Michael Frenzel ist Journalist in Köln und arbeitete von 2015 bis 2017 als Head of Communication der Mediakraft Networks GmbH. Seit 2018 ist er als selbständiger Berater unter anderem für den Internetverband eco tätig.
Email-Adresse: michael.frenzel@mediakraft.net

Hektor Haarkötter, Prof. Dr., ist geschäftsführender Vorstand der *Initiative Nachrichtenaufklärung* (INA) e. V. und lehrt Kommunikationswissenschaft mit Schwerpunkt politische Kommunikation an der Hochschule Bonn-Rhein-Sieg. Zuvor hat er 20 Jahre für beinahe alle öffentlich-rechtlichen Sender und Arte als Journalist, Filmemacher und Regisseur gearbeitet und ist für seine journalistischen, filmischen und medienkritischen Arbeiten mehrfach ausgezeichnet worden. Er publiziert Bücher, Aufsätze und Artikel zu kommunikationswissenschaftlichen und medienkritischen Themen. Als aktiver Blogger betreibt er mehrere Weblogs, unter anderem den „Antimedienblog" (www.antimedien.de) oder den Rechercheblog www.kunstderrecherche.de.
Email-Adresse: hektor.haarkoetter@h-brs.de

Simon Meier, Dr., ist Sprachwissenschaftler an der TU Berlin und vertritt zurzeit die Professur für Angewandte Linguistik an der TU Dresden. Seine Forschungsschwerpunkte liegen in der Medienlinguistik, Diskurslinguistik und Korpuslinguistik. Er ist Mitglied im DFG-Forschungsnetzwerk „Diskurse digital – Theorien, Methoden, Fallstudien". Zudem betreibt er den Blog fussballlinguistik.de und verbindet dort seine Begeisterung für den Fußball mit seinen sprachwissenschaftlichen Interessen.
Email-Adresse: simon.meier-vieracker@tu-dresden.de

Moritz Meyer, lebt und arbeitet als freier Journalist und Videoredakteur in Köln. Er berichtet am liebsten über alles, was mit dem Digitalen Wandel zu tun hat. Als „Burgenblogger" lernte er 2016 den Mittelrhein kennen und lieben. Aktuell verfilmt er auf *YouTube* saarländisches Handwerk. Guckt viel zu viele Serien auf diversen Plattformen und muss deshalb regelmäßig ab aufs Wasser und sein Kajak schwimmen lassen. Als Pressesprecher des Multi-Channel Networks „Mediakraft" hat er bis 2015 mit einigen der erfolgreichsten *YouTube*-Stars Deutschlands zusammengearbeitet. Email-Adresse: mail@moritz-meyer.net

Thomas Petzold, Prof. Dr., ist seit 2013 Professor für Medienmanagement und leitet den Fachbereich Wirtschaft an der HMKW Berlin. Seit mehr als 15 Jahren forscht und arbeitet er im privaten wie im öffentlichen Sektor und sammelte dabei Erfahrungen in Europa und dem asiatisch-pazifischen Raum. Petzold arbeitet über disziplinäre Grenzen hinweg und ist ein Fan von allgemeinverständlicher Vermittlung wissenschaftlicher Arbeit. Ziel seiner Arbeit ist das wirtschaftliche und soziale Wohl von Ländern und deren Bewohner zu verbessern. In einem TEDx Talk in Berlin sprach er über das digitale Potenzial, welches im Bereich globales Wissen und soziale Technologien noch unzureichend ausgeschöpft ist und erörterte in einer Keynote in Amsterdam sowie seinem neuen Buch die sozio-ökonomischen Gründe dafür. Email-Adresse: t.petzold@hmkw.de

Christine Piepiorka, Prof. Dr., hat 2001-2005 Diplom-Medienökonomie an der Business and Information Technology School (BiTS) studiert. Im Anschluss hat sie in den Bereichen Marketing, Online-Marketing, Öffentlichkeitsarbeit, Fernsehproduktion und Filmproduktion gearbeitet. Währenddessen entschloss sie sich Medienwissenschaft an der Ruhr-Universität Bochum zu studieren, während sie weiter in den genannten Bereichen arbeitete. Nach erfolgreichem Abschluss 2009 promovierte sie und war als Lehrbeauftragte am Institut für Medienwissenschaft der Ruhr-Universität Bochum tätig. Neben zahlreichen Konferenzbeiträgen und der Organisation einer internationalen Konferenz, entstanden in den letzten Jahren weitere Fachbeiträge im Bereich Fernsehwirtschaft und Social Media. Von Oktober 2015 bis September 2017 arbeitete sie als wissenschaftliche Mitarbeiterin und doziert an der Hochschule für Medien, Kommunikation und Wirtschaft Köln im Bereich Medien- und Eventmanagement. Seit Oktober 2017 arbeitet sie als Hochschullehrerin im Fachbereich Sport, Medien & Kommunikation der University of Applied Sciences Europe/ BiTS insbesondere im Bereich Fernsehen und digitale Medien. Email-Adresse: christine.piepiorka@ue-germany.com

Christian Solmecke hat sich als Rechtsanwalt und Partner der Kölner Rechtsanwaltskanzlei WILDE BEUGER SOLMECKE auf die Beratung der Internet- und Medienbranche spezialisiert. Nachdem er selbst vor seiner Tätigkeit als Anwalt über 10 Jahre als freier Journalist und Radiomoderator (u. a. für den Westdeutschen Rundfunk) arbeitete, berät er nun zahlreiche Journalisten und Medienschaffende. Neben seiner Kanzleitätigkeit ist Christian Solmecke Geschäftsführer des Deutschen Instituts für Kommunikation und Recht im Internet an der Cologne Business School. Dort beschäftigt er sich insbesondere mit den Rechtsfragen in Sozialen Netzen und den damit verbundenen Rechtsproblemen in Bezug auf das Persönlichkeitsrecht. Email-Adresse: solmecke@wbs-law.de

Hendrik Unger lebt und arbeitet in Köln. Der Social Media Experte gilt als kreativer Macher und virtueller Querdenker. Mit seinem Team berät er Kunden in den Bereichen Marketing und Design. Dazu betreibt der mehrfache Gründer & Geschäftsführer zwei Agenturen. In der breit aufgestellten „36grad Kreativagentur" werden alle Belange rund um Werbung und Kommunikation abgedeckt. Dahin entgegen dreht sich bei seiner spezialisierten Agentur „Videocheck" alles um die Vermarktung und von bewegten Bildern - sowohl offline als auch online. Besonders am Herzen liegen dem studierten Kommunikationsdesigner die Kreativität im Beruf. Im Jahr 2016 veröffentlichte er bereits sein zweites *YouTube*-Marketing-Buch, welches jetzt schon als Standardwerk im Bereich *YouTube* Marketing gilt. In ganz Europa ist Hendrik Unger unterwegs als Social Media Speaker, Dozent, Buchautor und gibt regelmäßig TV-Interviews zum Thema Marketing & Werbung. E-Mail: post@hendrik-unger.de

Martin Welker, Prof. Dr. habil., HMKW Hochschule für Medien, Kommunikation und Wirtschaft in Köln. Magisterstudium und Promotion an der Universität Mannheim, Habilitation an der Universität Leipzig. Danach Stationen in München, Leipzig und Braunschweig. Mitherausgeber der Publikationsreihe der Fachgruppe Digitale Kommunikation der Deutschen Gesellschaft für Publizistik und Kommunikationswissenschaft (http://www.digitalcommunicationresearch.de), Gründer und Herausgeber der Neuen Schriften zur Online-Forschung im Halem Verlag, in 2/18 erschien Band 15 (http://www.halem-verlag.de/computational-social-science-in-the-age-of-big-data/). E-Mail-Adresse: m.welker@hmkw.de

Johanna Wergen, M.A., hat Medienwissenschaft mit den Schwerpunkten Ökonomie, Soziologie und Kulturwissenschaft an der Universität zu Köln studiert. Während und nach dem Studium hat sie für über vier Jahre für die Markt- und Medienforschung der Deutschen Welle (DW) in Bonn gearbeitet. Seit Oktober 2016 ist sie wissenschaftliche Mitarbeiterin und Dozentin im Fachbereich Journalismus & Kommunikation an der HMKW Hochschule für Medien, Kommunikation und Wirtschaft in Köln. Ihre Dissertation im Fach Sozialwissenschaften an der WiSo-Fakultät der Universität zu Köln verfasst Johanna Wergen zu Agenda Setting-Effekten im Kontext von Social Media-Nutzung.
Email-Adresse: johanna.wergen@gmail.com

Einleitung
YouTube als das neue Fernsehen?

Hektor Haarkötter und Johanna Wergen

1   Bravo *YouTube*

Wer als junger Mensch heute etwas auf sich hält, wer in der Altersgruppe der Un-
ter-Zwanzigjährigen auf dem Laufenden sein will und wer in dieser Generation
Klatsch und Tratsch der eigenen Idole verfolgen möchte, der liest nicht mehr wie
ehedem die „Bravo", nein, er greift zu „BravoTube" oder wahlweise „TubeSpecial"
oder auch zur Zeitschrift „New Stars", die sich ebenfalls vorwiegend mit den
Medienvorbildern der Jugendlichen auf der Onlinevideoplattform beschäftigt.
Während der alte Kulturbetrieb, der noch von Max Horkheimer und Theodor W.
Adorno als „Kulturindustrie" gescholten wurde (Horkheimer/Adorno 1987: 144),
wieder auf Manufaktur-Maß zurückschrumpft, vor allem was das Musikgeschäft
angeht, können die jungen Präsentatorinnen[1] und „Influencer" mit ihren Kanälen
auf *YouTube* teilweise ein Millionenpublikum generieren. Das ganz „alte" Medium
der Printpresse möchte ein Stückchen vom Kuchen abhaben, wenn es Illustrierte
wie die vorgenannten herausbringt, denn *YouTube* und damit auch dem Mutterkonzern Alphabet Inc., der aus *Google* hervorgegangen ist, ist es als einem der
wenigen „neuen" Medien gelungen, ein Geschäftsmodell zu etablieren, das auch
den Lieferantinnen der Medieninhalte in den meisten Fällen sehr bescheidene, in

---

1   Um allen gendermäßigen Fallstricken grammatischer und biologischer Geschlechts-
zuweisungen zu entgehen, werden in diesem Band weibliche und männliche Formen
nach Möglichkeit immer abwechselnd gebraucht, linguistisch gesprochen wechseln wir
also generisches Femininum und generisches Maskulinum ab und meinen das andere
(biologische) Geschlecht stets mit. Auch uneindeutige geschlechtliche Identitäten jenseits
dieser immer noch viel zu simplen Binarität sind dabei eingeschlossen. Wir und unsere
Autoren werden uns daran aber auch nicht sklavisch halten und bitten die Leserinnen
um eine „robuste Liberalität" im Sinne Timothy Garton Ashs. Gez. die Herausgeberin
und der Herausgeber.

© Springer Fachmedien Wiesbaden GmbH, ein Teil von Springer Nature 2019
H. Haarkötter und J. Wergen (Hrsg.), *Das YouTubiversum*,
https://doi.org/10.1007/978-3-658-22846-0_1

einigen Fällen aber auch exorbitante Einkünfte beschert. Gelungen ist dies auch deswegen, weil die Onlinevideoplattform *YouTube* einige Vorteile in sich vereint, nämlich die Reaktivität eines Onlinemediums mit der weidlichen Passivität eines unterhaltungsorientierten Fernsehkonsums. Diesen Punkt wollen wir kurz näher beleuchten.

2   Reaktivität versus Passivität auf Onlinevideoplattformen

2.1   Reaktivität im Internet

Eines der herausstechenden Merkmale des Internets ist seine Reaktivität. User können in Onlinemedien Inhalte kommentieren, mit den Urheberinnen oder anderen Nutzern in Dialog treten und selbst Inhalte hochladen oder posten. Diese Eigenschaft wird wahlweise auch als Dialogizität, Partizipativität oder Interaktivität bezeichnet (vgl. Engesser 2013: 16; Haarkötter 2016: 26 ff.; Haarkötter 2015: 133; Matzen 2014: 11; Neuberger 2009: 21). Hinzu kommt, dass Onlinevideoplattformen wie *YouTube* heute gleichzeitig soziale Netzwerke und damit Teil der *sharing economy* sind, die nicht nur ihren Beitrag zur Aufmerksamkeitsökonomie à la Georg Franck (1998: 10 f.) leisten beziehungsweise der Anhäufung sozialen Kapitals im Sinne Pierre Bourdieus (1983: 191) dienen, sondern auch mehr oder weniger direkt monetäre Effekte erzielen können. Die Simplizität der Bedienung, sprich: des Anlegens eines eigenen Nutzerkontos und des Hochladens eigener oder fremder Videos zusammen mit einer recht laxen Auslegung des Urheberrechts und anderer Lizenzrechte sowohl auf Seiten der Nutzerinnen als auch auf Seiten des Plattformbetreibers haben wesentlich zum Erfolg von *YouTube* beigetragen. Das Internet hat sich gerade auch durch *YouTube* von einem Text- oder Text-und-Bild-Medium zu einem voll-visualisierten Bewegtbildmedium verwandelt. *YouTube* ist heute nicht nur ein Kanal, über den Pubertierende Schminkhinweise und Spieletipps erhalten, sondern entwickelt sich zunehmend auch zum kulturellen Gedächtnis für Videoinhalte, die aktueller ebenso wie historischer Natur sein können. Es verwundert darum nicht, dass *YouTube* sich zur zweitmeistgenutzten Internet-Suchmaschine nach derjenigen des Mutterkonzerns, nämlich *Google*, entwickelt hat (Haarkötter 2015b: 159).

2.2 Online-Video und Passivität

All die nutzerseitige Aktivität, Interaktivität oder Reaktivität darf allerdings nicht den Blick dafür verstellen, dass Videokonsum und damit auch der Erfolg von *You-Tube* vor allem damit zu tun haben, dass er passiv vonstatten geht. *YouTube* kann ich als Nutzerin, gerade bei den heutigen hohen Bandbreiten auch in der mobilen Nutzung und bei der hervorragenden Abbildungsqualität von Smartphones und Tablet-Computern, äußerst einfach rezipieren, ohne sonderlich etwas dafür tun zu müssen. Das macht *YouTube* so bequem und das macht *YouTube* als Konkurrenzkanal zum klassischen Fernsehen für TV-Anstalten und öffentlich-rechtliche Sender so problematisch. Wo einst Adorno die Bequemlichkeit und Passivität beim TV-Konsum gescholten hat und damit, neben anderen Autoren der Zeit, dem bildungsbürgerlichen Dünkel gegenüber diesem damals neuen Medium Vorschub geleistet hat (Adorno 1972: 511), wird heute die Leistung dieser Rezeptionshaltung anerkannt, handelt es sich doch beim normalen TV-Konsum nicht um Apathie, sondern um eine Rezipientenhaltung, die auf der Klaviatur der Aufmerksamkeitsgesten von „leicht ablenkbar" bis „völlig gebannt" reicht und darum auch als „aktive Passivität" (Keppler 2015: 181) bezeichnet wurde: „Immer noch besteht ein wesentlicher Anreiz dafür, warum wir überhaupt fernsehen [...], gerade in der Passivität dieser Tätigkeiten" (Salm 2004: 117). Diese „aktive Passivität" bietet heute nicht mehr nur das Fernsehen, sondern auch andere Formen der Bewegtbildpräsentation, und die Onlineplattform *YouTube* ist dabei der Klassenprimus. Das klassische Fernsehen ist im aktuellen Medienpotpourrie, was Nutzungs- und Verweildauern sowie Reichweiten angeht, immer noch die Nummer 1 und wird dies wohl auch auf absehbare Zeit bleiben. Doch einige der Funktionen, die bislang das Fernsehen als Medium erfüllt hat, scheinen, jedenfalls für eine bestimmte Generation oder Nutzergruppe, auf *YouTube* und andere Onlinevideoplattformen übergegangen zu sein. Und im Internet, vor allem dort, wo der Kampf um Aufmerksamkeit über den Kampf mit Inhalten geführt wird, ist Bewegtbild heute schon das A und O. Die Übernahme des TV-Nachrichtenkanals N24 durch den Axel-Springer-Verlag und seine Tageszeitung „Die Welt" erklärt sich nicht so sehr durch die Reanimation der Gelüste deutscher Zeitungsverleger, im TV-Geschäft reüssieren zu wollen, als vielmehr dadurch, dass mit journalistischen Inhalten im Netz heute vor allem der erfolgreich ist, der zur Nachricht auch das Video liefern kann. Und der „Videokrieg" (Tantau 2015) zwischen Platzhirsch *YouTube* und dem sozialen Netzwerk *Facebook*, das mit aller Macht selbst zur Videoplattform sich mausern will, zeigt, dass Reichweite online vor allem mit bewegten Bildern zu erzielen ist. In seinem Visual Networking Index geht der Netzwerkbetreiber Cisco davon aus, dass bis

zum Jahr 2019 Online-Videos für 80 % des Gesamt-Traffics verantwortlich sein
werden (Cisco 2015).

2.3   Ein YouTubiversum?

Was so viel Bandbreite beansprucht, darf auch Anspruch auf Universalität haben.
Und tatsächlich gibt es kaum ein Thema, ein Bedürfnis, ein Interesse oder eine
Agenda, die nicht im Video auch auf *YouTube* zu finden wären. Vier bis fünf
Stunden Videomaterial soll, nach unbestätigten Schätzungen, pro Minute auf die
Speichereinheiten der Onlinevideoplattform *YouTube* hochgeladen werden. Diese
Zahl ist wie die meisten Angaben, die die US-amerikanischen Computerfirmen
aus dem Silicon Valley verbreiten, mit Vorsicht zu genießen, da *YouTube* mit
Firmeninterna einen durchaus klandestinen Umgang pflegt. Aber selbst wenn
der Mengenrahmen an Material, das von dieser Plattform zur Verfügung gestellt
wird, schwer zu schätzen ist, dürfte die Annahme auf Zustimmung stoßen, dass
YouTube ein eigenes Universum darstellt, das längst auch genuine Darstellungs-
und Präsentationsformen, genuine Wirtschaftsformen und, vor allem, genuine
Heldinnen und Helden hervorgebracht hat, die als Projektionsfläche dienen und
als anthropomorphe Wiedergängerinnen dieser Speichereinheit dem unüberseh-
baren Giganten ein Gesicht geben. Es ist darum wohl nicht übertrieben, von einem
„YouTubiversum" zu sprechen, das seinen eigenen Bedeutungshorizont definiert
und längst eine eigene Welt darstellt.

3   Der vorliegende Band

Diese Welt harrt allerdings noch ihrer wissenschaftlichen und fachlichen Darstellung. Die Beiträge dieses Sammelbands wollen das Phänomen *YouTube* aus ganz
unterschiedlichen Perspektiven beleuchten, um den ganz verschiedenen Dimensionen dieses Universums gerechter zu werden.

Im ersten Teil des Bandes wird in empirischen Analysen und Interpretationen ein
analytischer Blick auf verschiedene Facetten der Onlinevideo-Plattform geworfen:
journalistische Qualität, internationale Entwicklungen, Serialität sowie Politik-
und Medienkritik in den Kommentarspalten. Durch *YouTube* obliegt die Hoheit
der Nachrichtenverbreitung nicht mehr nur ausgebildeten Journalisten, sondern
auch einfache Nutzerinnen können hier unter Umständen Berichterstattung über
aktuelle Ereignisse betreiben. Wie sich die Berichterstattung sogenannter *YouTuber*

ausgestaltet, analysiert Hektor Haarkötter in seinem Beitrag. Auf der Grundlage inhaltsanalytischer Daten zieht er den Vergleich zwischen der Berichterstattung traditioneller Medien und der von *YouTuberinnen* und prüft beide auf ihre journalistische Leistung und ihren partizipativen Gehalt, gerade auch was politische und gesellschaftliche Partizipation angeht. Johanna Wergen betrachtet *YouTube* vor der Frage, welche Rolle die Online-Videoplattform als Bereitsteller eines internationalen Austausches spielen kann. Sie schaut auf aktuelle Nutzerzahlen im internationalen Vergleich und nimmt auch die Arbeit von Auslandssendern auf *YouTube* in den Blick. Christine Piepiorka analysiert das Phänomen der Serialität im Hinblick auf *YouTube* und fragt, inwiefern sich aus dem Fernsehen gewohnte Serialitätskonzepte auch auf der Online-Videoplattform durchsetzen. Im Beitrag von Simon Meier steht genuin die Reaktivität, nämlich die Kommentarbereiche unter *YouTube*-Videos im Fokus. Anhand der Kommentare, die zu Videos von Talkshow-Auftritten von AFD-Politikern getätigt wurden, analysiert Meier medienlinguistisch, inwiefern sich der politische Diskurs hier zu einem medienkritischen Diskurs verdichtet.

Der zweite Teil des Bandes fokussiert ökonomische Komponenten von *YouTube*. Thomas Petzold blickt netzwerktheoretisch auf Investitionen und Umsätze im *YouTube*-Kosmos. Der Beitrag von Michael Frenzel stellt die Frage, ob und wie Journalismus auf *YouTube* finanzierbar ist. Hierzu gibt er einen Überblick über die verschiedenen Finanzierungsmöglichkeiten auf *YouTube*: von Multichannel-Netzwerken über öffentlich-rechtliche und *crowd*-finanzierte Modelle.

Den Auftakt in das dritte Kapitel, das einen praxisorientierten Zugang zum Thema bieten soll, bildet der Beitrag von Hendrik Unger mit einem Blick auf die Monetarisierungsoptionen auf *YouTube*. Der Beitrag von Moritz Meyer setzt sich damit auseinander, welche neuen Herausforderungen und Möglichkeiten *YouTube* für Journalisten bietet. Die veränderten Sehgewohnheiten sind mit veränderten journalistischen Praktiken zu bespielen. Anschließend werden juristische Besonderheiten bei *YouTube*-Produktionen erklärt. Christian Solmecke gibt einen Überblick zu Urheberrecht, Persönlichkeitsrecht, Musikrechten, Werbung und Produktplatzierung, Datenschutz, den Impressumspflichten und AGB bei *YouTube*.

Der Band wird im vierten Kapitel – Social Video auf anderen Plattformen – mit einem empirischen Ausblick von Martin Welker abgeschlossen. Denn es ist längst nicht mehr allein *YouTube* auf dem Markt für Bewegtbild unterwegs. Martin Welker blickt daher in seinem Beitrag auf Plattformen „beyond *YouTube*". Zusammen mit einer Studiengruppe führte er eine Analyse von Bewegtbildmaterial auf *Instagram*, *Twitter* und *YouTube* durch. Die Analyse bezieht sich auf politische Inhalte im Vorfeld der Bundestagswahl, die von so genannten Influencerinnen bereitgestellt werden.

4 Dank

An dieser Stelle möchten die Herausgeber sich bei allen Beteiligten des Sammelbandes bedanken. Den Startschuss für den Sammelband bildete eine Ringvorlesung, die im Wintersemester 2016/2017 an der HMKW Hochschule für Medien, Kommunikation und Wirtschaft Köln stattfand. In einer dialogischen Präsentationsform kamen immer eine Theoretikerin und ein Praktiker zusammen, um über ihre Erfahrungen und Untersuchungen mit und über *YouTube* zu erzählen. Wir danken der Hochschulleitung und den beteiligten Mitarbeiterinnen der Hochschule für die Unterstützung dieser ehrgeizigen Vortragsreihe, ohne die es dieses Buch nicht geben würde.

Für die Mitarbeit bei der Fertigstellung des Bandes danken wir den studentischen Hilfskräften Carola Bachtler, Marieme Kandji, Fabienne Rothe und Benedikt Wagner, dem besonderer Dank zugeht, da er die springende Idee für den Titel des Bandes beisteuerte. Wir bedanken uns schließlich bei unserer Lektorin beim Verlag Springer VS, Barbara Emig-Roller, die es möglich gemacht hat, dieses Buchprojekt zu verwirklichen.

Literatur

Adorno, Th. W. (1972). "Prolog zum Fernsehen". In: Ders.: *Gesammelte Schriften*. Bd. 10.2. Hg.: R. Tiedemann. Frankfurt/Main: Suhrkamp: S. 507-517.

Bourdieu, P. (1983). „Ökonomisches Kapital, kulturelles Kapital, soziales Kapital". In: Kreckel, R. (Hg.): *Soziale Ungleichheiten*. Göttingen: Schwartz, S. 183-198.

Cisco (2015). „Cisco Visual Networking Index Predicts IP Traffic to Triple from 2014–2019". Pressemitteilung. Quelle: https://newsroom.cisco.com/press-release-content?type=webcontent& articleId=1644203 [11.05.2018].

Engesser, S. (2013). *Die Qualität des Partizipativen Journalismus im Web. Bausteine für ein integratives theoretisches Konzept und eine explanative empirische Analyse*. Wiesbaden: Springer VS.

Franck, G. (1998). *Ökonomie der Aufmerksamkeit*. Ein Entwurf. München: Hanser.

Haarkötter, H. (2016). „Empörungskaskaden und rhetorische Strategien in Shitstorms. Eine empirische Analyse des User-Verhaltens in ausgewählten Facebook-Shitstorms". In: Ders. (Hg.). *Shitstorms und andere Nettigkeiten. Über die Grenzen der Kommunikation in Social Media*. Baden-Baden: Nomos, S. 17-50.

Haarkötter, H. (2015a). „Anonymität im partizipativen Journalismus: Empirische Untersuchung der User-Kommentare auf journalistischen Facebook-Seiten". In: Petra Grimm und Oliver Zöllner (Hgg.): *Anonymität und Transparenz in der Digitalen Gesellschaft – interdisziplinäre Perspektiven.* Stuttgart: Steiner, S. 133-150.

Haarkötter, H. (2015b). *Die Kunst der Recherche.* Konstanz: UVK.

Horkheimer, M./Adorno, Th. W. (1987): *Dialektik der Aufklärung und Schriften 1940-1950. Ges. Schriften Bd. 5.* Frankfurt/Main: S. Fischer.

Keppler, A. (2015). *Das Fernsehen als Sinnproduzent: Soziologische Fallstudien.* Berlin u. a.: De Gruyter.

Matzen, N. (2014). *Onlinejournalismus.* Konstanz: UVK.

Neuberger, Chr. (2009). „Internet, Journalismus und Öffentlichkeit". In: Ders., Chr. Nuernbergk u. M. Rischke (Hg.): *Journalismus im Internet.* Wiesbaden: VS, S. 19-106.

Salm, Chr. zu (2004). *Zaubermaschine interaktives Fernsehen? TV-Zukunft zwischen Blütenträumen und Businessmodellen.* Wiesbaden: Springer.

Tantau, B. (2015). „Wird Facebook den Video-Krieg gegen *YouTube* gewinnen?" Quelle: https://bjoerntantau.com/wird-facebook-den-video-krieg-gegen-*youtube*-gewinnen-10062015.html [11.05.2018].

I
Empirische Analysen und Interpretationen

YouTuber als Nachrichtenquelle
Können genuine Onlinevideokanäle über relevante Themen genauso informieren wie die News-Kanäle etablierter Medien? Eine empirische Untersuchung

Hektor Haarkötter

Zusammenfassung

Auf *YouTube* werden nicht nur unterhaltende Filme und How to-Anleitungen angeboten, sondern durchaus auch faktenbezogene Inhalte. Damit ist aber noch nicht gesagt, dass solche Videos auch die klassischen Funktionen des Journalismus übernehmen, insbesondere die der politischen oder gesellschaftlichen Partizipation. Eine quantitative Inhaltsanalyse beleuchtet, welche Rolle klassische journalistische Qualitätskriterien (z. B. Recherchetiefe) bei *YouTube* spielen und inwiefern diese Plattform damit zum Konzept des „partizipativen Journalismus" beitragen kann. Untersucht wurden 20 im weitesten Sinne nachrichtliche *YouTube*-Kanäle, und zwar von etablierten Medien (Tagesschau, SZ, Bild etc.) wie auch von genuinen *Youtubern* (Rayk Anders etc.), insgesamt über 1800 Minuten Bewegtbildmaterial. Kann man sich auf *YouTube* bereits genauso gut über das Weltgeschehen informieren wie in klassischen Medien? Welches Informationsangebot gibt es auf *YouTube*? Was geht verloren?

1   Partizipation, *Youtube*, Journalismus

Im Bundestagswahlkampf 2017 ließen sowohl die Bundeskanzlerin als auch der SPD-Kanzlerkandidat sich von genuinen *Youtubern* interviewen. Unter dem Hashtag #deinewahl sprachen die sogenannten *Creators* die unter ihren Aliasnamen Itscoleslaw (Lisa Sophie), Alexi Bexi (Alexander Böhm), MrWissen2go (Mirko Drotschmann) und mit Echtnamen Ischtar Iksi bekannt sind, mit Angela Merkel, beim Gespräch mit Martin Schulz von der SPD waren auch die *YouTuber* MarcelScorpion (Marcel Althaus) sowie Nihan Sen mit von der Partie. Nachdem zwei

© Springer Fachmedien Wiesbaden GmbH, ein Teil von Springer Nature 2019
H. Haarkötter und J. Wergen (Hrsg.), *Das YouTubiversum*,
https://doi.org/10.1007/978-3-658-22846-0_2

Jahre zuvor der *YouTuber* LeFloid (Florian Mundt) die deutsche Bundeskanzlerin bereits im Bundeskanzleramt interviewen und das Gespräch auf seinem Kanal präsentieren durfte, ist die Bundespolitik offensichtlich endgültig auch in diesem sozialen Videonetzwerk angekommen.

In der Einschätzung dieses Video-Events sind die Meinungen allerdings geteilt. Einerseits ist zu lesen, es handle sich um „Aufklärung für Zielgruppen, die klassischer Politkommunikation eher wenig abgewinnen können" (Meier 2017). Andererseits wird die Veranstaltung als „[u]nspektakulär. Mitunter sogar banal" abklassifiziert, um sodann zu urteilen:

> „Im Grunde alles nur eine große Inszenierung – ohne jeden echten Erkenntnisgewinn. Jedenfalls gibt es nichts über die Inhalte der vier zehnminütigen Gespräche zu berichten, nur über die Tatsache an sich, dass sie stattgefunden haben" (Schieb 2017).

Die Videoplattform *YouTube* speist ihre Inhalte vornehmlich aus von den Nutzerinnen bereitgestellten Inhalten, dem sogenannten User Generated Content (UGC) beziehungsweise in diesem Fall User Generated Video (UGV) (Beisswenger 2010: 28). Bei dieser Nomenklatur sind spontan Einschränkungen vorzunehmen, denn einerseits handelt es sich bei *YouTube*-Videos häufig gerade nicht um Videomaterial, das von den Nutzern generiert worden wäre, sondern um „Schnipsel" (Snippets), die aus anderen Quellen, häufig TV-Material oder mittlerweile auch aus Online-Videoplattformen selbst, stammen (Dijck 2007: 13). Das ist auch der Grund, warum *YouTube*-Videos als „deviante Medienpraxis" bezeichnet werden können, die zwischen „Wiederholung", „Nachahmung", „Intervention" und „Zerstörung" oszillieren, dabei ikonoklastische Züge tragen und häufig in reinem Medienrecycling münden (Marek 2013: 140 f.). Andererseits dürfen die Begrifflichkeiten UGC und UGV nicht darüber hinwegtäuschen, dass gerade bei zunehmender Medienkompetenz der Nutzerinnen die „Machart und Qualität einzelner User Generated Videos längst mit der professioneller Produktionen vergleichbar" ist (Beisswenger 2010: 28). Das Zwitterhafte, vielleicht auch Paradoxe am Phänomen *YouTube* wird an dieser Gegenüberstellung schon deutlich: Als Amateurprodukt haftet dem *YouTube*-Video der Nimbus eines defizitären Produkts an (Marek 2013: 53), dem aber häufig eine professionelle Machart oder das Recycling professionellen Materials gegenüberstehen. Besonders intrikat wird dieses Spannungsverhältnis, wenn die Onlinevideoplattform als Medium für gesellschaftlich relevante Information dient, wenn also *YouTube* auf Journalismus trifft. Denn hier sind alle Diskurse und Invektiven einschlägig, die „citizen journalism vs. professional journalism" kontrastieren (Mackinnon 2005; Wall 2015; Dahlgren 2016; Seungahn/Chung 2016), eine „Hoodie-Debatte" rund um den Onlinejournalismus konstatieren (Rentz 2014) oder, wie Andrew Keen, ganz allgemein einen „Amateur-Kult" beklagen (Keen 2007): „ignorance meets egoism meets bad taste meets mob rule on steroids" (ebd.: 1).

Es könnte ja sein, dass bei derartigen Themen ein „neuartiger audiovisueller Diskurs" (Marek 2013: 49) aufkommt. Auch Skogerbø und Krumsvik mutmaßen im Rahmen ihrer Untersuchungen zur Berichterstattung über norwegische Parlamentswahlen in verschiedenen Medientypen, dass *YouTube* im Begriff sei, „[to] chang[e] media ecologies and open new ways and forms of communications between citizens and their representatives" (Skogerbø/Krumsvik 2014: 350). Was in diesem Fall in der Literatur regelmäßig betont wird, ist der Beitrag, den gerade soziale Medien wie *YouTube* zum sogenannten *Partizipativen Journalismus* leisten. Mit den Partizipationsmöglichkeiten, die sich für die Rezipientinnen durch das Liking und Sharing ergeben, reiht sich das Phänomen *YouTube* darum in den größeren Zusammenhang des *social TV* ein. Dieses definiert Goldhammer als „TV bezogene Nutzung von Social Media-Plattformen", die „über eine soziale Austauschfunktion verfügen" (Goldhammer u. a. 2015: 13).

Dabei werden allerdings in der Diskussion zwei sehr unterschiedliche Partizipationsbegriffe regelmäßig vermengt, die tunlichst auseinander gehalten werden müssen, will man keinen Kategorienfehler begehen. Der eine Partizipationsbegriff ist ein eher techno-deterministischer, der die Teilhabe *am* Journalismus bezeichnet und den Umstand beschreibt, dass „jeder ohne allzu großen Aufwand zum Kommunikator werden" könne und dass „das Internet [...] den flexiblen Wechsel zwischen der Kommunikator- und der Rezipientenrolle" erlaube (Neuberger/Kapern 2013: 208). Auch Stefan Weichert beschreibt diese Funktion von Medienangeboten, die „einen höheren Intensitätsgrad an Partizipation [haben] und die Publikationsautonomie der Nutzer beflügeln" (Weichert 2011: 369). Und Wiebke Loosen schreibt gerade in diesem Sinne von „einer Entgrenzung der zuvor weitgehend trennscharfen Unterscheidung zwischen Kommunikator und Rezipient", die „das Leitmotiv zur Charakterisierung der gewandelten gesellschaftlichen Kommunikationsverhältnisse geworden" sei (Loosen 2013: 147).

Der andere Partizipationsbegriff dagegen beschreibt den Akt gesellschaftlicher Teilhabe *durch* den Journalismus. Hierbei geht es um Mitwirkung der Einzelnen an demokratischen Meinungs- und Willensbildungsprozessen. Diese Prozesse finden sich zwar häufig durch Kommunikationen realisiert (Habermas 1981: 28; Emmer/Wolling 20910: 73; Schweiger 2017: 65), sie sind deswegen aber nicht mit (medial vermittelter) Kommunikation gleichzusetzen. Denn es gibt ja beispielsweise auch Formen unmittelbarer politischer Partizipation, etwa die Teilnahme an Wahlen oder die Mitwirkung in einer Partei. Gerade das Eigentümliche an medial vermittelter Kommunikation, nämlich ihre Mittelbarkeit, droht sonst ignoriert zu werden. Emmer, Vow und Wolling sprechen darum geradezu von „Partizipationskommunikation" (2011: 27). Sven Engesser vermischt in seiner Dissertation über *Die Qualität des Partizipativen Journalismus im Web* auf bemerkenswerte Art und Weise die beiden semantischen Felder, wenn er Partizipativen Journalismus so definiert: „Dieser Begriff lehnt sich in erster Linie an die partizipatorische Demokratietheorie an" (Engesser 2013: 34), um sich sodann definitorisch Bowman und Willis anzuschließen, wo sie schreiben: „The act of a citizen, or group of citizens, playing an active role in the process of collecting, reporting, analyzing and disseminating news and information" (Bowman/Willis 2003: 9). Auch Henry Jenkins, wo er von „participatory culture" spricht (Jenkins 2008: 331), muss sich, etwa von Christian Fuchs, den Vorwurf gefallen lassen, den Partizipationsbegriff letztlich zu vulgarisieren (Fuchs 2014: 67). Denn zum politikwissenschaftlichen Partizipations-Begriff zählt neben der technischen Möglichkeit, an Debatten teilzunehmen, und den damit korrespondierenden Öffentlichkeitstheorien (Habermas 1990: 148; Schiewe 2004: 249) unter anderem auch die Teilhabe an politischer Macht, eine partizipatorische Ökonomie und die Durchdringung der Gesellschaft mit basisdemokratischen Methoden (vgl. Fuchs 2014: 68). Entsprechend wurde der Begriff der „partizipatorischen Demokratie" von Staughton Lynd (1965) im Rahmen einer Untersuchung der Graswurzel-Methoden der amerikanischen Studentenbewegung *Students for a Democratic Society* (SDS) entwickelt und von Carol Pateman (1970) und Crawford MacPherson (1973) weiter ausgebaut.

Die Insinuation, die hier hinter einem Begriff journalistischer Partizipation steckt, ist die einer Partizipation durch Partizipation, dass also gesellschaftliche Teilhabe durch Teilhabe am Journalismus stimuliert werden könne. Zuerst hat diese Ambivalenz Hans Heinz Fabris gesehen, auf den der heutige Begriff journalistischer Partizipation zurückgeht (Fabris 1979). Entsprechend hängen mediale Partizipationskonzepte auch nicht am Medium Internet. So beschrieb Woody Vasulka das erste semiprofessionelle Video-Equipment (Sony CV Portapack, 1969), mit dem auch Privatleute und Künstlerinnen Bewegtbild aufzeichnen und wiedergeben konnten, als, auch gesellschaftlich, revolutionäre Technik: „The portapack was considered a revolutionary tool, almost a weapon against the establishment" (Vasulka 1992: 150; vgl. auch Spielmann 2005: 126). Es entstand sogar schon eine alternative Fernsehbewegung, die sich „Guerilla Television" nannte (Shamberg/Raindance Corporation 1971) wie es analog auch eine alternative Radiobewegung gab, die „Piratensender" betrieb (Weichler 1987: 246 f.) und sich damit zur „Kommunikationsguerilla" zählte (Eco 1986: 166; Kleiner 2005: 316).

Damit Journalismus für eine gesellschaftliche Teilhabe und partizipatorische Demokratie gerüstet sein kann, muss nicht über seine Funktionalität, sondern über seine gesellschaftliche Funktion gesprochen werden. Nach Beck (2010: 95 ff.) zählen dazu neben der sozialen Funktion (zu der auch die Unterhaltung bzw. Rekreation zählen) vor allem auch die Bildungs-, die ökonomische, die Informations- und die politische Funktion. Gerade die beiden Letztgenannten haben für die demokratische Gesellschaft eine Bedeutung, die den pragmatisch-medientechnischen Partizipationsbegriff in erheblichem Maße transzendieren. Denn gesellschaftliche Partizipation transzendiert einerseits noch den Begriff politischer Partizipation und ist andererseits, wie Klaus Beck schreibt, „in modernen und ausdifferenzierten Gesellschaften ohne Medien nahezu unmöglich" (Beck 2010: 99). Die Informationsfunktion der Medien soll gewährleisten, dass die Rezipienten über genügend Weltwissen verfügen, um die für sie relevanten Entscheidungen treffen zu können. Die politische Funktion soll neben der Herstellung von Öffentlichkeit und der damit einhergehenden Übernahme von Kontrollaufgaben zur gesellschaftlichen Artikulation beitragen (Forumsfunktion), zur kollektiven Willensbildung beitragen (Korrelationsfunktion) sowie die Politikvermittlung übernehmen. Gerade das deliberative Demokratiemodell begreift „die politische Öffentlichkeit als Resonanzboden für das Aufspüren gesamtgesellschaftlicher Probleme und zugleich als diskursive Kläranlage, die aus den wildwüchsigen Prozessen der Meinungsbildung interessenverallgemeinernde und informative Beiträge zu relevanten Themen herausfiltert" (Habermas 2008: 144).

Das wirft die Frage auf, inwieweit *YouTube*-Videos diese Funktionen erfüllen und damit selbst zum Mitspieler im deliberativen Demokratiemodell werden können. Können *YouTube*-Kanäle, wie Christoph Neuberger und Thorsten Quandt in Zusammenhang mit der Blogosphäre gefragt haben, „funktionale Äquivalente zum professionellen Journalismus" anbieten (Neuberger/Quandt 2010: 70)? Entwickelt sich gar mittels *YouTube*, wie Burgess und Green mutmaßen, eine neue „participatory culture", in der sich eine neue „cultural citizenship" manifestiert (2009: 78)? Soll herausgefunden werden, ob eine Medienplattform wie *YouTube* im genannten Sinne zur gesellschaftlichen Teilhabe einlädt oder befähigt, müssen die verschiedenen (gesellschaftlichen) Partizipationsformen differenziert werden. Hier bietet sich das Instrumentarium der sogenannten *Political Action*-Studie an (Barnes u. a. 1979: 29 ff.). Barnes unterscheidet insbesondere „konventionelle" Partizipation, also beispielsweise die Mitwirkung in einer politischen Partei, von „unkonventionellen" Beteiligungsformen, also problemspezifisches und zeitlich befristetes Engagement wie in einer Bürgerinitiative. Daneben treten, gerade bei einer jungen Zielgruppe, noch schulisches bzw. universitäres sowie kommunikatives Engagement, also die Beteiligung an öffentlichen Diskussionen (vgl. Tenscher/Scherer 2012: 166). Letzteres, also das kommunikative Engagement, deckt sich am ehesten mit dem im Medien- und Social Media-Diskurs gebräuchlichen pragmatisch-technischen Partizipationsbegriff: öffentlich Standpunkte austauschen, die Standpunkte anderer kommentieren und ein Forum des Meinungsaustauschs herstellen, dafür scheinen Social Media *prima facie* wie geschaffen (Haas 2015: 28). Ob aber *YouTube* funktional dazu beitragen kann, junge Medienkonsumenten zu konventioneller oder unkonventioneller gesellschaftlicher Partizipation anzuregen, hängt auch davon ab, ob diese Plattform als Gatekeeper und Agendasetter den Fokus der Aufmerksamkeit der entsprechenden Teilöffentlichkeit auf gesellschaftlich relevante Themen lenken kann (Schiewe 2004: 278) oder ob es sich bei dem „demokratischen, dialogischen und partizipatorischen Potential des Internets" nicht vielmehr, wie Kurt Imhof fragt, um einen „Mythos" handelt (Imhof 2015: 15).

Noch virulenter wird die Problemlage, wenn man konstatiert, dass das Phänomen *YouTube* in bestimmten Zielgruppen und Alterskohorten das herkömmliche Fernsehen als Bewegtbildlieferant beinahe abgelöst hat. Laut der Jugendmedienstudie JIM sind Smartphones, Internet und Onlinevideos heute vor dem Fernsehen die von Jugendlichen präferierten Medien (mpfs 2016: 12). *YouTube*-Multichannel-Netzwerke wie die Kölner Firma Mediakraft erzielten zeitweise mit 500 Mio. Zugriffen im Monat so hohe Klickraten wie die ZDF-Mediathek im ganzen Jahr (Krachten 2015; Kneissler 2015). Die „Generation *YouTube*" scheint klassischer Mediennutzung gegenüber fast immunisiert, während laut ARD-ZDF-Onlinestudie der Online-Video-Konsum gerade bei Jugendlichen und jungen Erwachsenen unter 29 Jahren schon habitualisiert erscheint (Kupferschmitt 2015: 383). Wer also auch nachrichtlich und journalistisch an diese junge Generation, die manchmal als Generation Z bezeichnet wird (Mohr 2004: 119; Scholz 2014: 20; Combi 2015), in Kontakt treten oder sie gar über (journalistische) Partizipation zu (gesellschaftlicher) Partizipation befähigen möchte, täte gut daran, journalistische Inhalte auch auf dieser Plattform zu platzieren.

Die folgende Untersuchung will genau dieser Frage nachgehen, nämlich welche journalistischen Inhalte im deutschsprachigen Teil der Onlinevideoplattform *YouTube* zu finden sind und ob genuine *YouTuber* Darstellungsformen haben, mit denen sie auch gesellschaftlich relevante, sprich: journalistische Inhalte einer jüngeren Zielgruppe präsentieren. Dabei wird dreistufig vorgegangen: Im ersten Schritt werden typische Erscheinungsformen von *YouTube*-Videos Revue passieren gelassen. Im zweiten Schritt wird danach gefragt, inwieweit journalistische Inhalte mittransportiert werden. Im dritten Schritt werden mit einer quantitativen Inhaltsanalyse ausgewählte Inhalte solcher *YouTube*-Kanäle, die in wie immer entfernter Weise journalistisch anmuten, analysiert und nach ihrem journalistischen und damit partizipativen Gehalt vermessen.

2   Untersuchung, Beschreibung, Methodik

Um einen Überblick über die unterschiedlichen Erscheinungsformen von *YouTu-be*-Videos geben zu können und damit die Frage zu beantworten, ob und wenn ja, in welchem Maße auf der Onlinevideo-Plattform auch journalistische, nachrichtliche, gesellschaftlich relevante Beiträge zu finden sind, wurden in einer Sekundäranalyse bestehende, vor allem quantitative Untersuchungen zu *YouTube*-Videos allgemein sowie zum Nachrichtenaufkommen auf dieser Plattform, zu Rezeptionsgewohnheiten einer jüngeren Zielgruppe (die 14- bis 29-Jährigen) und zu einzelnen bestehenden Angeboten ausgewertet. Sodann wurden auf dieser Basis 26 *YouTube*-Kanäle ausgewählt, und zwar sowohl solche von genuinen *Youtubern*, die also ihre Videobeiträge ausschließlich auf der Onlinevideo-Plattform veröffentlichen, als auch solche aus klassischen Medienhäusern mit etablierten nachrichtlichen Angeboten, insbesondere also der bekannten Fernsehstationen und landesweit verbreiteten Zeitungen. Von jedem Kanal wurden jeweils die zum Untersuchungszeitpunkt zehn aktuellsten Videobeiträge heruntergeladen, gesichert und analysiert. Waren die Videos länger als zehn Minuten, wurden wegen der Vergleichbarkeit nur die ersten zehn Minuten einer Analyse unterzogen. Gerade klassische Medienunternehmen stellen gerne komplette Formate mit Spieldauern von einer Stunde und darüber bei *YouTube* ein. Das entspricht aber nicht den Sehgewohnheiten der typischen *YouTube*-Rezipienten (Rudolph 2014: 236). Insgesamt wurden auf diese Weise 18 Stunden 21 Minuten Videomaterial analysiert.

Die Analyse erfolgte vornehmlich nach den Kategorien Ressort, Nachrichtenwert und Recherchetiefe, um speziell Anhaltspunkte für eine Messung des spezifisch journalistischen Gehalts zu erlangen. Bei den Ressorts wurden die Beiträge gängigen Einteilungen zufolge (Mast 2012: 311 ff.) unter die Bereiche Innenpolitik, Außenpolitik, Wirtschaft, Kultur, Sport, Technik/IT, Boulevard, Service, Lokales und Sonstiges subsumiert. Um festzustellen, inwieweit die in den Beiträgen behandelten Themen gesellschaftlich relevant sind, wurde nach ihrem Nachrichtenwert gefragt. Dabei fragt die Analyse die Nachrichtenfaktoren Aktualität (geht es um Ereignisse der jüngsten Zeit), Nähe (gibt es einen regionalen oder nationalen Bezug), Elitenation (kommt eines der Mitglieder im UN-Sicherheitsrat vor), Konsonanz (wurde das Thema auch von anderen Medien aufgegriffen) und Prominenz ab (vgl. Maier u. a. 2010: 18 ff.; Ruhrmann/Göbbel 2007: 20). Bei der Recherchetiefe wurde danach gefragt, ob und wieviele explizite oder implizite Quellen im Beitrag genannt wurden, davon ausgehend, dass Quellentransparenz ein wesentliches journalistisches Qualitätsmerkmal ist (Welker 2012: 44). Gerade *YouTube* bietet ja die Möglichkeit, Textfelder und aktive Links in die Videos zu integrieren und damit auch auf die eigenen Quellen zu verweisen. Es wurde auch die Präsentationsform analysiert: Gerade die Videos genuiner *YouTuber* zeichnen sich häufig durch reine Moderation bzw. Aufsager aus, während redaktionell geformte Nachrichtenformate gebaute Beiträge aufweisen, die auch auf Korrespondentenberichte und Agenturmaterial zurückgreifen. Hier wird auf der visuellen wie auf der inhaltlichen Ebene die nachrichtliche Informationsdichte präsumtiv höher sein. Um herauszufinden, ob die gesellschaftlich relevanten Informationen auch die Gesellschaft respektive die Zielgruppe erreichen, wurden die Zahlen der Abrufe, der Kanalabonnements und verschiedenen Nutzer-Partizipationsmöglichkeiten, also das „Liken", „Disliken" und „Sharen", erhoben. Schließlich wurde nach der Zahl der Einbindungen und Einblendungen gefragt. Gerade die genuinen *YouTuber* monetarisieren ihre Tätigkeit ja durch vorgeschaltete Werbung, aber auch durch Product-Placement innerhalb ihrer Auftritte (vgl. Unger u. a. 2017: 185 und Ungers Beitrag in diesem Band). Bei einem Intercoder-Reliabilitätstest mit 10 % des Materials wurde nach Holsti in der Regel ein Wert über .90 erzielt. Zwei Kategorien (Studioausstattung und Präsentationstyp) bildeten hier Ausreißer und wurden in der weiteren Analyse nicht mehr berücksichtigt.

3   Kanäle, Rubriken, Nutzung

Im Jahr 2005 hat *YouTube*-Mitgründer Jawed Karim mit dem 21-sekündigen Spot „Me at the zoo" das erste *YouTube*-Video hochgeladen und veröffentlicht. Seitdem haben sich die Darstellungs- und Präsentationsformen der Video-Plattform, die schon im Jahr 2006 vom *Google*-Konzern übernommen wurde, erheblich diversifiziert. Abbildung 1 zeigt einige der besonders populären Typen oder Rubriken (vgl. Krachten/Hengolt 2011: 29).

YouTube-Video-Rubriken:	
Let's-Play-Videos	Anderen beim Computerspielen zusehen
Tutorials und DIY (Do-It-Yourself)	Anleitungen und Service
Sport und Action	Outdoor- und Indoor-Aktivitäten jeder Art (häufig mit Actioncam gefilmt)
Musik	Musikdarbietungen und Videos über Musiker
News und Information	Lebensweltliche und gesellschaftliche Information
Fashion und Beauty	Mode- und Schminktipps
Vlogs	Tagebuchartige und bekenntnishafte Aufzeichnungen
Let's eat	Vor der Kamera exotische Lebensmittel verspeisen
Unboxing	Päckchen auspacken
Fail	Anderen beim Scheitern zusehen

Abb. 1   *YouTube*-Video-Rubriken (Quelle: Kneissler 2015 und eigene Darstellung)

Nachrichten kommen auf der *YouTube*-Plattform auf unterschiedliche Weise zu den Rezipienten. Viele klassische Medienunternehmen und Fernsehsender laden ihre Nachrichtensendungen oder Auszüge bzw. Beiträge daraus in eigene *YouTube*-Kanäle hoch, so etwa auch die ARD-Tagesschau. Daneben bietet *YouTube* selbst einen Nachrichtenkanal, auf dem sich Videos aus deutschen und internationalen Quellen befinden (zu finden unter: #Nachrichten). Es gibt aber auch genuine *YouTube*-Channels, die Nachrichten und Information in *YouTube*-typischer Form präsentieren. Beim Multichannel-Netzwerk Mediakraft besteht dafür der Geschäftsbereich TIN (= „the info network") neben dem „Comedynet", „Magnolia" (beauty, fashion. Lifestyle), „Plexus" (Gaming) und „Hometown" (Musik).

Sieht man sich in Abbildung 2 das Ranking der meistabonnierten deutschsprachigen *YouTube*-Kanäle an, sieht man das enorme Zuschauerpotential, das *YouTube*-Videos mittlerweile entwickelt haben. Abrufzahlen und die Zahl der Abonnentinnen können sich in einem einzigen Monat auf Millionen belaufen.

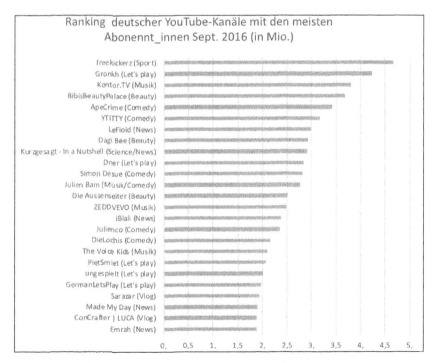

Abb. 2   Meistabonnierte deutschsprachige *YouTube*-Kanäle (Quelle: SocialBlade, VidstatsX, Meedia, eigene Darstellung)

Unter den zwanzig populärsten Kanälen finden sich, wie Abbildung 3 zeigt, immerhin vier, die im weitesten Sinne zur Rubrik News und Information zu zählen sind, also sich mit gesellschaftlich relevanten Themen befassen. Dieser Bereich ist im Übrigen der am schnellsten wachsende unter den deutschen *YouTube*-Kanälen (Krachten 2015). Das Internet- und *YouTube*-basierte Jugendangebot der öffentlich-rechtlichen Sender ARD und ZDF mit seinen nicht immer, aber häufig informationsorientierten Angeboten trägt das seine dazu bei (Staschen 2017: 229; Wäscher/Hachmeister 2017: 360). Der *YouTuber* LeFloid (bürgerlich Florian Mundt) produziert auf seinem Kanal zweimal wöchentlich selbstmoderierte Videos in seiner Reihe „LeNews". LeFloid ist einer der wenigen *YouTuber*, die auch durch konventionelle oder klassische News-Medien Bekanntheit erlangt haben. Als erster *YouTuber* überhaupt führte LeFloid am 11.06.2015 ein exklusives Interview mit der deutschen Bundeskanzlerin Angela Merkel, auch wenn dieses Ereignis von etablierten Berufsvertretern etwas hämisch als „[e]in Pennäler im Kanzleramt" kommentiert wurde, das nur zeige, dass „die etablierte Politik für junge Leute zu einer fremden Welt geworden" sei (Lübberding 2015). Er stellte dabei Fragen der *YouTube*-Community, die zuvor unter dem Hashtag #NetzFragtMerkel eingereicht werden konnten.

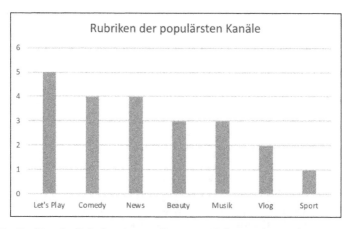

Abb. 3   Ranking der Rubriken der populärsten *YouTube*-Kanäle, Stand: Sept. 2016
(n=25, vgl. Abb. 2)
(Quelle: *YouTube*; Socialblade; VidStatsX; Meedia; eigene Darstellung)

Ein anderer News-*YouTuber*, der es in die Top 20 der deutschsprachigen *YouTube*-Kanäle schaffte, ist iBlali (bürgerlich Viktor Roth). Seine Popularität erklärt sich zum Teil auch dadurch, dass er in seinem *YouTube*-Kanal vor allem News aus dem Computer- und Spielesektor verbreitet. Die Rubrik „Let's Play" nimmt hier ja sogar den ersten Platz im Ranking der meistabonnierten *YouTube*-Kanäle ein. Daneben widmet sich iBlali aber auch zunehmend allgemeinen gesellschaftlichen Themen (Herbort 2014).

„Made My Day" ist ein deutschsprachiges *YouTube*-Angebot aus Österreich, das es in das „Top 20-Ranking" geschafft hat und recht professionell hergestellte Videobeiträge mit sogenannten „LifeHacks", also Problemlösungstipps zu Fragestellungen des täglichen Lebens, aber auch Faktensammlungen zu gesellschaftlich relevanten Themen anbietet.

Emrah (bürgerlich: Emrah Tekin) betreibt einen erfolgreichen *YouTube*-Kanal, auf dem er ebenfalls Lifehack-Videos und Info-Videos anbietet. Bei diesem wie überhaupt bei den meisten genuinen *YouTube*-Kanälen ist eine Rubrizierung unter ein Themenfeld oder Ressort durchaus schwierig, weil die *YouTuber* sich nicht immer

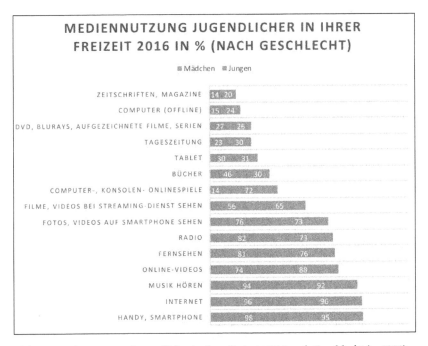

Abb. 4 Mediennutzung Jugendlicher in ihrer Freizeit 2016 nach Geschlecht (n=1200) (Quelle: GfK; mpfs; eigene Darstellung)

thematisch festlegen lassen. Es kann sein, dass jemand überwiegend Let's Play-Videos hochlädt, also sich selbst beim Computerspielen filmt, und dennoch gelegentlich Do it yourself-Beiträge einstreut oder ins Comedyfach wechselt. Bei Emrah ist einer der meistgeklickten Beiträge ein durchaus professionell produziertes Musikvideo, in dem er selbst als Sänger auftritt.

Wie stark *YouTube*-Rezeption heute schon unter Jugendlichen und jungen Erwachsenen verbreitet ist, demonstriert Abbildung 4: Digitale Mediennutzung überwiegt hier bei weitem. Die Rezeption von klassischen Tageszeitungen und Zeitschriften landet abgeschlagen auf den hinteren Plätzen des Rankings, auc h Fernseh- und Radionutzung spielen in dieser Altersgruppe nicht mehr ganz vorne mit. Noch deutlicher wird die Bedeutung von Online-Medien und *YouTube* für das „information retrieval" der Jugendlichen auch über gesellschaftlich relevante Themen in Abbildung 5.

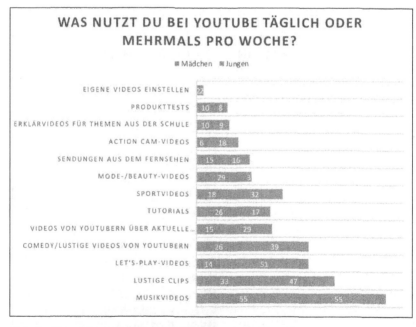

Abb. 5   Nutzung von *YouTube* bei Jugendlichen in % (n=1179)
(Quelle: GfK; mpfs; eigene Darstellung)

Hier wurde gefragt, auf welche Weise *YouTube* überhaupt von Jugendlichen genutzt wird. Die unterhaltungsorientierten Nutzungsformen stehen dabei zwar klar im Vordergrund. Die Rezeption von „Videos von *Youtubern* über aktuelle Nachrichten" steht aber immerhin an fünfter Stelle in diesem Ranking, wobei männliche Jugendliche hier stärker vertreten sind als weibliche. Nimmt man auch Sportvideos und Produkttests mit zu den Nutzungsformen, die sonst auch von journalistischen Formaten abgedeckt werden, ist ein nicht kleiner Teil der *YouTube*-Nutzung von Jugendlichen eine solche, die man als nachrichtlich oder journalistisch orientiert bezeichnen kann.

Im nächsten Abschnitt sollen die Inhalte solcher journalistisch orientierten *YouTube*-Kanäle näher untersucht werden.

4   Empirie, Analyse, Befunde

Von den 26 analysierten *YouTube*-Kanälen stammen 12 von sogenannten *YouTuberinnen* und 11 von klassischen Medienanbietern (Abb. 6). Drei Kanäle ließen sich nicht eindeutig zuordnen und werden hier als interessante Mischformen mitbetrachtet: „Vice" ist zwar als gedrucktes Kulturmagazin Mitte der 1990er-Jahre in Montreal/Kanada gestartet, bei uns aber vornehmlich als Internetanbieter bekannt, der mit sehr jugendaffinen journalistischen Themen und Darstellungsformen für Aufmerksamkeit gesorgt hat. „Dbate" ist eine eigene Onlinevideo-Plattform, die vom arivierten Fernsehjournalisten Stefan Lamby gegründet wurde. Die Filme von „Dbate", wie sie auch auf *YouTube* verbreitet werden, sind oftmals selbst ausschließlich aus Internet-Inhalten zusammengestellt und für eine onlineaffine Zielgruppe gemacht. Die „N24 Netzreporterin" wiederum wird zwar vom etablierten TV-Nachrichtenkanal N24 produziert, das aber überwiegend mit Netz- und netzaffinen Themen. Daneben stellt N24 aber auch rein nachrichtliche Videos aus seinem aktuellen Angebot bei *YouTube* ein.

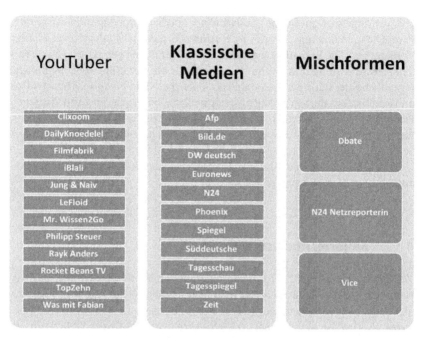

Abb. 6 Untersuchte Videokanäle (Quelle: Eigene Darstellung)

Die ersten untersuchten Werte drücken direkt das Dilemma klassischer Medienanbieter in Zeiten des Medienwandels aus. Neue Medien sind eben nicht nur neuartige Ausspielkanäle, die man erfolgreich für sich nutzen kann, indem sie zur Zweitverwertung der bereits vorhandenen Inhalte nutzt. Sie erfordern vielmehr für einen Publikumserfolg neue Darstellungs- und Präsentationsformen und eine Anpassung an die besonderen Bedingungen des Mediums. Anders sind die Daten aus Abbildung 7 nicht zu interpretieren.

	Abrufe	Likes	Dislikes
YouTuber	21.963.506	1.123.674	32.827
Klass. Medien	58.466	1.123	424
Mischform	1.678.575	34.595	7.745

Abb. 7 Mediale Partizipation auf *YouTube*, *Youtube* n=12 Kanäle, klass. Medien n=11 Kanäle, Mischform n=3 Kanäle, Angaben in ganzen Zahlen summiert auf den Kanaltyp, Lifetime-Daten bis Juni 2016. (Quelle: Eigene Darstellung)

Gemessen wurde die auf der Plattform publizierte Zahl der Abrufe zum Untersuchungszeitpunkt (Juni 2016). Die Zahlen gehen bei den verschiedenen Anbietertypen so weit auseinander, dass eine graphische Visualisierung dieser Daten geradewegs sinnlos gewesen wäre: Während die untersuchten *YouTube*-Kanäle gemeinsam auf fast 22 Mio. Abrufe kommen, schaffen die Kanäle der klassischen Medienanbieter alle zusammen genommen nur 58 Tausend. Ihren besonderen Status unterstreichen die hier als Mischform bezeichneten Kanäle dadurch, dass sie trotz ihrer geringen Anzahl (n=3) mit 1,6 Mio. Abrufen für *YouTube*-Verhältnisse immerhin die Ebene der Sichtbarkeit erreicht haben. In Präsentation und Ansprache verstehen es die genuinen *YouTuber* also offensichtlich am besten, mit ihren Videos ihre Zielgruppe zu adressieren und zu erreichen. Das Bild wird noch verstärkt, wenn man die Zahlen der Nutzer-Interaktionen daneben stellt: Über 1 Mio. mal wurden die *YouTuber*-Videos geliket, während die Videos der klassischen Medienunternehmen es auf spärliche und knappe tausend Likes brachten. Noch niederschmetternder ist das Ergebnis, wenn man die „Dislikes" dazu nimmt: Nur gerade mal 424 *YouTube*-User wollten bei den Videos der klassischen Medien auf „Dislike" klicken. Diese Angebote werden vom Internetpublikum so sehr ignoriert, dass sie noch nicht einmal *nicht* gemocht werden.

Welche Themengebiete decken die *YouTube*-Kanäle ab, wenn sie sich mit gesellschaftlich relevanten Inhalten beschäftigen? Um das festzustellen, wurden die einzelnen Videos inhaltlich kategorisiert und in eines der klassischen journalistischen Ressorts einsortiert. Hierbei konnte, wie in Abb. 8 zu sehen, konstatiert werden, dass die *YouTuber* auch im Vergleich mit klassischen journalistischen Medienanbietern eine ähnlich große Themen- und Ressortvielfalt bieten konnten.

Auffällig ist der große Anteil an Videos der genuinen *YouTuber*, die als „Sonstiges" eingruppiert wurden, sich also einer Eingruppierung unter klassische journalistische Ressorts widersetzten. Bei dem geringen Wert der Sportthemen bei den *Youtubern* im Vergleich zu den klassischen Medienanbietern muss gesagt werden, dass die reinen und speziellen Sportkanäle, die auf *YouTube* in der jugendlichen Zielgruppe ja sehr erfolgreich sind (vor allem wenn man den E-Sport mitzählt), hier nicht miterfasst wurden. Dass Technik- und IT-Themen bei den genuinen *Youtubern* ein wenig überwiegen, ist verständlich, wird hier doch Programm von und für eine technikaffine Zielgruppe hergestellt. Etwas überraschend ist, dass bei den Boulevardthemen die klassischen Medienanbieter sogar noch dominieren. Lokale Themen dagegen sind in einem globalen Medium wie einer Internet-Video-Plattform offensichtlich irrelevant. Jedenfalls sind damit keine Reichweiten zu erzielen, die einem Kanal überregionale Sichtbarkeit bescheren würde. Etwas auffällig ist, dass bei keinem der Kanäle Servicethemen eine Rolle spielen. Bei den genuinen *YouTuberinnen* kann das an der Auswahl der analysierten Kanäle liegen. Denn tatsächlich sind gerade

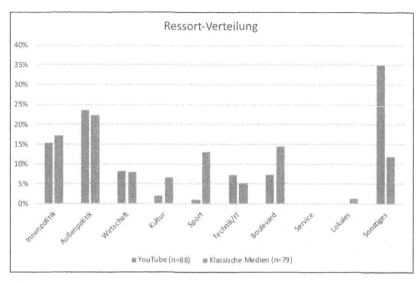

Abb. 8 Ressort-Verteilung bei *YouTube*-Kanälen in %; Analyse bezieht sich auf 88
Videos von *Youtubern* und 79 Videos von klassischen Medienanbietern (Quelle:
Eigene Darstellung)

Service-Themen auf *YouTube* so erfolgreich, dass eigene Genres dafür entwickelt
wurden (z. B. Do-it-yourself-Videos oder Unpacking-Videos), diese wurden für
diese Untersuchung allerdings absichtlich außen vor gelassen. Das erklärt außerdem
noch nicht das Nicht-Vorhandensein von Service-Themen auf den *YouTube*-Kanälen
der klassischen Medien: Sie unterhalten nämlich in der Regel keine gesonderten
Spartenkanäle auf *YouTube*, wiewohl sie in ihren klassischen Darreichungsformen
gerade mit mit Service- und Verbraucherthemen punkten (vgl. Eickelkamp/Seitz
2013: 132). Zusammenfassend lässt sich feststellen, dass die Universalität von Themen, wie man sie für den Journalismus postuliert (McQuail 1992: 22; Dernbach
2010: 24), sich durchaus auch bei den genuinen *Youtubern* finden lässt.

Im nächsten Schritt wurde untersucht, welche Nachrichtenfaktoren die verschiedenen Typen von *YouTube*-Kanälen abdecken. Hierbei ist festzustellen, dass
sowohl die genuinen *YouTuber* wie die Kanäle der klassischen Medienanbieter, wie
in Abb. 9 ersichtlich, sich recht kongruent verhalten. Die Tabelle zeigt, wieviel Prozent der analysierten Videos dem entsprechenden Nachrichtenfaktor zuzuordnen
war, wobei Mehrfachcodierungen möglich waren. Die klassischen Medien sind ein
kleines bisschen aktueller, während die *YouTuberinnen* sich etwas stärker mit den

Elitenationen sowie deutlich mehr, was vielleicht erwartbar war, mit Prominenten beschäftigen. Jedenfalls lässt sich festhalten, dass auch die untersuchten genuinen *YouTuber*-Kanäle die wesentlichen Nachrichtenfaktoren abdecken und ihnen damit nach dem Additions-Prinzip ein gewisser Nachrichtenwert nicht abgesprochen werden kann.

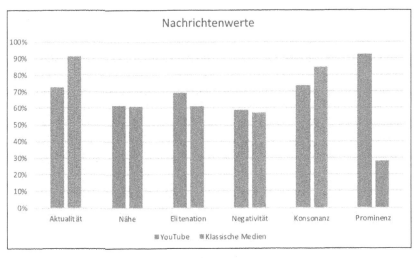

Abb. 9   Nachrichtenfaktoren bei *YouTube*-Videos auf den Kanälen genuiner *YouTuber* (n=88) und klassischer Medien (n=79) in %, Mehrfachcodierungen möglich (Quelle: Eigene Darstellung)

Um die Qualität der journalistischen Befassung mit der Welt auf *YouTube* etwas genauer zu untersuchen, wurde auch die Recherche- und Quellentiefe der eingestellten Videos erfasst. Dabei wurden explizite wie implizite Quellen gezählt, insbesondere die Einbettung von Links in die Videos. Hier haben die genuinen *YouTuberinnen*, wie Abb. 10 zeigt, deutlich die Nase vorn.

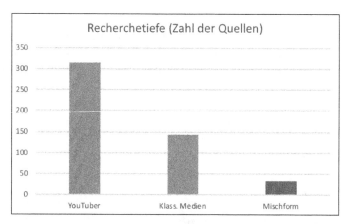

Abb. 10 Recherchetiefe von *YouTube*-Videos für genuine *Youtuber* (n=88), klassische
Medien (n=79) und Mischformen (n=3), Mehrfachcodierungen möglich
(Quelle: Eigene Darstellung)

Der deutlich höhere Wert der genuinen *YouTuber* kann daher rühren, dass sie
die besonderen Produktionsbedingungen der Plattform *YouTube* in besonderem
Maße auszunutzen verstehen und sich darum die technischen Möglichkeiten wie
der Einbettung von Links in die Videos besonders zunutze machen, während
die klassischen Medienanbieter eben hauptsächlich in Zweitverwertung Nach-
richtenfilme (oder wie die ARD die 20 Uhr-Ausgabe der „Tagesschau" komplett)
hochladen, ohne sie an die besonderen Bedingungen der Plattform anzupassen.
Auffällig ist auch, dass bei den Kanälen, die als Mischform bezeichnet wurden,
trotz sehr geringer Fallzahl eine nennenswerte Zahl expliziter Quellen notiert
werden kann. Im Ergebnis erhalten die Rezipientinnen dadurch bei diesen und
bei den genuinen *Youtubern* ein in diesem Punkt deutlich höherwertiges Angebot
mit einem Pluspunkt in Sachen journalistischer Qualität.

Um Näheres über diese Form der Auszeichnung von *YouTube*-Videos zu erfahren,
wurden die Typen der videoinhärenten Verweise näher untersucht. Wie in Abb. 11
ersichtlich, wurden dabei Weblinks, Infotafeln, Werbung und Product Placement
voneinander unterschieden. Bei allen Typen führen zahlenmäßig deutlich die
genuinen *YouTuberinnen*. Product Placement als eine der wesentlichen monetären
Einnahmequellen für reine *YouTube*-Anbieter (Gerloff 2015: 22; Krachten/Hengholt
2011: 156) kommt sogar, nachvollziehbarerweise, ausschließlich bei den *YouTuberinnen* vor, obwohl die meisten von ihnen den gesetzlichen Auszeichungspflichten
dabei nicht genüge tun (vgl. den Beitrag von Christian Solmecke in diesem Band).

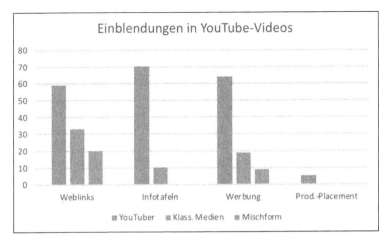

Abb. 11 Einblendungen in *YouTube*-Videos von genuinen *Youtubern* (n=88) und klassischen Medien (n=79) (Quelle: Eigene Darstellung)

Was auf diese Weise natürlich nicht zu messen ist, das ist der tatsächliche journalistische und redaktionelle Aufwand, mit dem ein Nachrichtenbeitrag produziert wurde. Hier könnte ein Anhaltspunkt die Präsentationsform der Videos sein.

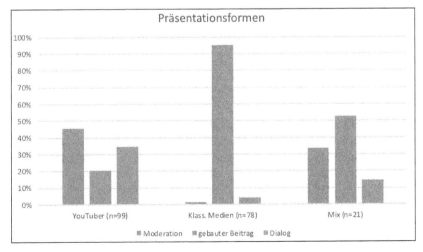

Abb. 12 Präsentationsformen von *YouTube*-Videos in % (Quelle: Eigene Darstellung)

Wie in Abb. 12 zu sehen, überwiegen bei den genuinen *Youtubern* die Moderationen (45 %). Wenn es überhaupt gebaute Beiträge gibt, werden auch diese moderativ eingebettet in eine dialogische Form, bei der die *YouTuberin* den Beitrag ankündigt und kommentiert (35 %). Die klassischen Medienanbieter dagegen stellen zu ganz überwiegendem Teil gebaute Beiträge in Form von Nachrichtenfilmen bei *YouTube* ein (95 %). Interessant ist, dass bei den Mischformen der Anteil moderierter Videos sehr viel höher ist als bei den klassischen Medien (33 %), auch wenn die gebauten Beiträge überwiegen (52 %). Offenbar adaptieren die Kanalbetreiberinnen hier bereits die Machart der genuinen *YouTuber* und sind damit erfolgreich. Die große Kluft zwischen den Gruppen bei der Nutzer-Interaktion kann sich ein Stück weit auch daraus erklären, dass die *YouTuberinnen* in ihren Moderationen beständig mit den sogenannten „calls-to-action" (Primbs 2015: 39) explizit zu Interaktion aufrufen können und zudem Identifikationsmöglichkeiten stiften, die Interaktionen darüber hinaus befördern (Eisemann 2015: 257).

5   Fazit: Erfolgsmessung, Qualitäten, Partizipation

Der Erfolg der *YouTuber* mit ihren auf ein jugendliches Zielpublikum zugeschnittenen Videos ist evident. Aber auch was die informationelle Grundversorgung angeht, haben die genuinen *YouTuberinnen* das Zeug, den klassischen journalistischen Medienanbietern auf dieser Plattform das Wasser zu reichen. Sowohl was die thematische Breite angeht, wie sie sich im Ressortzuschnitt klassischer Medien ausdrückt, als auch was die typischen Nachrichtenfaktoren angeht, muss man den genuinen *Youtubern* einen „news value" zubilligen. Dabei nutzen die *YouTuberinnen* auch die technischen Gegebenheiten der Plattform besser aus und machen durch Einbettungen von Texttafeln und Links ihre Quellen transparent und erfüllen damit ein zusätzliches journalistisches Qualitätsmerkmal. Dominik Rudolph hat in seiner rezipientenorientierten Untersuchung zum Komplementärverhältnis von Fernsehen und *YouTube* festgestellt, dass diese Medienangebote im Nutzungsstil sowie in der Nutzungsintensität unterscheiden und jeweils Kernkompetenzen aufweisen, mit denen sie nicht in Konkurrenz stehen (Rudolph 2014: 299). Jedoch sieht auch Rudolph deutliche Themenüberschneidungen etwa in den Bereichen Ratgeberinformation, Comedy und Unterhaltung sowie sehr ähnlich gelagerte affektive und kognitive Nutzungsmotive. Gerade in Bezug auf Themeninteressen konstatiert darum auch Rudolphs empirische Untersuchung, dass Videoportale wie *YouTube* und das klassische Fernsehen „funktionale Äquivalente" seien (ebd.).

Was die journalistische Qualität der nachrichtlichen Videos auf *YouTube* angeht, kommen wir mit der hier angewandten quantitativen Methode natürlich an Grenzen. Viele *YouTuber* beschränken sich, wie erwähnt, häufig in Form von Mashups und Medienrecycling auf journalistische Zweitverwertung desjenigen Materials, das sie selbst in den klassischen Medien vorfinden. Ihre eigene inhaltliche journalistische Qualität ist darum nur eine „geborgte" (zum Qualitätsbegriff vgl. Haarkötter 2018: 47 ff.). Zudem stehen hinter vielen *YouTuberinnen* gar keine oder nur sehr kleine journalistische Redaktionen, ihr eigenes „information retrevial" beschränkt sich darum oft auf das Ansurfen anderer journalistischer Quellen im Internet. Dies kann aber durch eine quantitative Inhaltsanalyse nicht erfasst werden, hier müssten mit Redaktions- und Akteursbefragungen die konkreten Arbeitsweisen der *YouTuber* im Vergleich zu klassischen journalistischen Redaktionen ermittelt werden. Anzumerken wäre, dass auch klassische journalistische Medienanbieter unter Umständen journalistische Qualität einkaufen oder „borgen", wenn sie beispielsweise sich aus Agenturen bedienen oder rundheraus voneinander abschreiben, wie es der Axel Springer Verlag etwa Focus Online vorwirft (Hanfeld 2017).

Was die Partizipationsmöglichkeiten von *YouTube*-Videos angeht, leisten die genuinen *YouTuberinnen* einen evidenten Beitrag, was die mediale Partizipation ihrer Nutzer angeht, spielen aber durchaus auch eine Rolle, was die politische Partizipation angeht, jedenfalls was eine gewisse informationelle Grundversorgung mit gesellschaftlich relevanten Themen betrifft. Dabei hat sich aber schon im Vorgang der empirischen Untersuchung ergeben, dass der Partizipationsbegriff selbst neu diskutiert werden müsste. Einerseits ist es richtig, dass bürgerschaftliche politische Partizipation sich nicht erst seit „Stuttgart 21" nicht mehr auf Wahlen beschränkt (Bauer u. a. 2017: 7). Andererseits scheint das Besondere an medialer oder kommunikativer Partizipation gerade ihre Nicht-Unmittelbarkeit und damit der nur indirekte Zugriff auf das, an dem teilgehabt werden soll. Mediale Partizipation kann damit auf der einen Seite zwar vielleicht zur politischen Partizipation einen Beitrag leisten, sie kann aber auf der anderen Seite unter Umständen die politische Partizipation durch die spezifische Form des Nicht-Zugriffs auch erschweren und schlimmstenfalls verunmöglichen. Evgeny Morozov hat dafür den Begriff des „Slacktivism" geprägt (engl. slacker = Faulenzer). Es handelt sich dabei um einen „feel-good online activism, that has zero political or social impact" (Mozorov 2009). Wer nämlich "nur" medial partizipiert, hat in der wirklichen Welt noch nichts zur gesellschaftlichen Veränderung beigetragen:

> „‚Slacktivism' is the ideal type of activism for a lazy generation: why bother with sit-ins and the risk of arrest, police brutality, or torture if one can be as loud campaigning in the virtual space?" (ebd.)

Christian Fuchs hat näher untersucht, ob es sich bei den Protesten und Rebellionen, insbesondere der sogenannten Arabellion und der Occupy-Bewegung, wirklich um die apostrophierten „Twitter and Facebook revolutions" gehandelt habe (Fuchs 2014: 236). Er kommt im Rahmen empirischer Erhebungen zu dem Ergebnis, dass nicht mediale, sondern interpersonale Kommunikation die bei weitem wichtigste Form der Kommunikation darstellte.

Fragt man nach der ökonomischen Partizipation bei *YouTube*, so muss man festhalten, dass diese Plattform einerseits als eine der wenigen Erlösmodelle anbietet, um auch die Creatorinnen an den Einnahmen zu beteiligen (vgl. die Beiträge von Frenzel, Meyer und Unger im vorliegenden Band), andererseits werden damit im Zeitalter des Plattform-Kapitalismus (vgl. Jaeckel 2017: 45 f.) neue Exploitations-Verhältnisse geschaffen. So ist von „digital labour" (Fuchs 2014: 148) oder „Medienarbeit" (Adolf 2016: 17) die Rede, deren Mehrwert in globalem Maßstab von den Plattformbetreibern US-amerikanischer Provenienz abgeschöpft wird. Auch die Rolle des Publikums ist in dieser medialen Verwertungskette eine ambivalente: Einem möglichen Partizipations-Gewinn auf der Haben-Seite steht auf der Soll-Seite eine Wert-Abschöpfung gegenüber, bei der das rezipierende Subjekt zum Ziel-Objekt personalisierter Onlinewerbung (targeted advertising) wird. Es ist darum in diesem Zusammenhang auch von „audience commodity" (Publikums-Ware) die Rede (Smythe 1981/2006; Schaupp 2016: 79).

Um diese Verhältnisse näher zu erforschen, wäre eine Untersuchung gerade der „medial condition" nötig, also der ökonomischen, politischen und gesellschaftlichen Begleitumstände, unter denen Medienproduktion im allgemeinen und unter den besonderen Verhältnissen einer Onlinevideo-Plattform abläuft (Fuchs 2014: 52). Wenn wir Plattformen wie *YouTube* in die Reihe der sogenannten sozialen Netzwerke oder Social Media einreihen, wäre darum neu zu fragen, wie sozial Social Media eigentlich sind und was ihr spezifischer sozialer Beitrag zum Gemeinwesen sei (vgl. Haarkötter 2016: 7).

Literatur

Adolf, Marian (2017). „Medienarbeit zwischen Ausdruck und Ausbeutung. Zur Konzeption des Arbeitsbegriffs im digitalen Medienregime". In: Jeffrey Wimmer u. Maren Hartmann (Hg.). *Medien-Arbeit im Wandel. Theorie und Empirie zur Arbeit mit und in Medien.* Wiesbaden: Springer VS, S. 17-38.

Barnes, Samuel H. (1979). *Political Action: Mass Participation in Five Western Democracies.* New York: Sage.

Bauer, Hartmut, Christiane Büchner u. Lydia Hajasch (Hg.)(2017). *Partizipation in der Bürgerkommune*. Potsdam: Universitätsverlag.

Beck, Klaus. (2010). *Kommunikationswissenschaft*. 2. Aufl., Stuttgart: UTB.

Beisswenger, Achim (2010). *YouTube und seine Kinder. Wie Online-Video, Web TV und Social Media die Kommunikation von Waren, Medien und Menschen revolutionieren*. Baden-Baden: Nomos.

Bowman, Shayne u. Chris Willis (2003). *We Media. How audiences are shaping the future of news and information*. Reston: American Press Institue, Quelle: http://www.hypergene.net/wemedia/download/we_media.pdf [27.09.2017].

Burgess, Jean & Joshua Green (2009). *YouTube: Online Video and Participatory Culture*. Cambridge: Polity Press.

Combi, Chloe (2015): *Generation Z: Their Voices, Their Lives*. London: Hutchinson.

Dahlgren, Peter (2016). „Professional and citizen journalism: Tensions and complements". In: Jeffrey C. Alexander, Elizabeth Butler Breese, Marîa Luengo (Hg.): *The Crisis of Journalism Reconsidered*. Cambridge: Univ Press, S. 247-263.

Dernbach, Beatrice (2010). *Die Vielfalt des Fachjournalismus: Eine systematische Einführung*. Wiesbaden: Springer.

Dijck, Jose van (2007). „Television 2.0: *YouTube* and the Emergence of Homecasting". In: *Vortrag auf der Konferenz Creativity, Ownership and Collaboration in the Digital Age*. Cambridge: MIT, Quelle: https://www.researchgate.net/publication/228727377_Television_20_YouTube_and_the_Emergence_of_Homecasting [27.09.2017].

Eco, Umberto (1986). „Für eine semiologische Guerilla" (1967). In: *Über Gott und die Welt*. 4. Aufl., München: Hanser 1986, S. 166-177.

Eickelkamp, Andreas u. Jürgen Seitz (2013). *Ratgeber. Basiswissen für die Medienpraxis*. Köln: Halem (= Journalismus Bibliothek; 11).

Eisemann, Christoph (2015). *C Walk auf YouTube. Sozialraumkonstruktion, Aneignung und Entwciklung in einer digitalen Jugendkultur*. Wiesbaden: Springer.

Emmer, Martin u. Jens Wolling (2010). „Online-Kommunikation und politische Öffentlichkeit". In: Wolfgang Schweiger u. Klaus Beck (Hg.). *Handbuch Online-Kommunikation*. Wiesbaden: Springer VS, S. 36-58.

Emmer, Martin, Gerhard Vowe u. Jens Wolling (2011). *Bürger online. Die Entwicklung der politischen Online-Kommunikation in Deutschland*. Konstanz: UVK.

Engesser, Sven (2013). *Die Qualität des Partizipativen Journalismus im Web. Bausteine für ein integratives theoretisches Konzept und eine explanative empirische Analyse*. Wiesbaden: Springer VS.

Fabris, Hans Heinz (1979). *Journalismus und bürgernahe Medienarbeit: Formen und Bedingungen der Teilhabe an gesellschaftlicher Kommunikation*. Salzburg: Neugebauer.

Fuchs, Christian (2014). *Social Media. A critical introduction*. London u. a.: Sage.

Gerloff, Joachim (2015). *Erfolgreich auf YouTube. Social-Media-Marketing mit Online-Videos*. 2. Aufl., Frechen: mitb.

Goldhammer, K., Kerkau, F., Matejka, M. & Jan Schlüter (2015). *Social TV. Aktuelle Nutzung, Prognosen, Konsequenzen*. Leipzig: Vistas (= LfM-Schriftenreihe Medienforschung; 76).

Haarkötter, Hektor (2016). „Unsoziale soziale Medien und die Grenzen der Kommunikation". In: Ders. (Hg.). *Shitstorms und andere Nettigkeiten. Über die Grenzen der Kommunikation in Social Media*. Baden-Baden: Nomos, S. 7-10.

Haarkötter, Hektor (2018). „Verweile doch, du bist so schön: Qualitäten und Dysqualitäten im Journalismus. Ein kleiner Beitrag zur Philosophie der Berichterstattung". In: Ders. u.

Jörg-Uwe Nieland (Hg.): *Nachrichten und Aufklärung. Medien- und Journalismuskritik heute: 20 Jahre Initiative Nachrichtenaufklärung*. Wiesbaden: Springer, S. 39-66.

Haas, Alexander (2015). „Demokratisierung durch Social Media?" In: Kurt Imhof, Roger Blum, Heinz Bonfadelli u. Vinzenz Wyss (Hrsg.). *Demokratisierung durch Social Media. Mediensymposion 2012*. Wiesbaden: Springer VS, 27-40.

Habermas, Jürgen (1981). *Theorie des kommunikativen Handelns. Bd. 1: Handlungsrationalität und gesellschaftliche Rationalisierung*. Frankfurt/Main: Suhrkamp.

Habermas, Jürgen (1990). *Strukturwandel der Öffentlichkeit. Untersuchungen zu einer Kategorie der bürgerlichen Gesellschaft*. Frankfurt/Main: Suhrkamp.

Habermas, Jürgen (2008). „Hat die Demokratie noch eine epistemische Dimension? Empirische Forschung und normative Theorie". In: *Ach, Europa. Kleine politische Schriften XI*. Frankfurt/Main: Suhrkamp, S. 138-191.

Haller, Michael (2015): *Was wollt ihr eigentlich. Die schöne neue Welt der Generation Y*. Hamburg: Murmann.

Hanfeld, Michael (2017). „‚Focus Online' gegen ‚Bildplus': Wer schreibt hier bei wem ab?" In: *Frankfurter Allgemeine Zeitung* vom 04.05.2017, http://www.faz.net/aktuell/feuilleton/medien/focus-online-weist-klage-der-bild-wegen-artikelklaus-zurueck-14998596.html [29.10.2017].

Herbort, Carmen (2014). „Viktor ‚iblali' Roth: Ein Düsseldorfer erobert *YouTube*". In: *Westdeutsche Zeitung* vom 14.04.2014, http://www.wz.de/lokales/duesseldorf/viktor-iblali-roth-ein-duesseldorfer-erobert-*YouTube*-1.1612223 [14.10.2017].

Hurrelmann, Klaus & Erik Albrecht (2014): *Die heimlichen Revolutionäre – Wie die Generation Y unsere Welt verändert*. Weinheim: Beltz.

Imhof, Kurt (2015). „Demokratisierung durch Social Media?" In: Kurt Imhof, Roger Blum, Heinz Bonfadelli u. Vinzenz Wyss (Hrsg.). *Demokratisierung durch Social Media. Mediensymposion 2012*. Wiesbaden: Springer VS, S. 15-26.

Jaeckel, Michael (2017). *Die Macht der digitalen Plattformen: Wegweiser im Zeitalter einer expandierenden Digitalsphäre und künstlicher Intelligenz*. Wiesbaden: Springer VS.

Jenkins, Henry (2008). *Convergence Culture*. New York: University Press.

Keen, Andrew (2011). *The Cult of the Amateur: How blogs, MySpace, YouTube and the rest of today's user-generated media are killing our culture and economy*. London: Hodder & Stoughton.

Kleiner, Marcus S. (2005): „Semiotischer Widerstand. Zur Gesellschafts- und Medienkritik der Kommunikationsguerilla". In: Gerd Hallenberger u. Jörg-Uwe Nieland (Hg.): *Neue Kritik der Medienkritik. Werkanalyse, Nutzerservice, Sales Promotion oder Kulturkritik?* Köln: Halem, S. 316-368.

Kneissler, Michael (2015). „‚Geiler Scheiß'. Mediakraft Networks *YouTube*". In: *BrandEins*. http://www.brandeins.de/archiv/2015/marketing/mediakraft-networks-*YouTube*-geiler-scheiss/ [27.09.2017].

Krachten, Christoph (2015): Persönliches Gespräch am 12.01.2015.

Loosen, Wiebke (2013). "Publikumsbeteiligung im Journalismus". In: Klaus Meier u. Christoph Neuberger (Hg.): *Journalismusforschung. Stand und Perspektiven*. Baden-Baden: Nomos, S. 147-166.

Lübberding, Frank (2015): „*YouTube*-Star interviewt Merkel: Ein Pennäler im Kanzleramt". FAZ vom 13.07.2015, http://www.faz.net/aktuell/feuilleton/medien/tv-kritik/*YouTuber*-le-floid-interview-merkel-13701378.html [14.10.2017].

Lynd, Staughton (1965). "The nes radicals and participatory democrazy". in: *Dissent*, H.12 (3)/1965, S. 324-333.

MacPherson, Crawford B. (1973). *Democratic theory*. Oxford: University Press.

Maier, Michaela, Karin Stengel u. Joachim Marschall (2010). *Nachrichtenwerttheorie*. Baden-Baden: Nomos.

Marek, Roman (2013). *Understanding YouTube: Über die Faszination eines Mediums*. Bielefeld: Transcript.

Mast, Claudia (Hg.)(2012): *ABC des Journalismus. Ein Handbuch*. 12., überarb. Aufl., Konstanz: UVK.

McQuail, Denis (1992): *Media Performance: Mass Communication and the Public Interest*. London u. Thousand Oaks: Sage.

Meier, Christian (2017): „Ist das noch Polit-PR oder schon politische Aufklärung"? In: Die Welt, 16.08.2017, Quelle: https://www.welt.de/kultur/article167747443/Ist-das-noch-Polit-PR-oder-schon-politische-Aufklaerung.html [27.09.2017].

Mohr, Reinhard (2004): *Generation Z oder von der Zumutung, älter zu werden*. Frankfurt am Main: S. Fischer.

Mozorov, Evgeny (2009). "Foreign policy: The brave new world of slacktivism". In: *Opinion*. Quelle: www.npr.org/templates/story/story.php?storyId=104302141 [23.12.2017].

mpfs (Hg.)(2016): *JIM-Studie 2016*. Quelle: https://www.mpfs.de/fileadmin/files/Studien/JIM/2016/JIM_Studie_2016.pdf [27.09.2017].

Nah, Seungahn u. Deborah S. Chung (2016): „Communicative Action and Citizen Journalism: A Case Study of OhmyNews in South Korea". In: *International Journal of Communication*, H.10/2016, S. 2297–2317.

Neuberger, Christoph u. Peter Kapern (2013): *Grundlagen des Journalismus*. Wiesbaden: Springer VS.

Neuberger, Christoph & Thorsten Quandt (2010). „Internet-Journalismus: Vom traditionellen Gatekeeping zum partizipativen Journalismus?" In: Wolfgang Schweiger & Klaus Beck (Hg.). *Handbuch Online-Kommunikation*. Wiesbaden: VS, S. 59-79.

Pateman, Carol (1970). *Participation and democratic theory*. Cambridge: University Press.

Primbs, Stefan (2015): *Social Media für Journalisten. Redaktionell arbeiten mit Facebook, Twitter & Co*. Wiesbaden: Springer.

Rentz, Ingo (2014): „Hoodiejournalismus: Warum ein Kleidungsstück zum Symbol wurde". In: *Horizont*, 24.03.2014, Quelle: http://www.horizont.net/medien/nachrichten/Hoodie-journalismus-Warum-ein-Kleidungsstueck-zum-Symbol-wurde-119795 [27.09.2017].

Rudolph, Dominik (2014): *YouTube und Fernsehen: Konkurrenz oder Ergänzung?* Baden-Baden: Nomos.

Ruhrmann, Georg u. Roland Göbbel (2007): *Veränderung der Nachrichtenfaktoren und Auswirkungen auf die journalistische Praxis in Deutschland*. Wiesbaden: Netzwerk Recherche.

Schaupp, Simon (2016). „„Wir nennen es flexible Selbstkontrolle'. Self-Tracking als Selbsttechnologie des kybernetischen Kapitalismus". In: Stefanie Duttweiler, Robert Gugutzer, Jan-Hendrik Passoth u. Jörg Strübing (Hg.). *Leben nach Zahlen: Self-Tracking als Optimierungsprojekt?* Bielefeld: Transcript, S. 63-86.Schieb, Jörg (2017): #DeineWahl: Der große Bluff. In: *Digitalistan*. WDR-Blog. Quelle: https://blog.wdr.de/digitalistan/deinewahl-der-grosse-bluff/ [27.09.2017].

Schiewe, Jürgen (2004). *Öffentlichkeit. Entstehung und Wandel in Deutschland*. Paderborn: Schöningh.

Scholz, Christian (2014): *Generation Z: Wie sie tickt, was sie verändert und warum sie uns alle ansteckt.* Weinheim: Wiley-VCH.

Schweiger, Wolfgang (2017). *Der (des)informierte Bürger im Netz. Wie soziale Medien die Meinungsbildung verändern.* Wiesbaden (Springer).

Shamberg, Michael u. Raindance Corporation (1971). *Guerilla Television.* Philadelphia: Holt, Rinehart and Winston.

Skogerbø, Eli u. Arne H. Krumsvik (2014): „Newspapers, Facebook and Twitter. Intermedial agenda setting in local election campaigns". In: *Journalism Practice*, H.3/2014, S. 350-366.

Smythe, Dallas W. (1981/2006). "On the audience commodity and its work". In: Durham G. Meenakshi u. Douglas M. Kellner (Hg.). *Media and cultural studies.* Malden, MA: Blackwell, S. 230-256.

Spielmann, Yvonne (2005): Video. *Das reflexive Medium.* Frankfurt/Main: Suhrkamp.

Staschen, Björn (2017). *Mobiler Journalismus.* Wiesbaden: Springer.

Tenscher, Jens u. Philipp Scherer (2012). *Jugend, Politik und Medien: politische Orientierungen und Verhaltensweisen von Jugendlichen in Rheinland-Pfalz.* Münster: Lit.

Unger, Hendrik, Christine Henning u. Anne Unger (2017). *Play! Das Handbuch für You-Tuber.* Bonn: Rheinwerk.

Vasulka, Woody (1992). „Sony CV Portapack. Industrial", 1969. In: David Dunn, Woody Vasulka u. Steina Vasulka (Hg.). *Eigenwelt der Apparate-Welt. Pioneers of Electronic Art.* Santa Fe u. Linz: Ars Electronica, S. 150-152.

Wäscher, Till u. Lutz Hachmeister (2017). *Wer beherrscht die Medien? Die 50 größten Medien- und Wissenskonzerne der Welt.* Köln: Halem.

Wall, Melissa (2015): "Citizen Journalism. A retrospective on what we know, an agenda for what we don't". In: *Digital Journalism*, H.6/2015, S. 797-813.

Weichert, Stephan (2011): „Der neue Journalismus". In: *Publizistik*, H.56/2011, S. 363-371.

Weichler, Kurt (1987). *Die anderen Medien. Theorie und Praxis alternativer Kommunikation.* Berlin: Vistas.

Welker, Martin (2012). *Journalistische Recherche als kommunikatives Handeln. Journalisten zwischen Innovation, Rationalisierung und kommunikativer Vernunft.* Baden-Baden: Nomos.

Herausforderung Internationaler Diskurs
Welche Nutz- und Wirkweisen von *YouTube* durchbrechen vorherige Diskursstrukturen?

Johanna Wergen

Zusammenfassung

Der Beitrag beleuchtet die Chancen und Herausforderungen, die *YouTube* für das vermeintliche Ideal eines internationalen Diskurses, zu dem jeder gleichberechtigt Zugang hat, mit sich bringt. So sind mit dem Aufkommen der Sozialen Medien auch die Ideen eines Austausches zwischen allen Weltbürgern auf Augenhöhe gefüttert worden. Eine weltweite Agora sozusagen, für die es nun die technischen Möglichkeiten gibt. Die enorme Nutzerzahl einer Plattform wie *YouTube* lädt zu diesem Gedanken ein.

Dieser Beitrag stellt eine Beschreibung des *YouTube*-Diskurses dar und wirft einen Blick auf aktuelle Nutzungszahlen und Trends im internationalen Kontext. Welche Diskursstrukturen können durch eine Plattform wie *YouTube* durchbrochen werden und – hierauf liegt der Fokus des Beitrags – wo zeichnet sich ein Fortbestand von Diskursstrukturen ab? Zuletzt wird darauf geschaut, inwiefern es staatliche Bestrebungen gibt, im internationalen Diskurs Einfluss zu nehmen – etwa durch die Arbeit von Auslandssendern.

1 Mission einer weltweiten Community

„Unsere Mission ist es, allen eine Stimme zu geben und ihnen die Welt zu zeigen. […] Indem wir einander zuhören, uns mit anderen austauschen und durch unsere Geschichten eine Community aufbauen, können wir die Welt zu einem besseren Ort machen." (YouTube About)

Mit diesen Worten beschreibt *YouTube* sein Selbstbild. Generiert wird die Vision einer weltweiten Community, die sich auf Augenhöhe austauscht. Unterfüttert

© Springer Fachmedien Wiesbaden GmbH, ein Teil von Springer Nature 2019
H. Haarkötter und J. Wergen (Hrsg.), *Das YouTubiversum*,
https://doi.org/10.1007/978-3-658-22846-0_3

wird diese Vision im *Brand Mission* Video (siehe Abb. 1) durch einen Video-Zu-
sammenschnitt nutzergenerierter Inhalte.

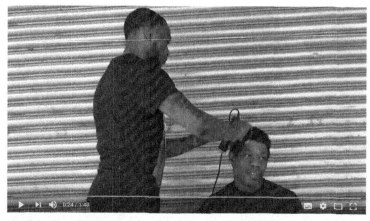

YouTube: Our Brand Mission
1.196.307 Aufrufe

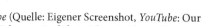

Abb. 1   Brand Mission Video von *YouTube* (Quelle: Eigener Screenshot, *YouTube*: Our
Brand Mission: https://www.YouTube.com/intl/de/yt/about/. Abgerufen am
07.01.2018.)

Hier wird das Potential betont, Menschen aus den verschiedenen Ecken der Welt
zu verbinden. *YouTube* stellt – so die Vision im *Brand Mission Video* – die Möglichkeit der Abbildung und des Teilens eines ungefilterten und natürlichen Porträts
dessen, was Menschen ausmacht, in den Mittelpunkt: „this ist the rawest, purest
most unfiltered portrait as who we are as people" (*YouTube*: Our Brand Mission:
00:34– 00:40) – und perpetuiert mit den Worten „That person who thought they
were noone, they can become someone" (Ebd.: 01:07– 01:12) auch die Idee des
American Dream.

Genährt wird durch diese Selbstdarstellung die Idee eines Dialogs und der
Teilhabe auf Augenhöhe: Jeder Mensch habe die Chance, sich eine Stimme zu
verschaffen. Inwiefern diese Versprechungen haltbar sind, lässt sich überprüfen,
indem man die Strukturen des *YouTube*-Diskurses beschreibt.

2 Der *Youtube*-Diskurs

Betrachtet man hierbei den Begriff Diskurs als ein Phänomen, das es jeweils zeit- und ortspezifisch zu beschreiben gilt, folgt man einer Diskursanalyse, die explizit historische Verankerung hat. Hierdurch wird eine deskriptive Beschreibung des *YouTube*-Diskurses gewählt, die zunächst davon absieht, normativ eine „ideale Sprechsituation" (Habermas 1973, S. 252) oder ein anzustrebendes Ideal eines globalen Diskurses zu definieren.

Folgt man deskriptiven Ansätzen der Diskursanalyse – vor allem orientiert an den Ausführungen von Michel Foucault (1971) – gilt es, nicht nur alles Gesagte, also sprachliche Symbole als den zu analysierenden Diskurs zu definieren, sondern auch Handlungen und alle nichtsprachlichen Aspekte und Strukturen (nach Foucault beispielsweise Institutionen, Architektur etc.) mit zu analysieren.

Maßgeblich sind in dieser Diskursbeschreibung nicht handelnde Subjekte, sondern eher das hinter dem Diskurs befindliche Dispositiv – also eine Reihe von Regeln und Strukturen, die einen gesellschaftlichen Diskurs hervorbringen und „aus einer Verschränkung aus Macht- und Wissensverhältnissen" (Agamben 2008, S. 9) hervorgehen. Verschiedene Diskurs-Theoretiker betonen die Wichtigkeit, dem gesellschaftlichen Diskurs zugrundeliegende Beharrungstendenzen, Machtmechanismen und Ideologien offenzulegen und vor allem auch die Wichtigkeit, die Grenzen der Bedeutungsproduktion (also Leerstellen) mitzudenken und zu erfassen, welche Kategorisierungen (oft binär) vorgenommen werden (vgl. Keller 2011; Pundt 2008; Kassel 2004).

Der *YouTube*-Diskurs findet seinen Anfang im Jahr 2005, als in Kalifornien die drei ehemaligen *PayPal*-Mitglieder Chad Hurley, Steve Chan und Jawed Karim *YouTube* gründen und das erste Video – „Me at the Zoo" – hochgeladen wird. Seitdem ist die Plattform zu der populärsten Video-Plattform und zur weltweit dritt-meistbesuchten Website nach *Google* und *Facebook* mit anderthalb Milliarden monatlichen Nutzerinnen angewachsen. Laut *Global Web Index* geben 65 % der *YouTube*-Nutzer an, dass sie die Plattform täglich oder mehr als einmal am Tag nutzen (Global Web Index, Statista 1)[1]. Seit 2006 ist *YouTube* im Besitz von *Google Inc.*

---

1 Die verbreitetsten Nutzungsformen sind hierbei das Nutzen von Musikvideos (47 % der Nutzer weltweit gaben an, im letzten Monat ein Video gesehen zu haben), Ansehen eines Film-Trailers (39 %), Ansehen von Tutorial Videos (34 %) etc. (Global Web Index, Statista 2). Nachrichtennutzung ist also nicht das primäre Motiv bei der *YouTube*-Nutzung, hier sind andere Soziale Netzwerke, wie *Facebook*, weiter vorne. Die Nutzungsformen variieren hierbei nach Altersgruppe, beispielsweise gaben 34,5 % der 16-24 Jährigen an, im letzten Monat ein Video von einem Star oder Vlogger gesehen zu haben, während das bei allen Nutzern nur 25.5 % waren. (Global Web Index, Statista 3).

Versucht man, die Kommunikation auf *YouTube* diskurstheoretisch zu fassen, besteht die zugrundeliegende diskursive Praxis im Hochladen und Abspielen von Videos, was zum Teil mit der Einnahme von Werbegeldern und fast immer mit der Sammlung von Daten einhergeht. Zu beachten ist hierbei auch die Tatsache, dass es sich um einen durch das Medium Video vermittelten Diskurs handelt. Die Beachtung des vermittelnden Trägermediums findet zwar in einer auf Foucault basierenden Diskurs-Definition keine Berücksichtigung, doch sollte dessen Bedeutung einigen Medientheoretikern folgend immer mit analysiert werden (vgl. bspw. McLuhan 1964; Innis 1951).

So kann die Tatsache, dass *YouTube* vorwiegend über Videos funktioniert, mit der Annahme einhergehen, dass eine gewisse Identiätsstiftung (ob auf persönlicher, regionaler, nationaler oder globaler Ebene) stattfinden kann, wie sie auch dem Fernsehen zugeschrieben wird. Zudem können Videos als direkter in der Vermittlung von Emotionen als Texte angesehen werden, da sie auf gesprochener Sprache, Bildern, Musik und somit weniger den der Schrift zuzuordnenden Eigenschaften der Logik und Rationalität basieren (vgl. bspw. Havelock 2007, Ong 1987). *YouTube* ist nicht das einzige *neue* Medium, das auf der Kraft von Videos aufbaut. Auch andere Soziale Medien, wie *Facebook*, setzten in den vergangenen Jahren verstärkt auf die Priorisierung des Mediums Video in ihrem Algorithmus. Im Ausmaß als Archiv und Suchmaschine findet *YouTube* aber bisher nicht seinesgleichen (siehe zu den unterschiedlichen Nutzungsszenarien und Videoformaten pro Plattform den Beitrag von Moritz Meyer in diesem Band) und sowohl vom linearen als auch vom non-linearen Fernsehen grenzt sich die diskursive Praxis des *YouTube*-Diskurses in diversen Formen ab (siehe hierzu u. a. Haarkötter in diesem Band, referierend auf Rudolph).

Die Inhalte der Videos spannen einen Bogen von nutzergenerierten Inhalten über professionell produziertes Videomaterial und Zweitverwertung von vorproduziertem Material und Musikvideos bis zu semi-professionellen Videoinhalten aller erdenklichen Genres. So fasst Crick die Bandbreite der zur Verfügung gestellten Inhalte als komplexes internationales kulturelles System zusammen, „[that] simultaneously provides tantalizing user-generated content, thoughtful political commentary, educational videos, professionally produced commercial content, and historically important moments captured live" (Crick 2015, S. 2). Beschränkungen der Inhalte bestehen in den Nutzer-Richtlinien von *YouTube*, die beispielsweise diffamierende und gewalthaltige Inhalte sowie Nacktheit verbieten (Richlinien *YouTube*). Wie diese redaktionellen Richtlinien entstanden sind und wer daran beteiligt war, ist intransparent und basiert soweit bekannt nicht auf einem aus verschiedenen Bevölkerungsgruppen zusammengesetzten Gremium (wie etwa bei deutschen öffentlich-rechtlichen Sendern). Vor welcher redaktionellen Herausforderung man sich bei der Einhaltung und Umsetzung dieser Richtlinien befindet, zeigt sich unter anderem an der Verbreitung gewalthaltiger Inhalte und der Verfügbarkeit von terroristisch und propagandistisch motiviertem Material (bspw. des so genannten „Islamischen Staats"). Diesen Inhalten versucht *YouTube* seit Dezember 2017 durch eine vergrößerte Anzahl an Mitarbeitern Herr zu werden, die die Inhalte beobachten und kontrollieren (IANS 2017).

   Die Aussagen (inklusive der dazugehörigen Äußerungsmodalitäten und Sprecherpositionen), die im *YouTube*-Diskurs zu Tage treten, haben eine ebenfalls sehr weite Bandbreite (siehe oben – sowohl private als auch professionelle Nutzerinnen) und sind im Vergleich zum bisherigen potentiell an große Massen kommunizierbaren Diskurs zunächst erweitert, da die Möglichkeit, sich mit Videomaterial an eine große Nutzerschaft zu wenden, im Fernsehen nicht gegeben war. Doch hakt hier auch ein Ausgrenzungsmechanismus ein: Zugang zu *YouTube* hat jeder Nutzer mit Internetzugang (hier fällt also nur ca. die Hälfte der Weltbevölkerung hinein). In einigen Ländern ist *YouTube* aufgrund staatlicher Zensur nicht zugänglich (siehe 6). Eine weitere Beschränkung ist, dass nur Nutzerinnen, die bereit sind, einen *Google*-Account anzulegen, die Möglichkeit haben, Videos bei *YouTube* online zu stellen. Das Anlegen eines *Google*-Accounts ist wiederum mit der Abgabe persönlicher Daten verbunden.

   Wie oben angesprochen, sind neben der zugrundeliegenden diskursiven Praxis (sozusagen Kommunikationsform), den Gegenständen (Art der Inhalte) und Aussage(positionen) auch zugrundeliegende Strategien und Folgen eines Diskurses zu betrachten. Die Strategie hinter *YouTube* basiert auf einem privatwirtschaftlichen Unternehmensziel. *YouTube* ist nicht gemeinnützig organisiert, sondern muss als Teil der Alphabet-Holding alle Arbeiten und Erweiterungen an der Plattform letztlich auf ein Bestehen im Markt ausrichten.[2] Das Marktmodell von *YouTube* basiert auf dem Verkauf von Werbeplätzen, den es durch das Sammeln detaillierter Nutzerdaten optimieren kann. Matthew Crick beschreibt, dass die Nutzerinnen von *YouTube* paradoxerweise dabei geholfen hätten, *YouTube* zu dem zu machen, was es heute ist: Ein auf Werbung basierendes Monetarisierungsmodell, das die lukrativste Zielgruppe (18-34 Jährige) spielerisch einfach erreicht und dabei alle US-amerikanischen linearen Broadcaster aussticht (Crick, S. 165) und maßgeblich von den *Google*-Werbeinstrumenten (AdSense und AdWords) profitiert. Auch *YouTube*-Expertin Alexandra Juhasz bestätigt, dass *YouTube* durch die Tatsache, dass das komplette Design auf das schnelle Wechseln zwischen Inhalten ausgelegt

---

2   Einige Aspekte des *YouTube*-Geschäftsmodells sind wenig transparent. Beispielsweise wurde diskutiert, weshalb es sich im Hinblick auf die Tatsache, dass ca. 30 % der Videos auf *YouTube* 99 % der Views ausmachen, für *YouTube* rechnet, alle weiteren Videos zu storen, was mit erheblichen Serverkosten verbunden ist (Whitelaw 2011).

sei, auf das Geldverdienen und nicht auf das Fördern von Demokratie, Kunst oder gar einer Revolution ausgerichtet sei (Garton Ash 2016, S. 297).

Zusammenfassend lässt sich der *YouTube*-Diskurs als ein Hochladen und Abspielen von Videos heterogener Inhalte, die gewissen Beschränkungen unterliegen, beschreiben, bei dem eine Erweiterung der Sprechpositionen im Vergleich zu traditionellen Bewegtbildmedien stattgefunden hat und dessen Geschäftsmodell auf der Monetarisierung von Werbeplätzen basiert, das ein weites Wissen über die Nutzer voraussetzt.

Um die angesprochenen Beschränkungen (sowohl Zugang zu Inhalten als auch zu Sprechpositionen) genauer zu beleuchten, soll zunächst darauf eingegangen werden, welche Beschränkungen allein aufgrund der Tatsache bestehen, dass der *YouTube*-Diskurs im Medium Internet stattfindet (3). Im Anschluss wird näher beleuchtet, inwiefern der *YouTube*-Diskurs trotz der entfachten Idee eines globalen Austausches auf Augenhöhe in bestehenden Diskursstrukturen verbleibt.

3   Exklusionsmechanismen im Internet-Diskurs

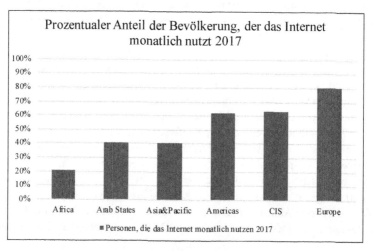

Abb. 2   Prozentualer Anteil der Bevölkerung, der das Internet monatlich nutzt; Daten: ITU Report 2017, Eigene Darstellung

Im jährlich erscheinenden *ITU Measuring the Information Society Report* der in den Vereinten Nationen verankerten *International Telecommunication Union* heißt es:

"There are substantial digital divides between countries and regions, and between developed and developing countries, particularly LDCs." "These divides are evident in Internet use as well as connectivity." "There is a significant gender digital divide." (ITU Report 2017, S. 2)

Diese Erkenntnisse zum Fortbestand der *digitalen Spaltung* (vgl. bspw. Norris 2001; Marr 2005; Zillien 2006; Zillien/Haus-Brusberg 2014, Pick/Sarkar 2015) zeigen, dass der Zugang zum Internet-Diskurs einem großen Teil der Weltbevölkerung verwährt bleibt und dass sich diese Spaltung entlang ökonomischer und sozialer Trennungslinien in der Weltgesellschaft zieht. Anschaulich wird diese Spaltung anhand Abbildungen 2 und 3.

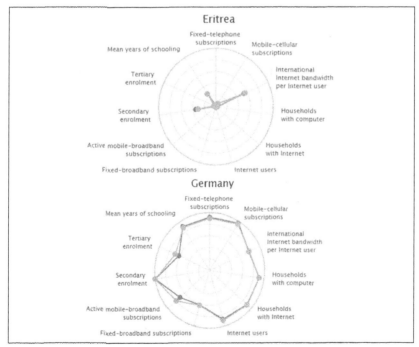

Abb. 3   ICT Development Index im Vergleich: Deutschland vs. Eritrea, Quelle: Eigene Screenshots: ICT Development Index 2017: Germany; ICT Development Index 2017: Eritrea.

Der jährlich berechnete Index der ITU baut sich aus drei Sub-Indizes zusammen, die sich

1. auf den Zugang,
2. auf die Nutzung und
3. auf die Kompetenzen im Umgang

mit dem Internet beziehen. Hieran wird deutlich, dass die Ungleichheit im Umgang mit dem Internet nicht allein im ungleich verteilten Zugang besteht, sondern, dass unter anderem aufgrund von Bildungsungleichheit auch der Umgang mit der Informationstechnologie große Unterschiede aufweist, der im schlechtesten Fall dazu führt, dass eine immer größer werdende Kluft – eine Informationskluft – entsteht, die sich nicht nur an geografischen, sondern auch an wirtschaftlichen und sozialen Ungleichheitslinien entlang zieht.

Der Soziologe Manuel Castells stellte in seinem Werk zur Netzwerkgesellschaft die Theorie auf, dass mit der Entwicklung unserer Gesellschaft hin zu einer Wissensgesellschaft, die prägende zugrunde liegende Struktur die Netzstruktur sein wird und gibt zu bedenken, dass dies in funktionalen Zentren münden würde, in denen sich alles ökonomisch erfolgreiche zentrieren würde, dass aber an den Rändern und in den Zwischenräumen zwischen den Knotenpunkten (also den Verbindungslinien) Räume entstehen könnten, in denen die Individuen kaum Zugang zu ökonomischem und Wissenskapital haben würden, insofern man Ungleichheitsverhältnisse nicht verbessern und die Herstellung von Wissenskapital nicht dezentrieren würde (Vgl. Castells, M. 2001).

Ähnliche Bedenken werden etwa in Fuchs et al (2014) von Hofkirchner formuliert (S. 74): Er sieht einen 3-schrittigen Antagonimus der informierten Welt-Bürger auf der einen und durch die digitale Spaltung abgetrennte Bürger auf der anderen Seite:

• Im Feld der Ökonomie bestehe ein Antagonismus zwischen den Chancen entfesselter Information auf der einen und Kommerzialisierung der Information auf der anderen Seite.
• Im Feld der Politik bestehe ein Antagonismus der Bemächtigung aller durch Information auf der einen und der Überwachung und Informations-Kriegsführung auf der anderen Seite.
• Im Feld der Kultur und der Lebensstile bestehe ein Antagonismus zwischen Weisheit durch Information aller auf der einen und Medien-Disinfotainment auf der anderen Seite.

Ungleichheiten im Internet-Diskurs bestehen nicht nur auf der Seite der Nutzerinnen. Auch das Themenangebot – also die Themen, die es im Internet-Diskurs zu einer gewissen Reichweite schaffen – unterliegt Verzerrungsmechanismen. Wie die so genannte Nachrichtenwerttheorie sowie News-Bias-Theorien beschreiben, findet die Auswahl der Nachrichten, die es in den Diskurs schaffen, aufgrund bestimmter Kriterien statt (vgl. bspw. Lippmann 1922; Galtung/Ruge 1973; Schulz 1976). Obwohl noch keine umfassende Überprüfung der Nachrichtenwerttheorie für das Internet stattgefunden hat, wird von einem Fortbestand bestimmter Mechanismen ausgegangen, die um Faktoren wie bspw. Teilbarkeit oder die noch stärkere Gewichtung von Schnelligkeit ergänzt werden (vgl. hierzu bspw. Harcup/ Oneill 2016; Ruhrmann/Göbbel 2007).

Aufgrund bekannter Nachrichtenfaktoren, die die (internationale) Nachrichtenagenda beeinflussen, schaffen es bestimmte Nationen und Personen – so genannte Elitenationen und Elitepersonen (beispielsweise USA und US-amerikanischer Präsident) – überpropotional häufig in die weltweite Medienagenda. Schaut man explizit auf die Berichterstattung über internationale Themen bzw. auf Auslandsberichterstattung, wurden u. a. Tendenzen zur

- *Konzentration* auf Metropolen,
- Einnahme einer *Konfliktperspektive*,
- Konzentration auf das Feld der *Politik*,
- Zentrierung auf *Eliten,*
- *Dekontextualisierung* (fehlende Einbettung in einen breiteren Kontext) und
- Vernachlässigung von *Strukturproblemen der internationalen Beziehungen* kontastiert (Hafez 2005, S. 46).

Ebenso lässt sich im Bezug auf die Berichterstattung über Konflikte feststellen, dass nur vermeintlich relevante Gewalt viel Präsenz in der Berichterstattung findet. Beispielsweise war der Irak-Krieg aufgrund internationaler Brisanz stark in den deutschen Fernsehnachrichten vertreten, während die Situation im Kongo kaum zu finden war (Ebd., S. 50) sowie es heute bzgl. der Bürgerkriegssituation im Jemen der Fall ist (siehe Initiative Nachrichtenaufklärung).

Zudem wurde für die Auslandsberichtersattung eine starke Abhängigkeit von führenden Nachrichtenagenturen (v. a. Reuters, AP, AFP) analysiert, die ca. 50 bis 80 Prozent aller Quellen der Auslandsberichterstattung ausmachen. Da auch Nachrichtenagenturen unter einem gewissen finanziellen Druck stehen, beziehen diese ihre Informationen wiederum zum Teil direkt aus der Öffentlichkeitsarbeit von Staaten, was eine unabhängige Berichterstattung verhindert (Ebd., S. 56).

Maßgeblich für den Internet- und Social-Media Diskurs sind in der Neugestaltung der Nachrichtenwerte die Algorithmen von *Google*, *Facebook*, *YouTube* & Co, die zu großen Teilen auf quantifizierbaren Messwerten wie Klicks, Views, Likes etc. basieren und die bisherige Agenda-Setzungs-Mechanismen aushebeln (zu Nachrichtenfaktoren in den Sozialen Medien vgl. u. a. Harcup/Oneill (2016)). Den amerikanischen Internetunternehmen kommt somit eine enorme Deutungsmacht zu. So formuliert Timothy Garton Ash: „Was Facebook tut, hat mehr Wirkung als alles, was Frankreich tut, und die Entscheidungen von *Google* wirken sich stärker aus als die der deutschen Regierung" (Garton Ash, 2016: S. 11).

4   Fortbestehende Machtmechanismen im *YouTube*-Diskurs?

Die Durchbrechung der Abhängigkeit von Nachrichtenagenturen kann zu einem Teil des umwälzenden Potentials von Social Media werden: Nutzer, die bei einem nachrichtlichen Event vor Ort sind, generieren die Inhalte selbst und stellen sie über die sozialen Medien zur Verfügung. Revolutionäres Potential wurde Sozialen Medien beispielsweise auch während des Arabischen Frühlings zugeschrieben.

Auf *YouTube* bezogen, kann das neu entstandene Repertoire an Bildungsangeboten (Beispiel TED Talks aber auch unzählige nutzergenerierte Tutorials) als Chance für einen Diskurs angesehen werden, der sich inhaltlich und im Hinblick auf Sprecherrollen diversifiziert.

Einen ebenso revolutionären Anschein macht die Viralität von einzelnen Social Media-Inhalten wie der Ice Bucket Challenge, die Millionen von Menschen erreichte und Millionen von Dollar für die Krankheit ALS einbrachte. Im Fall von *YouTube* sticht das Beispiel des Musikvideos Gangnam-Style heraus, das als in Korea und großteils auf koreanisch produziertes Video auch Annahmen über Elitezentrierung im internationalen Medien-Diskurs durchbricht.

Schaut man sich allerdings Listen der meistgesehenen Videos auf *YouTube* an, erhärtet sich der Anschein, dass bestehende Strukturen des internationalen Medien-Bias reproduziert werden: Unter anderem die Tatsache, dass *YouTube* mit globalen Medienfirmen zusammenarbeitet, die Stars und Produkte der Populärkultur vermarkten (vgl. Benson 2017, S. 96) führt dazu, dass sich unter den 50 meistgesehenen Videos zu einem Großteil Musikvideos US-amerikanischer Künstler in englischer Sprache befinden. Dies spiegelt sich auch in den hier in Abb. 4 abgebildeten Top10 wieder, die die so genannten Lifetime-Abrufe (also Abrufe seit Bestehen des Videos) abbildet.

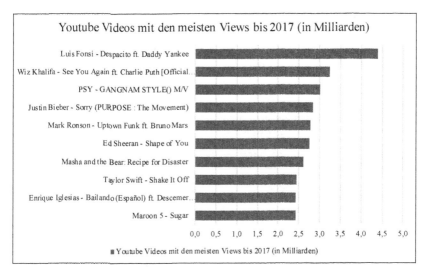

Abb. 4 *YouTube* Videos mit den meisten Views bis November 2017 (in Milliarden), Quelle: *YouTube*; eigene Darstellung

Die Vorherrschaft der englischen Sprache findet ihre Spiegelung wiederum auch in der Struktur des Internets allgemein: Schätzungen zufolge (WTS 2018; Q Success/ Statista 2018) sind ca. 50 % aller Websites auf englisch gefolgt von jeweils unter 7 % auf russisch, japanisch, deutsch, spanisch und französisch.[3]

Ein leicht diverseres Bild zeigt sich in den Listen der Kanäle mit den meisten Abrufen sowie der Kanäle mit den meisten Abonnentinnen. Mit Blick auf die 50 meistabonnierten Kanäle dominieren hier auch klar die USA und europäische Länder. Doch findet sich auf den vorderen Plätzen der chilenische Kanal „Hola Soy German". Auch erzielen T-Series (ein indischer Kanal für Bollywood-Musik) sowie ein brasilianischer Comedy-Kanal erfolgreiche Plätze. Sortiert man die Kanäle nach Views, erscheint der indische Kanal sogar an erster Stelle, gefolgt von einem amerikanischen Sportkanal (World Wrestling Entertainment). Interessanterweise schaffen es auch zwei Kanäle in die Top10, die sich auf Spielzeug bzw. Kindermusik fokussieren. Dieser Erfolg von Unterhaltung für Kinder und Vermarktung von Spielware spiegelt sich auch in den erfolgreichsten Marken auf *YouTube* wieder –

---

3 Andere Schätzungen gehen von einer weniger starken Vorherrschaft des englischen aus und schätzen die Anzahl chinesischer Websites als höher ein (Fundredes.org 2017).

der dänische Konzern LEGO zählt zu den stärksten Marken auf *YouTube*, gefolgt unter anderem von Playstation und NintendoSE (Social Blade 2018, eigene Analyse). Wechselt man nun den Blick von der Angebotsseite wieder auf die Nutzerseite, zeigt Abb. 5, dass die Zentrierung auf US-Amerika frappant ist.

Abb. 5   Länder mit den meisten *YouTube*-Nutzern, Quelle: Statista, Statista DMO, eigene Darstellung (monatlich aktive Nutzer in Millionen)

In den USA ist *YouTube* zu einem Leitmedium avanciert, das insbesondere in der jungen Zielgruppe weitaus stärker genutzt wird als Kabel-TV und laut Hitwise 2016 mit 78 % Marktanteil unter den Multimedia Websites der USA fast die 10fache Menge an Visits hatte wie Netflix (Hitwise; Marketing Charts, 2016).

YouTube versucht dennoch seine Rolle, seine Mission als Stifter einer global zugänglichen Plattform aufrecht zu erhalten, indem es auf den unternehmenseigenen Seiten betont, dass 80 % des Traffics aus dem Ausland komme (Benson 2017, S. 99). Der vermeintlichen Vormachtstellung, die die US-amerikanische und westliche Kulturproduktion auf *YouTube* innehat, hält *YouTube* weiterhin die Ideologie einer weltweit gleichberechtigten Community entgegen: das *YouTube*-Interface ist in insgesamt 76 Sprachversionen verfügbar und *YouTube* (Quelle: *Youtube* About) stellt den Nutzern sogar eigens Tools zur Untertitel-Generierung zur Verfügung.

5   Daten, Maße, Messbarkeit

Die Maßnahmen, die *YouTube* trifft, um das Nutzungserlebnis zu verbessern, sind Teil der Erfolgsstrategie *YouTubes*, die zu Nutzerwachstum führt. Die Teilnahme am *YouTube*-Diskurs basiert auf Teilhabemöglichkeiten, die man mit der Abgabe von Daten bezahlt. Die Struktur von *YouTube* animiert offensichtlich eine große Zahl an Nutzerinnen dazu, das Private ins Öffentliche zu tragen – und dies bezieht sich nicht nur auf die Freigabe von Daten, sondern auch auf die Tatsache, dass sich *YouTuber* mit der Preisgabe des Privaten, Beliebtheit und Authentizitätsgewinn bei den Nutzern und somit die Währung von Likes und Views verdienen. Bleibt man im Foucault'schen Deutungsmuster, geht hiermit eine Unterwerfung des Subjekts unter quantifizierbare soziale Anerkennung einher – hier zeichnet sich eine freiwillige Messbarmachung ab und die Möglichkeit, sich in Mittel- und Höchstwerten messbaren Kategorien einzuteilen (Like/Dislike, Views, Subscriber). Es findet eine Messbarmachung sozialer Wertigkeit statt, die gleichzeitig monetarisierbar wird.

YouTube selbst legt fest, welche „Metriken" im Diskurs von Bedeutung sind und dafür sorgen, dass ein Video an Reichweite gewinnt und ein anderes nicht. Mit *YouTube* Analytics bietet *YouTube* ein mächtiges Messsystem. Es bietet demografische und geografische Informationen zu den Zuschauern und zeigt an, durch welchen Weg sie auf das Video zugreifen. Die Priorisierung der einzelnen Metriken in Bezug auf den eigenen Algorithmus obliegt *YouTube*.

Das Bereitstellen des Analysetools *YouTube*-Analytics bietet Sendern, Unternehmen und *YouTuberinnen* gleichzeitig neue Möglichkeiten, ihr Programm zu optimieren. Es entsteht ein neues Wissenschaftsfeld: Allgemein beschreibt Welker die Online-Forschung als Teil verschiedener Wissenschaftszweige, die den „Mehrfachcharakter des Internets zeige" (Welker 2014, S. 26), das gleichzeitig Medium und Methode sei. Marktforschungsmethoden verschieben sich durch die breite Zahl an Analysedaten: „listening instead of asking" (Hofmann 2012, S. 141). Es entsteht ein lukrativer Bereich, der das Risiko birgt, dass Investoren in Social Media-Forschung investieren, die gegebenenfalls kein forscherisches Know How und Interesse haben (Ebd. S. 143).

Nicht nur die Kennwerte gibt *YouTube* vor, *YouTube* nimmt auch Einfluss auf die Entscheidung, vor welche Videoinhalte Werbung geschaltet werden darf und vor welche nicht. So erregte im Herbst 2016 eine Änderung in der Benachrichtigung über die Monetarisierungs-Option für Aufsehen: *YouTube* möchte, im Sinne einer Werber-freundlichen Ausrichtung, alle Videos, die (nach dem Ermessen von *YouTube*) nicht den Werberichtlinien entsprechen, von der Monetarisierungs-Option entheben, so heißt es: „*YouTube* behält sich das Recht vor, Werbeanzeigen in Videos und auf der Wiedergabeseite nach eigenem Ermessen nicht einzublenden" (Richtlinien für werbefreundliche Inhalte). Die Änderung machte einigen *Youtubern* die werbefreundliche Ausrichtung erst bewusst und provozierte ein Aufbäumen einiger einflussreicher *YouTuber* unter dem Hashtag *#YouTubeIsOverParty*. Ein Funke von Gegenmacht, der aber keine weiteren Auswirkungen hatte.

6   Kampf der Staaten um Deutungshoheit im internationalen Diskurs

Nicht nur *YouTube* selbst (zumindest in Form der Zensur von nicht-Richtlinien-konformen Inhalten), sondern auch andere Akteure haben ein Interesse daran, dass nicht alle Inhalte für alle Bürgerinnen frei zugänglich sind.

Staatliche Zensur von *YouTube*-Inhalten spielt sich auf verschiedenen Ebenen ab. So gibt es Länder, die den Zugang zu *YouTube* komplett zensieren. China gilt als das Land mit der strengsten Internetzensur (Freedom on the Net 2017; Table of Country Scores). China bietet als Alternative zu amerikanischen Sozialen Netzwerken mit *Sina Weibo* einen nutzungsstarken Mikroblogging-Dienst, der es im weltweiten Alexa-Ranking sogar unter die Top 25 schafft. Auch im Iran ist *YouTube* blockiert (Freedom on the Net 2017; Iran Country Profile). Hier ist die Zensur etwas durchlässiger und einfacher zu umgehen als in China. In den Jahren vor der Veröffentlichung des satirisch inszenierten Mohammed-Videos „Innocence of Muslims" hatte die Regierung die *YouTube*-Zensur gelockert, doch seither ist die Plattform wieder weitgehend blockiert (CNN 2012), auch wenn sich in der aktuellen Entwicklung wieder eine Lockerung der Zensurbestrebungen erkennen lässt (Freedom on the Net 2017; Iran Country Profile). Die Liste von Ländern, die zumindest in Teilen oder phasenweise *YouTube*-Zensuren vornehmen oder in denen die Inhalte starker Kontrolle der Regierung obliegen ist lang, hierzu zählen die Türkei, Pakistan und viele weitere (Freedom on the Net 2017; Country Profiles).

Auch in Deutschland gibt es gewisse Bestrebungen, *YouTube*-Inhalte zu regulieren: so forderte die Kommission für Zulassung und Aufsicht der Medienanstalten (ZAK) im Frühjahr 2017 *YouTuberinnen* auf, sich eine Sendelizenz zu kaufen. Der betroffene 24/7-LiveSender PietSmietTV ging daraufhin offline. Der Kauf einer Sendelizenz ist mit Kosten verbunden. Weitere Beschränkungen für *YouTube*-Veröffentlichungen entstehen in Deutschland durch die Gesellschaft für musikalische Aufführungs- und mechanische Vervielfältigungsrechte (GEMA).

Nicht nur durch Regulierungsmaßnahmen versuchen Nationalstaaten ihren Platz im Kampf um den öffentlichen internationalen Diskurs zu sichern. So beschreibt Brand (2012), dass in Zeiten der Globalisierung der Einfluss von

Außenpolitik schwächer werde, während „massenmedial untersetzte gesellschaftliche Dynamiken" (Brand 2012, S. 389) stärker würden. Hierin spiegelt sich die vermeintliche Relevanz der Arbeit von staatlichen Auslandssendern, die seit 2000 vermehrt neu gegründet wurden (bspw. Frankreich mit France24 oder Venezuela mit TeleSur). Auslandsrundfunk wird als wichtiges Instrument der so genannten Public Diplomacy angesehen. Die UNESCO-Kulturkonvention unterstützt das meist mehrsprachige Angebot und die Funktion der Auslandssender als Sicherer „kultureller Vielfalt" und „globaler Visionen" (Niepalla 2007, S. 5). Durch die Berichterstattung in Fremdsprachen wird sozusagen ein Außenstehender Teilnehmer eines regionalen Diskurses und kann eine alternative Quelle in Märkten bieten, in denen die Meinungsvielfalt gegebenenfalls eingeschränkt ist. In der Kritik steht die Berichterstattung einiger Auslandssender, da sie ihren Programmauftrag mit einer Vermittlung nationaler Werte verbinden und somit die Gefahr bestehe, dass eine ideologische Vormachtstellung und Elitenzentrierung angestrebt werde.

Alle größeren Auslandssender nutzen die Sozialen Medien – und somit *YouTube* – für die Verbreitung ihrer Inhalte. Hierbei stehen sie vor ähnlichen Herausforderungen wie andere Medienunternehmen. Nachrichtlich ausgerichtete Inhalte sind nicht das primäre Nutzungsinteresse auf *YouTube*. Deshalb gilt es, Themen und Formate zu finden, die zur Nutzungssituation auf der Plattform passen und gleichzeitig den Programmauftrag erfüllen. Die Deutsche Welle bedient sich hierzu dokumentativer Kanäle und setzt auf Sendungen, die auf eine junge Zielgruppe ausgerichtet sind, wie das Talk Format *Shabab Talk*: das arabischsprachige Talk-Format bespricht Themen, die in der arabischen Welt als Tabu gelten wie Homosexualität und unehelichen Geschlechtsverkehr.

So kann neben der Tatsache, dass *YouTube* als reine Archivierungsplattform mit der Hoffnung auf arbiträre Erfolge einzelner Beiträge genutzt wird, mit einigen Inhalten gezielt ein Dialog mit den Nutzern geschaffen werden. Auf ähnliche Weise soll der Zuschauer auch bei der Gestaltung der Inhalte eingebunden werden – mit eigenen UGC-Tools wird versucht, den Vorteil der weltweiten und mehrsprachigen Nutzerschaft auszuschöpfen und nutzergenerierte Inhalte in die Berichterstattung einzubinden. Das kann wiederum – vorausgesetzt, es existiert eine ausgereifte Verifizierungsfunktion und Fact Checking – dazu dienen, die Abhängigkeit von Nachrichtenagenturen bei schrumpfender Zahl eigener Korrespondenten zu überbrücken, ist aber im Hinblick auf die „Entlohnung" der Inhalte generierenden Nutzer und zum Teil auch der Tatsache, dass sich diese in ein gewisses Risiko in schwierigen Regionen begeben, mit Herausforderungen verbunden.

Zwei Arten, auf die einige der Auslandssender versuchen, oben angesprochene Beschränkungen in einem freien und gleichberechtigten *YouTube*-Diskurs zu unterlaufen, sind zum einen Bestrebungen der Medienentwicklungszusammenarbeit und zum anderen der Einsatz von Zensurumgehungssoftware. Durch Bestrebungen in der Journalistenausbildung und Medienbildung durch etwa *BBC Media Action* oder die *Deutsche Welle Akademie*, wird versucht, Auswirkungen der digitalen Spaltung zumindest auf Bildungsebene entgegenzutreten. Zensurumgehungsbestrebungen ermöglichen Menschen in zensierten Märkten, auf Berichterstattung zuzugreifen, indem sie zur Verfügung gestellte Zensurumgehungstools nutzen.

So zeigt sich in den Bestrebungen und Beschränkungen der Arbeit von Auslandssendern exemplarisch, vor welchen Herausforderungen ein auf internationale Teilhabe ausgerichteter Diskurs noch steht. Wichtig ist, dass ein derart reichweitenstarkes Kommunikationsinstrument wie *YouTube* von einer kritischen Analyse begleitet wird, die versucht, zugrundeliegende Diskursstrukturen transparent zu machen und zu beleuchten, welche Verzerrungsmechanismen den Diskurs in welcher Weise beeinflussen.

Literatur

Agamben, G. (2008): *Was ist ein Dispositiv?* Zürich-Berlin: diaphanes.
Benson, P. (2017): *The Discourse of YouTube. Multimodal Text in a Global Context.* New York: Routledge.
Brand, A. (2012): *Medien, Diskurs, Weltpolitik. Wie Massenmedien die internationale Politik beeinflussen.* Bielefeld: transcript Verlag.
Castells, M (2001): *Das Informationszeitalter. Wirtschaft, Gesellschaft, Kultur. Teil 1: Der Aufstieg der Netzwerkgesellschaft.* Opladen: Leske + Budrich.
CNN (2012): CNN Wire Staff: Iran blocks Youtube, Google over Mohammed video. https://edition.cnn.com/2012/09/24/world/meast/iran-youtube-blocked/index.html. Abgerufen am: 05.05.2018.
Crick, M. (2015): *Power, Surveillance, and Culture in YouTube's Digital Sphere.* Hershey: IGI Global
Foucault, M.: *Die Ordnung der Dinge. Eine Archäologie der Humanwissenschaften.* Frankfurt am Main 1971.
Faulbaum F., Stahl M., Wiegand E. (2012): *Qualitätssicherung in der Umfrageforschung. Neue Herausforderungen in der Markt- und Sozialforschung.* Wiesbaden: Springer VS.
Fundredes.org (2017): http://funredes.org/lc2017/. Abgerufen am: 05.05.2018.
Freedom on the Net (2017): Table of Country Scores: https://freedomhouse.org/report/table-country-scores-fotn-2017. Abgerufen am 05.05.2018.
Freedom on the Net (2017): Iran Country Profile: https://freedomhouse.org/report/freedom-net/2017/iran. Abgerufen am 05.05.2018.
Galtung/Ruge (1973): *Structuring and Selecting News.* In: Cohen/Young (Hrsg.): The Manufacture of News. Social Problems, Deviance and the Mass Media. London: Constable.

Garton Ash, T (2016). *Rede Freiheit. Prinzipien für eine vernetzte Welt*. (Sonderauflage für die Landeszentrale für politische Bildung NRW). München: Carl Hanser Verlag.

Global Web Index, Statista 1: https://www.statista.com/statistics/421973/frequency-*YouTube*-use/ Zugegriffen am: 07.01.2018

Global Web Index, Statista 2: https://www.statista.com/statistics/653356/top-global-*YouTube*-activities/ Zugegriffen am: 07.01.2018

Global Web Index , Statista 3 : https://www.statista.com/statistics/653343/*YouTube*-celebrity-vlogger-viewership-age-group/ Zugegriffen am: 07.01.2018.

Havelock, Eric A. (1992) [2007]: *Als die Muse schreiben lernte. Eine Medientheorie*. Berlin: Wagenbach.

Habermas, J. (1973): Wahrheitstheorien. In: Helmut Fahrenbach (Hrsg.): *Wirklichkeit und Reflexion. Walter Schulz zum 60. Geburtstag*. S. 211 -265. Pfullingen: Neske.

Hafez, K. (2005): *Mythos Globalisierung. Warum die Medien nicht grenzenlos sind*. Wiesbaden: Springer VS.

Harcup/Oneill (2016): *What ist News? News values revisited (again)*: http://www.tandfonline.com/doi/full/10.1080/1461670X.2016.1150193. Abgerufen am 07.01.2018.

Hofkirchner, W. (2014): *Potentials and Risks for Creating a Global Sustainable Information Society*. In: Fuchs, C & Sandoval, M.: Critique, Social Media and the Information Society. New York: Routledge.

Hitwise Marketing Charts: https://www.statista.com/statistics/266201/us-market-share-of-leading-internet-video-portals/ Abgerufen am 07.01.2018.

Hofmann, O.: Entwicklungen in der Online-Marktforschung. Vom ungeliebten Kind zum Allheilmittel. In: Faulbaum F., Stahl M., Wiegand E. (2012): *Qualitätssicherung in der Umfrageforschung. Neue Herausforderungen in der Markt- und Sozialforschung*. Wiesbaden: Springer VS.

IANS (2017): YouTube to hire 10,000 people to monitor and control violent content, as well as disturbing videos targeting children.: https://www.firstpost.com/tech/news-analysis/youtube-to-hire-10000-people-to-monitor-and-control-violent-content-as-well-as-disturbing-videos-targeting-children-4242721.html. Abgerufen am: 09.04.2018.

ITU – Measuring the Information Society 2017: https://www.itu.int/en/ITU D/Statistics/Documents/publications/misr2017/MISR2017_Volume1.pdf. Abgerufen am: 07.01.2018.

ICT Development Index 2017: Eritrea: https://www.itu.int/net4/ITU-D/idi/2017/#idi2017economycard-tab&ERI. Abgerufen am: 07.03.2018.

ICT Development Index 2017: Germany: https://www.itu.int/net4/ITU-D/idi/2017/#idi2017economycard-tab&DEU. Abgerufen am: 07.03.2018.

Initiative Nachrichtenaufklärung: *Die Rolle des Westens im Jemen-Konflikt*: http://www.derblindefleck.de/2017-top-6/. Abgerufen am 07.01.2018.

Innis, H. (1951): *The Bias of Communication*. 2nd. Edition (2008). University of Toronto Press. Toronto Buffalo London.

Kassel, S. (2004): „Diskursives Gewimmel?" – Die Methode der Diskursanalyse. In: *Medien Journal*. Nr. 2/2004. Jg. '28. Ansätze und Problemfelder empirischer Sozialforschung. S. 27 – 41.

Keller, R. (2011): *Wissenssoziologische Diskursanalyse. Grundlegung eines Forschungsprogramms*. Wiesbaden: Springer VS.

Lippmann, W. (1922): Public Opinion. Harcourt, Brace & Company: New York.

Marr, M (2005): *Internetzugang und politische Informiertheit. Zur digitalen Spaltung der Gesellschaft*. Konstanz UVK

McLuhan, Marshal: *Understanding Media: The Extensions of Man.* 1964.

Niepalla, P. (2007): *Die Deutsche Welle als Medium und Faktor der internationalen Kommunikation.* In: Arbeitspapiere des Instituts für Rundfunkökonomie. Heft 224.

Norris, P. (2001): *Digital Divide. Civic Engagement, Information Poverty and the Internet in Democratic Societes.* New York: Cambridge University Press.

Ong, W. (1987, 2016): *Oralität und Literalität. Die Technologisierung des Wortes.* (2. Aufl.). Wiesbaden: Springer VS.

Pundt, C. (2008): *Medien und Diskurs. Zur Skandalisierung von Privatheit in der Geschichte des Fernsehens.* Bielefeld 2008.

Pick, J; Sarkar, A.: *The Global Digital Divides. Explaining Change.* Springer VS. 2015

Q-Success/Statista (2018): https://de.statista.com/statistik/daten/studie/2961/umfrage/anteil-der-verbreitetsten-sprachen-im-internet-seit-2006/. Abgerufen am: 05.05.2018.

Ruhrmann, G./ Göbbel, R. (2007): *Veränderung der Nachrichtenfaktoren und Auswirkungen auf die journalistische Praxis in Deutschland.* Wiesbaden: Netzwerk Recherche.

Schulz, W. (1976): Die Konstruktion von Realität in den Nachrichtenmedien. Alber-Broschur Kommunikation; 4. Alber: Freiburg im Breisgau.

Social Blade (2018): https://socialblade.com/. Analysetool für Social Media-Nutzungszahlen. Abgerufen am: 04.05.2018.

Welker, M: *Normalisierung und Ausdifferenzierung von Online-Forschung – eine Einführung.* In: Welker, Schmidt, Taddiken, Jackob (2014): Handbuch Online-Forschung. Köln: Halem.

Whitelaw (2011): Almost all YouTube views come from just 30 % of films: http://www.telegraph.co.uk/technology/news/8464418/Almost-all-YouTube-views-come-from-just-30-of-films.htm. Abgerufen am 05.05.2018.

WTS (2018): https://w3techs.com/technologies/history_overview/content_language. Abgerufen am 07.01.2018.

YouTube About: https://www.YouTube.com/intl/de/yt/about/. Abgerufen am 07.01.2018.

YouTube: Our Brand Mission: https://www.youtube.com/watch?v=kwmFPKQAX4g. Abgerufen am 27.04.2018.

YouTube Richtlinien für werbefreundliche Inhalte: https://support.google.com/YouTube/answer/6162278. Abgerufen am 07.01.2018.

Zillien, N. (2006 1. Aufl; 2009 2. Aufl.): *Digitale Ungleichheit. Neue Technologien und alte Ungleichheiten in der Informations- und Wissensgesellschaft.* Wiesbaden: VS, Verl. für Sozialwissenschaften.

Zillien, N.; Haus-Brusberg, M (2014).: *Wissenskluft und Digital Divide.* Baden-Baden: Nomos.

YouTube in Serie
Serialität als Ordnungs-, Produktions- und Rezeptionsprinzip

Christine Piepiorka

Zusammenfassung

YouTube ist nicht mehr nur eine Plattform für user-generierte Inhalte im Sinne einzelner Videos, denn sie werden nicht mehr nur als einzelne Entität produziert und online gestellt. Vielmehr avanciert *YouTube* zu einer nutzer- aber auch professionell-genutzten und auf Serialität geichten Plattform. Das eher dem Fernsehen oder Radio immanente Prinzip der Wiederholung in Serie wird auch zum Ordnungsprinzip auf *YouTube*. Der Beitrag geht anhand von Fallbeispielen darauf ein, wie Fernsehserien *YouTube* nutzen und es dabei auch ein Prinzip der Serialität gibt. Inwieweit ähneln oder unterscheiden sich Nutzungsgewohnheiten des Fernsehens von denen von *YouTube*? Entsprechen *YouTube*-Kanäle den Sehgewohnheiten von Serien-Rezipienten? Der Beitrag wird daher *YouTube* im Hinblick auf Serialität als strukturierendes Konzept, als Fernsehserien-Ort sowie als entsprechenden Rezeptionsmodus fokussieren.

1   Schon wieder!

Immer wieder und immer wieder jeden Tag – aufstehen, Radio andrehen, Bad, Frühstück, Arbeit, nach Hause, Fernseher an. Gewohnheit und damit Wiederholung liegen dem menschlichen Handeln grundsätzlich zugrunde. Solche Gewohnheiten geben dem Menschen Einheitlichkeit; vielmehr noch entwickelt der Mensch im Laufe seines Lebens ein System von Gewohnheiten (vgl. Pfander 1904, S. 418). Gewohnheiten ermöglichen eine Reaktion mit geringem kognitiven Aufwand (vgl. Müsseler/ Rieger 2017, S. 55). So sind es alle gewohnt, Dinge zu tun, zu hören

© Springer Fachmedien Wiesbaden GmbH, ein Teil von Springer Nature 2019
H. Haarkötter und J. Wergen (Hrsg.), *Das YouTubiversum*,
https://doi.org/10.1007/978-3-658-22846-0_4

und zu sehen. Gewohnheiten spielen darum auch eine Rolle im Selektionsprozess bezüglich Medien, Medienkanälen und Medieninhalten (vgl. Schauber 2017, S. 21): Sie sind eine wichtige Determinante der Mediennutzung. Der Mensch wählt daher aus Gewohnheit den einen Radiosender, die immer selbe Zeit für den Medienkonsum, ein bestimmtes Fernsehformat. Diese Gewohnheiten werden durch ein bestimmtes Prinzip der Medien unterstützt – nämlich durch das Prinzip der Serialität, das sich auf den verschiedenen Medienkanälen findet. Wie ist nun Serie und Serialität zu verstehen?

2   Serie als Gewohnheit der Medien

Sind Gewohnheiten eine bestimmende Größe, ist die Serialität als ein immanentes Prinzip der Wiederholung und damit auch Basis von Wiederholungen und Gewohnheit in den Blick zu nehmen. „Bereits dem Begriff des Seriellen – vom Lateinischen ›serere‹ stammend, zu Deutsch ›reihen‹, ›fügen‹, im Sinne von Aneinanderreihen – ist die zeitliche Komponente geradezu eingeschrieben" (Olek/Piepiorka 2012, S. 77). Die wiederholende Form der Medien wird stets dem Fernsehen oder Radio als Wesensprinzip unterstellt: Das Produzieren und Konsumieren kultureller Formen in einem zeitlichen Nacheinander, aber auch innerhalb der Produktion an sich, ist dem Fernsehen immanent (vgl. Hickethier 1991, S. 17-18). Dies lässt sich sowohl für non-fiktionale Formate wie wiederkehrende Magazin- und Nachrichtensendungen festhalten als auch für fiktive Formate wie die Fernsehserie. In begrifflicher Abgrenzung hierzu muss noch das Format definiert sein: es ist die spezifische kommerzielle Ausgestaltung und linzenzgebundene Festlegung von Produktionen (Hickethier 2003, S. 152 f.). Das Format Fernsehserie ist somit ein Format, das sich durch ein Gesamtkonzept mit einzelnen Teilen verstehen lässt: „Eine Serie besteht aus zwei oder mehr Teilen, die durch eine gemeinsame Idee, ein Thema oder ein Konzept zusammengehalten werden und in allen Medien vorkommen können" (Weber/Junklewitz 2008, S. 18). Damit ist allen Formatserien die Serialität gemein. So verstärkt sich der Zusammenhang zwischen einzelnen seriellen Teilen noch, denkt man über die Fortsetzung einer Handlung innerhalb der Serie selbst nach: „Das Erzählen in Fortsetzungen oder auch in wiederkehrenden Episoden kommt offenbar einem Grundbedürfnis menschlicher Unterhaltung nach und hat in der Fernsehserie nur ihre TV-bezogene massenmediale Form gefunden" (Hickethier 1991, S. 17f). Sie sind also von Mehrteiligkeit geprägt, die sich nach Knut Hickethier (1991, S. 8) durch eine Abfolge von mindestens zwei Teilen oder aber durch mehrere Folgen auszeichnet (vgl. Mikos 1994, S. 137). Hierbei bestehen eine zeitliche und inhaltlich begrenzte Einheit und ein großer Gesamtzusammenhang der inhaltlichen Handlungen. Konkreter in Bezug auf ein televisuelles Umfeld bezogen existieren zwei grundsätzlich unterschiedliche Formen der fiktiven Serie: die Episodenserien oder auch Series mit abgeschlossenen Handlungssträngen pro Episode und die Fortsetzungsserien oder Serials mit fortlaufenden Handlungssträngen (vgl. detaillierter Williams 1974).

In Bezug auf die Serialität im Fernsehen lässt sich festhalten: Dem Fernsehprogramm ist das Prinzip der frequenziellen Wiederholung und Regelmäßigkeit immanent. Es ist somit ein Ort, der bestimmt ist durch Serien (vgl. Piepiorka 2011, S. 35): „Das Strukturprinzip des Programms wird zum Strukturprinzip der Produkte." „Die Serialität des Programms ist also eine dem Fernsehen inhärente Struktur" (Hickethier 1991, S. 11). Wie Piepiorka (2017) bereits an anderer Stelle feststellt: Serialität bezieht sich auf die innere Struktur televisueller Sendungen bzw. Formate, sofern davon ausgegangen wird, dass sie immer nach dem gleichen Schema gestaltet sind: Die dabei entstehende „Wiederholung des Immergleichen" (Eco 1988, S. 160), ästhetisch gestaltet durch die Wiederkehr konstanter narrativer Schemata mit gleichen Charakteren, Techniken, Redeweisen und/oder Auflösungen, bringen immer wieder neuartige Episoden hervor (vgl. ebd., 159f).

Zusammenfassend ist die Serie also eine durch Serialität geprägte Struktur, die ihre Ausformung im Fernsehen u. a. durch Formatserien erhält. Doch gelten diese Charakteristika von Serien und Serialität aber nur in televisuellen Kontexten?

3 *YouTube* – wieder *YouTube*

Diese Merkmale lassen sich ebenso für diverse Medienplattformen und -kanäle denken: So ist auch *YouTube* (nicht mehr nur) eine Plattform für user-generierte Inhalte im Sinne einzelner Videos, sondern auch für solche, die teilweise mehrteilig sind und serielle Merkmale aufweisen.

Die 2005 als Start-up gegründete Videoplattform, die nutzer-generierte audiovisuelle Inhalte ermöglichen wollte, entwickelte sich zu „the world's leading video community on the Internet" (Snickars & Vonderau 2009, S. 10) und erweiterte ihr Einsatzgebiet zunehmend: Sie ist nicht mehr nur eine Inhalte-Plattform, sondern eine Community (vgl. ebd.), die Videos zu unterschiedlichsten Themen mit themengebundenen Communities bedient. Es entstehen über einzelne Videos von Nutzer hinaus sogenannte Kanäle, auf die jener mehrteilige Ausgaben eigener Videos stellen kann. Diese in Serie produzierten Inhalte erstrecken sich von Tutorials jedweden Typs über Bewertungen bis hin zu Video-Tagebüchern. So wird

Felix Kjellberg unter dem Pseudonym PewDiePie mit seinen seriellen Tests von Videospielen (und damit fast schon mit einem Format) einer der erfolgreichsten *YouTuber* mit 50 Millionen Followern (Abb. 1).

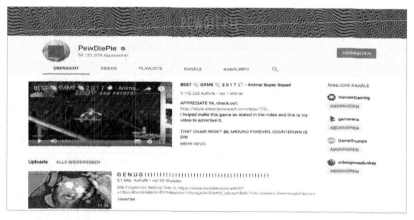

Abb. 1 *YouTube*-Kanal von PewDiePie

Quelle: Eigener Screenshot, *YouTube*: https://www.YouTube.com/channel/UC-lHJZR3G-qxm24_Vd_AJ5Yw. Abgerufen am 01.11.2017.

Auf *YouTube* entstehen mit der Zeit immense Nutzerzahlen sowie Rezeptionsinteresse. Im Juni 2017 belief sich die Anzahl der monatlich eingeloggten Nutzer von *YouTube* auf 1,5 Milliarden (TechCrunch 2017). Die Industrie erkennt dieses Potential schnell: die Plattform öffnet sich für kommerzielle Zwecke. Unternehmen erstellen Profile auf *YouTube* und bieten audiovisuelle Anbgebote zu ihren Produkten an. Weiter werden einstige Nutzer zu kommerziellen Markenbotschaftern – zu Influencern. Diese Meinungsmacher sind Teil des viralen Marketings, das Vermarktungsstrategien auf sozialen Netzwerken nutzt, um Produkte oder Unternehmen bekannt zu machen (vgl. detaillierter Nirschl, Steinberg 2018). Die Influencer arbeiten mit Unternehmen zusammen, indem diese ihnen Artikel zur Verfügung stellen, die dann auf *YouTube* beworben werden. Grundlage der Vermarktung ist dabei das Vertrauen, das die Influencer seitens ihrer Folgerschaft genießen. Sie vermitteln Wertigkeit und Glaubwürdigkeit der Markenbotschaft (vgl. Langner 2007, S. 1 ff.) Am Beispiel der *YouTuberin* Dounia Slimani (Abb. 2) lässt sich feststellen, dass Influencer ein weites Spektrum von Themen und damit Produkten abdecken (hier: MakeUp, Kochen und Backen, Reisen und Arbeiten):

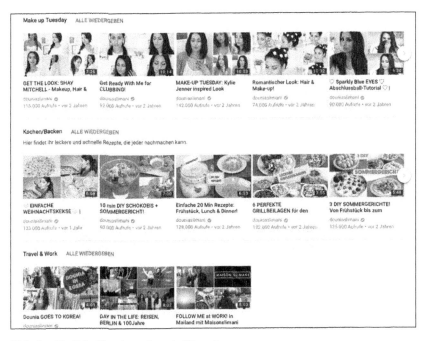

Abb. 2 *YouTube*-Kanal von Dounia Slimani

Quelle: Eigener Screenshot, *Youtube*: https://www.YouTube.com/user/douniaslimani. Abgerufen am 01.11.2017.

So wird unter anderem die Plattform *YouTube* für Marketing durch die Nutzer selbst genutzt, aber auch Unternehmen selbst, indem sie Kanäle erstellen und Inhalte anbieten. Neben Unternehmen aus allen Branchen nutzen auch Fernsehsender *YouTube* als Marketingkanal und Plattform inhaltlicher Angebote. Hierbei erhalten auch die Sendungen selbst einen eigenen *YouTube*-Kanal. Ein Beispiel hierfür sei der US-amerikanische Fernsehsender HBO und seine Fernsehserie Game of Thrones (Abb. 3):

Abb. 3 *YouTube*-Kanal von HBO und von GAME OF THRONES

Quelle:Eigene Screenshots, *Youtube*: https://www.YouTube.com/channel/UCVTQuK2Ca-WaTgSsoNkn5AiQ; https://www.YouTube.com/channel/UCVTQuK2CaWaTgSsoNkn5AiQ. Abgerufen am 01.11.2017.

Der Kanal von HBO stellt Inhalte zu diversen Fernsehsendungen aus. Der Kanal der Fernsehserie selbst bietet fiktive Inhalte in Form von Trailern, Zusammenfassungen, Making of´s und weiteren Elementen. Dabei bleibt der Fokus auf einen auf Marketingzwecke ausgerichteten Inhalt.

Neben diesen non-fiktionalen oder fiktiven, aber nur zu Marketingzwecken angebotenen Inhalten existieren eigens für das Internet hergestellte fiktive Angebote, sogenannte Webserien. Die Webserie ist eine audiovisuelle Form im Internet, die sich durch Serialität, Fiktionalität und Narrativität auszeichnet. Eine originäre

Webserie ist für das Internet als Erstveröffentlichungsort produziert (vgl. Kuhn 2012, S. 55). Die professionell produzierte Webserie beschreibt damit fiktionalen Inhalt, der auf Mehrteiligkeit ausgelegt ist und eine Series oder Serial sein kann. Hierbei kommt das Konzept der Kanäle auf *YouTube* zum Tragen, da eine Webserie auf dem immergleichen Kanal veröffentlicht wird.

Das Zusammenspiel der *YouTube*-Angebote, dargestellt anhand der aufgeführten Beispiele, führt zu einer Besonderheit: Es besteht eine Dualität aber auch Dynamik von Community und Kommerz, von nutzer-und industriegenerierten Inhalten (vgl. ebd., S. 11). *YouTube* avanciert durch diese Entwicklung ebenso zu einem professionell genutzten und auf Serialität geeichten Medium. So offeriert *YouTube* ein weites Spektrum von Serialität. Der Großteil der Beispiele weist zumeist eine serielle Struktur auf, indem sie mehrteilig und damit wiederkehrend sind. Denn nicht nur das Beispiel von Dounia Slimani weist ein wöchentliches Erscheinungsdatum („Make up Tuesday", Abb. 2) auf. Jedes der genannten Beispiele nutzt die Serie als Ordnungsprinzip seiner eigenen Inhalte. So wird die Serialität das Ordnungsprinzip der Internetplattform.

Dieses aus dem Fernsehen bekannte Serialisierungsverfahren ermöglicht erst die Existenz von professionellen Webserien, da nur dadurch hinreichend große Zuschauermassen generiert werden und entsprechende Werbeplatzierung zur Umsatzgenerierung angeboten werden können. Erst die produktionsseitige Planbarkeit durch Serialisierung ermöglicht eine intensive Zuschauerbindung und damit die Ökonomisierung der Influencer, der fiktionalen Inhalte zu Werbezwecken und Webserien (vgl. Maeder 2017, S. 75).

4 Fernsehen kommt auf *YouTube* – *YouTube* kommt ins Fernsehen

Nicht nur innerhalb des Mediums *YouTube* findet sich ein breites Spektrum von Themen und Inhalten sowie Formen. Beide Medien – Fernsehen und *YouTube* – bieten darüber hinaus Inhalte für das jeweilige andere. Um dieses konkreter zu beschreiben, kann *YouTube* in den Dimensionen cross- und transmedial gedacht werden, die dann auch die damit verbundene Serialität konstituieren.

Piepiorka (2012, S. 72) definiert: Das Wort Crossmedialität beschreibt die Publikation eines Inhalts auf mehreren Medienplattformen, inhaltlich gleich, aber dennoch den Medienspezifika der jeweiligen Plattform angepasst (vgl. Schüller 2015, S. 67). Transmedialität beinhaltet wortwörtlich das lateinische Präfix ›trans‹ und beschreibt im Lateinischen ›über-, durch-‹. Es wird also ein ›über Medien‹ oder

›durch Medien‹ beschrieben. Es kann als ein ›über Medien hinweg‹ interpretiert werden und deutet ein koordiniertes Verhältnis von verschiedenen Medien und deren Anwendung an (vgl. Jenkins, 2015, 237). „Die Fortführung und Ergänzung ist dabei für die Definition von Transmedialität das Entscheidende" (Piepiorka 2017, S. 72): Dies unterscheidet Transmedia von Crossmedia. Crossmedia meint also eine Adaption der Inhalte, angepasst an die Medienspezifitäten, woraus sich zwangsläufig kleine Änderungen ergeben, um dieser gerecht zu werden. Doch dies erweitert das Narrativ nicht, es reorganisiert, summiert, passt sich an.

Die möglichen Ausprägungen von Cross- und Transmedialität sollen im Folgenden weiter dargestellt werden. Crossmediale sowie transmediale Dimensionen lassen sich anhand der inhaltlichen Übernahme und inhaltlichen Erweiterung von *YouTube*-Inhalten ins Fernsehen sowie von Fernsehinhalten auf *YouTube* feststellen.

Fernsehinhalte auf *YouTube* sind bereits die Regel. So werden wie im erwähnten Beispiel von GAME OF THRONES bereits eigene Kanäle für bestimmte Fernsehserien geschaffen. Die dortigen Inhalte bestehen nicht aus dem Angebote ganzer Episoden, sondern vielmehr aus cross- aber auch transmedialen Inhalten. In Abbildung 4 sind jene Inhalte erkennbar:

Abb. 4 *YouTube*-Kanal von GAME OF THRONES

Quelle: Eigene Screenshots, *Youtube*: https://www.YouTube.com/channel/UCVTQuK2Ca-WaTgSsoNkn5AiQ. Abgerufen am 01.11.2017.

Es werden Trailer für die aktuelle Staffel angeboten, ebenso Zusammenschnitte von Episoden (hier das Video: Army of Dead). Diese stellen keine inhaltliche Erweiterung der Geschichte dar, sondern sind crossmedial zu verstehen und zu werten. Ebenso sind die weiteren Videos, die Making of's (hier das Video: The Frozen Lake) oder mit Kommentaren und Interviews unterlegte Zusammenschnitte (hier das Video: Worlds Collide oder Inside the Episode) crossmedial. Eine Vielzahl von Zusatzmaterial zur Fernsehserie wird so über den *YouTube*-Kanal zur Verfügung gestellt. Inhaltlich erweiternde und damit transmediale Elemente sind in diesem Beispiel nicht stark vertreten.

Anders verfährt die Fernsehserie DEXTER, um nur ein Beispiel zu nennen. Diese Serie stellt transmediale Elemente auf *YouTube* zur Verfügung. Es wurde eine zur Fernsehserie zugehörige Webserie produziert (Abb. 5):

Dexter | Early Cuts Animated Webisodes | SHOWTIME Series   ALLE WIEDERGEBEN

Dexter Early Cuts Dark Echo: Webisode 4
SHOWTIME ⊘ 127.000 Aufrufe • vor 7 Jahren
Dexter tries to uncover the identity of his "Dark Echo."

Dexter Early Cuts Dark Echo: Webisode 1
SHOWTIME ⊘ 343.000 Aufrufe • vor 7 Jahren
Dexter buries his father Harry and then attends college.

Dexter Early Cuts Dark Echo: Webisode 2
SHOWTIME ⊘ 167.000 Aufrufe • vor 7 Jahren
Dexter stalks a new victim, Criminology Professor Robert Mason.

Dexter Early Cuts Dark Echo: Webisode 3
SHOWTIME ⊘ 147.000 Aufrufe • vor 7 Jahren
A new year brings new victims for Dexter, this spring semester it's Jenna Lincoln.

Abb. 5   *YouTube*-Kanal von Dexter, hier Webisode Early Cuts

Quelle: Eigener Screenshot, *Youtube*: https://www.YouTube.com/user/Dexter. Abgerufen am 01.11.2017.

DEXTER EARLY CUTS ist ein animierter Comic über den Protagonisten der Fernsehserie Dexter Morgan. Der Name ist begründet im Inhalt: es zeigt die frühesten Morde des Protagonisten, die sich vor der Zeit, welche die Fernsehserie zeigt, verorten lassen. Auch diese Webisodes werden – wie die Episoden der Fernsehserie selbst – in Staffeln eingeteilt: Staffel 1 mit 3 Episoden im Zeitraum von 2008–2010. Es schließt sich Staffel 2 mit 6 Episoden an, die alle am selben Datum (23.10.2010) auf *YouTube* veröffentlicht wurden. Staffel 3, ebenfalls mit 6 Episoden, wurde ca. alle zwei Wochen im Jahr 2012 online gestellt. Diese transmedialen Elemente auf *YouTube* dienen der Zuschauerbindung zum Beispiel in Staffelpausen. Sie fördern das Eintauchen in die Narration durch narrationserweiternde Inhalte (detaillierter hierzu vgl. Piepiorka 2017).

Auf der anderen Seite lässt sich aber ebenso feststellen, dass derzeit *YouTube*-Inhalte zu Fernsehinhalten avancieren. Klein (2013) stellt mehrere Serien in den Kontext der Übernahme der Formats Webserie in ein Fernsehserien-Format. Ein Beispiel ist die Webserie WEB THERAPY. Sie wurde von dem Unternehmen L/Studio von 2008 an produziert und auf der Webseite des Produktionsunternehmens und auf *YouTube* veröffentlicht. Nach hinreichendem Erfolg der Serie wurde sie 2011 von dem Fernsehsender SHOWTIME als Fernsehserie produziert. Da die Episoden der Webserie zu kurz für eine Fernsehserie sind, wurden drei Folgen eines Handlungsstrangs zu einer Folge zusammengefasst und zusätzliche Szenen gedreht.

Ein weiteres Beispiel ist das Format SALLY BACKT (Abb. 6). Saliha Özcan – besser bekannt als Sally – ist mit über einer Million Abonnentinnen und mehr als zwölf Millionen monatlichen Video-Views Deutschlands erfolgreichste Food-*YouTuberin* (vgl. Vox 2017, online). Der Fernsehsender Vox übernimmt Sally ins Fernsehen. Die ca. 7- bis 20-minütigen Videos des *YouTube*-Kanals werden für das Fernsehen erweitert: Follower der *YouTuberin* werden eingeladen, mit ihr zusammen zu backen. So findet hier eine Übertragung des *YouTube*-Inhalts auf eine Fernsehsendung statt.

Abb. 6 *YouTube*-Kanal von Sally backt und Fernsehsendung Sally backt

Quelle: Eigener Screenshot, *YouTube*: https://www.vox.de/cms/sendungen/sally-backt.html. Abgerufen am 01.11.201.; Vox, 03.12.2017, 00:00:01.

So entsteht bei beiden Formaten im ersten Schritt eine inhaltliche Übernahme im Sinne der Crossmedialität. Ebenso wird sie narrativ erweitert in dem Moment, in dem zusätzliche Szenen produziert werden, die über die ursprünglichen Webserien-Folgen hinausgehen – Transmedialität entsteht.

5   Imitiertes Fernsehen – *YouTube* imitiert?

Wenn Inhalte auf beiden Medienkanälen von dem jeweils anderen übernommen und auch erweitert werden: Inwiefern ähneln sich nun Serien auf *YouTube* und im Fernsehen?

Grundsätzlich lässt sich die Übernahme des Ordnungsprinzips und Produktionsprinzips des Fernsehens in Form von Serialität beschreiben. Cavell (2001 [1982], 132ff) bezeichnet die Fernsehserie als eine für das Fernsehen kulturell dominante Form und beschreibt „eine fiktionale Produktion, die auf Fortsetzung hin konzipiert und produziert wird, die aber zwischen ihren einzelnen Teilen verschiedene Verknüpfungsformen aufweist" (Hickethier 1991, 8). Ebenso agiert die professionell produzierte Webserie oder aber auch zum Teil der private Nutzer und Bereitsteller von Videos: es wird auf Fortsetzung hin konzipiert und produziert, so dass die einzelnen Teile Verknüpfungen aufweisen.

Auf inhaltlicher Ebene weisen die Webserien viele Gemeinsamkeiten bezüglich Ästhetik, Figurencharakterisierung und Plot mit Fernsehserien auf: Klein nennt das Beispiel der Webserie COMPULSION und der Fernsehserie DEXTER, die beide Menschen in bürgerlichen Berufen mit krimineller Energie in den Blick nehmen (Klein 2013, S. 122).

Auf der Ebene der Ästhetik lässt sich feststellen, dass nicht jeder Webserie diese mediale Verortung anzusehen und anzuhören ist (ebd. S. 124). Ein Beispiel, das dies deutlich macht: LONLEYGIRL15 war zunächst nur ein scheinbar weiteres Video-Tagebuch eines individuellen Nutzers. Doch die Los Angeles Times entlarvte es als produzierte Fiktion mithilfe einer Produktionsfirma (Levy 2008, S. 77). Hier ist ein Produkt professionell mit einer Webcam-Ästhetik produziert, die ein user-generiertes Produkt vermuten lässt. Doch andersherum existieren qualitativ hochwertige Webserien, deren Ästhetik eher aus dem Fernsehen stammen. Ein einschlägiges Beispiel sind hier die Webisoden der Fernsehserie LOST, die ihr ästhetisch und qualitativ nicht nachstand.

Ein eindeutiger Unterschied der beiden Serientypen lässt sich auf der zeitlichen Ebene feststellen: Während Fernsehserien meist zwischen 20 und 60 Minuten lang sind, weisen Webserien Längen von 2 bis 15 Minuten auf. Dennoch – wie die

Fernsehserie ist die Webserie mithilfe einer ähnlichen zeitlichen Struktur versehen: einer bestimmten Länge der Episoden, einer bestimmten Anzahl der Episoden, einer bestimmten Anzahl von Episoden für eine Staffel, einer bestimmten Anzahl von Staffeln. Die unterschiedlichen Längen werden jedoch bei der Übernahme, wie die Beispiele zeigen, für den jeweils anderen Medienkanal angepasst.

Ein weiterer Aspekt liegt in der Einbindung in ein Programmschema. *YouTube*-Nutzer bieten Kanäle an, auf denen die selbst produzierten Serien ausgestrahlt werden. Hier wird das Fernsehen oder auch das Radio imitiert: ein formgebender Kanal/Sender, der verschiedene Inhalte seriell zur Verfügung stellt. Auch wenn Webserien nicht in ein Programmschema eingebunden sind, werden sie so oftmals zu einem immer gleichen Zeitpunkt veröffentlicht, ebenso wie im Fernsehen (vgl. Klein 2013, S. 122).

Trotz vieler Ähnlichkeiten gibt es hier eine entscheidende Dimension, die bisher Fernsehen und *YouTube* unterscheiden: den Rezeptionsmodus. Während das Programmschema des Fernsehens bzw. eines Fernsehkanals meistens immer noch linear rezipiert werden muss, also zu bestimmten Zeitpunkten, kann *YouTube* nicht-linear rezipiert werden. Alle *YouTube*-Folgen einer Serie können zu beliebigen Zeiten angesehen werden und sind damit zeitlich ungebunden. Für Fernsehinhalte ist dies nur über Mediatheken oder DVDs möglich, aber nicht am originären Veröffentlichungsort. Bereits heute kann aber jeder Vierte auf lineares Fernsehen verzichten (vgl. Bitkom 2016, online). Fernsehinhalte müssen sich neue Erscheinungsformen und Orte suchen, um relevant zu bleiben und dabei dennoch den eingangs erläuterten Aspekt der Gewohnheit bedienen. Dies wird anhand der genannten Beispiele durch die Serialität als Ordnungs-, Produktions- und Rezeptionsmodus deutlich.

Bald schon werden Fernsehserien vermutlich nicht mehr von Webserien zu unterscheiden sein. Ist *YouTube* die Zukunft eines Mediums, das bekannt war als Fernsehen (Uricchio 2009, S. 24ff)? Das werden wir sehen – immer wieder!

Literatur

Cavell, Stanley (2001 [1982]): Die Tatsachen des Fernsehens. In: *Grundlagentexte der Fernsehwissenschaft*. Hg. v. Adelmann, R.; Hesse, J.; Keilbach, J.; Stauff, M.; Thiele, M., Konstanz: UVK, S. 44–74
Eco, Umberto (1988): *Über Spiegel und andere Phänomene*. München/Wien: DTV
Hickethier, K. (1991): *Die Fernsehserie und das Serielle des Fernsehens*. Lüneburger Beiträge zur Kulturwissenschaft 2 Lüneburg: Kultur-Medien-Kommunikation

Hickethier, K. (2003): *Einführung in die Medienwissenschaft*. Stuttgart: Metzler

Jenkins, Henry (2015): Transmedia Storytelling: Die Herrschaft des Mutterschiffes. In: *New Media Culture*. Hg. v. Stiegler, C.; Breitenbach, P.; Zorbach, T., Bielefeld: transcript, S. 237-256

Klein, T. (2013): Von der Episode zur Wesbisode – Serialität und mediale Differenz. In: *Medien, Erzählen, Gesellschaft – Transmediales Erzählen im Zeitalter der Medienkonvergenz*. Hg. v. Renner, K.; Hoff, D.; Krings, M. Berlin/Boston, De Gruyter.

Kuhn, M. (2012): Zwischen Kunst, Kommerz und Lokalkolorit – Zum Einfluss der Medienumgebung auf die narrative Struktur von Webserien. In: *Narrative Genres im Internet – Theoretische Bezugsrahmen, Mediengattungstypologie und Funktionen*. Hg. v. Nünning, A., Trier: WVT

Langner, S. (2007): *Viral Marketing: Wie sie Mundpropaganda gezielt auslösen und gewinnbringend nutzen*. Wiesbaden: Gabler

Levy, F. (2008): *15 MInutes of Fame – Becoming a Star in the YouTube Revolution*. New York: Alpha Books

Maeder, D. (2017): Kohärenz, Permutation, Redundanz: Zur seriellen Ökonomie des Let's Plays. In: *Phänomen Let's Play-Video. Entstehung, Ästhetik, Aneignung und Faszination aufgezeichneten Computerspielhandelns*. Hg. v. Ackermann, J., Wiesbaden: Springer. S.

Mikos, Lothar (1994): *Es wird dein Leben!: Familienserien im Fernsehen und im Alltag der Zuschauer*. Münster: MAkS

Müsseler, J., & Rieger, M. (2017): *Allgemeine Psychologie* (3. Aufl.). Heidelberg, Springer Verlag.

Nirschl, M., Steinberg, L. (2018): *Einstieg in das Influencer Marketing*. Wiesbaden: Springer Gabler

Olek, D., & Piepiorka, C. (2012): To be continued somewhere else! Die Auswirkungen struktureller Räumlichkeit auf die Serialität im Kontext transmedialer Fernsehserien. In: *Im Moment der ,Mehr' – Mediale Prozesse jenseits des Funktionalen*. Hg. V. Spangenberg, P.; Westermann, B., Münster: Lit. S. 75-94.

Pfander, A. (1904): *Einführung in Die Psychologie*. Leipzig: Verlag von Johann Ambrosius Barth.

Piepiorka, C. (2011): *Lost in Narration – Narrativ komplexe Serienformate in einem transmedialen Umfeld*. Stuttgart: ibidem

Piepiorka, C. (2017): *Lost in Time & Space – Transmediale Universen und prozesshafte Serialität*. Hamburg: tradition

Schnauber, A. (2016): *Medienselektion im Alltag: Die Rolle von Gewohnheiten im Selektionsprozess*. Wiesbaden: Springer

Schüller, Janina (2015): *Innovationsmanagement für TV Unternehmen – Implikationen crossmedialer Contentkreation für Organisation und Personalwirtschaft*. Berlin: Springer Science + Business Media

Snickars, P.; Vonderau, P. (2009): *The YouTube Reader*. Stockholm: National Library of Sweden

Uricchio, W. (2009): *The Future of a Medium Once Known as Television*. In: The YouTube Reader. Hg. v. Snickars, P.; Vonderau, P., Stockholm: National Library of Sweden

Weber, T.; Junklewitz, C. (2008): Das Gesetz der Serie – Ansätze zur Definition und Analyse, in: *Medienwissenschaft* 1/2008, S. 13-31

Williams, R. (2003 [1974]): *Television – Technology and Cultural Form*. London: Roudledge

Internetquellen

Bitkom (2016): Klassisches TV ist auf dem Rückzug. Online: https://www.bitkom.org/Pres-
se/Presseinformation/Klassisches-TV-ist-auf-dem-Rueckzug.html, Zugriff 01.11.2017

Dounia Slimani (2017): *YouTube*-Kanal von Dounia Slimani. Online: https://www.*YouTube*.
com/user/douniaslimani, Zugriff 01.11.2017

HBO (2017): *YouTube*-Kanal von Game of Thrones. Online: https://www.*YouTube*.com/
channel/UCVTQuK2CaWaTgSsoNkn5AiQ, Zugriff 01.11.2017

HBO (2017): *YouTube*-Kanal von HBO. Online: https://www.*YouTube*.com/channel/UCVT-
QuK2CaWaTgSsoNkn5AiQ, Zugriff 01.11.2017

PewDiePie (2017): *YouTube*-Kanal von PewDiePie. Online: https://www.*YouTube*.com/
channel/UC-lHJZR3Gqxm24_Vd_AJ5Yw, Zugriff 01.11.2017

Showtime (2017): *YouTube*-Kanal von Dexter. Online: https://www.*YouTube*.com/user/
Dexter, Zugriff 01.11.2017

TechCrunch (2017): Anzahl der monatlich aktiven bzw. monatlich eingeloggten Nutzer von
YouTube weltweit in den Jahren 2013 und 2017 (in Milliarden). Online: https://de.statista.
com/statistik/daten/studie/718383/umfrage/anzahl-der-monatlich-eingeloggten-nutzer-
von-*YouTube*-weltweit/, Zugriff 01.11.2017

Vox (2017): Sally backt. Online: https://www.vox.de/cms/sendungen/sally-backt.html,
Zugriff 01.11.2017

Serienverzeichnis

DEXTER, 2006–2013, ca. 45–57 Minuten, 96 Episoden in 8 Staffeln, Erstausstrahlung 2006
(USA) auf Showtime

GAME OF THRONES, 2011– heute, 50–80 Minuten, 67 Episoden in 7+ Staffel, Erstausstrahlung 2011 (USA) auf HBO

LONLEYGIRL15, 2006–2008, unterschiedliche Längen, 547 Episiden in 3 Staffeln, Erstausstrahlung 2006 auf *YouTube*

LOST, 2004–2010, ca. 42 Minuten, 121 Episoden in 6 Staffeln, Erstausstrahlung 2004 (USA)
auf ABC

SALLY BACKT, 2017– heute, 60 Minuten, Episodenanzahl unbekannt, Erstausstrahlung
TV 2017 (USA) auf VOX

WEB THERAPY, 2008–2014, ca. 5–15 Minuten, 48 Episoden, Erstausstrahlung 2008 (USA)
auf L/studio.com

„Vollalimentierte Talkshowkonformisten"
Diskursdynamik von Medienkritik in *YouTube*-Kommentarbereichen

Simon Meier

Zusammenfassung

User-generated content ist auf *YouTube* nicht nur durch die Videos selbst vertreten, auch in den Kommentarbereichen ist die Interaktion der Nutzerinnen dauerhaft einsehbar und wissenschaftlich analysierbar. Der Beitrag nimmt die Kommentare zu Videos von Talkshow-Auftritten von Politiker_innen der rechtspopulistischen AfD in den Blick. Anhand einer breiten Datenbasis wird mit korpus- und diskurslinguistischen Methoden gezeigt, wie sich hier Kritik am politischen Gegner als Medienkritik ausprägt, welche Formulierungs- und Argumentationsmuster sich dabei zeigen und welche diskursive Dynamik medienkritische Äußerung in interaktionalen Sequenzen von Replies und Gegenreplies entfalten.

1 Einleitung

Auf *YouTube* finden sich in großer Zahl Mitschnitte oder auch Zusammenschnitte von politischen Talkshows (vgl. Girnth und Michel 2015) der öffentlich-rechtlichen Fernsehsender – und zwar weniger in den offiziellen Kanälen der Fernsehsender selbst, die *YouTube* auch als eine Art Mediathek-Ersatz nutzen, als vielmehr in privaten Kanälen, wo die Videos mit recht tendenziösen Überschriften als besonders unterhaltsam oder auch empörungswürdig dargeboten werden. Videos mit Titeln wie „Frauke Petry mischt alle auf" oder „AfD Beatrix von Storch zerlegt Maischberger und Thilo Sarrazin gibt den Rest" können als politisch motivierte Reframings der Fernsehformate gelten. Die Kommentarbereiche zu diesen oft sehr erfolgreichen Videos werden darum auch gerne von Anhänger_innen und

69

© Springer Fachmedien Wiesbaden GmbH, ein Teil von Springer Nature 2019
H. Haarkötter und J. Wergen (Hrsg.), *Das YouTubiversum*,
https://doi.org/10.1007/978-3-658-22846-0_5

Gegner_innen der in den Talkshows vertretenen Institutionen und Parteien zur politischen Meinungsbekundung und für den politischen Streit genutzt, und zwar insbesondere bei Videos von Sendungen mit Vertreter_innen der rechtspopulistischen Partei *Alternative für Deutschland* (AfD). Die Polarisierung, die oft schon in Titeln wie „Alice Weidel (AfD) – VS – Lügenbaron Pfeiffer, Zensur-Minister Maas" anklingt, findet so in den Kommentaren ihren Widerhall.

Bei genauerer Betrachtung fällt auf, dass in vielen Kommentaren die Kritik am politischen Gegner untrennbar mit medienkritischen Äußerungen amalgamiert ist. Zwei Beispiele mögen das eingangs veranschaulichen:[1]

1. Beknackt ist bereits das ewig verleumderische Etikett „Populistisch". Redet über Inhalte, setzt mit eurer Möchtegernkritik bei Sachthemen an, verdammte Lückenmedien! Ihr seid nichts weiter als der verlängerte Propagandaarm der Konsensparteien[2]
2. Ich weiss nicht, ob ich will, dass in meinem Land nur noch die verfilzten BRD-korrekten Phrasen von feisten vollalimentierten Talkshowkonformisten geträllert werden dürfen. Man darf in einer Demokratie andersdenkende nicht einfach eliminieren, auch wenn das manchen Linkssozialen oder grünen Nachfolgern der Blockwartgeneration wohl gefallen dürfte.[3]

In einer Mediendemokratie, wo politische Meinungsbildung grundlegend medial vermittelt ist und politische Kommunikation der Medienlogik folgen muss (vgl. Meyer 2006, S. 83; Luginbühl 2017), trifft Kritik am politischen Gegner oft auch die medialen Kanäle, über die politische Botschaften verbreitet werden. Nicht immer ist dabei klar, wem die Kritik zuvorderst gilt. Der in Beispiel 1 anklingende rechtspopulistische Topos der Lügenpresse, demzufolge sich die Medien den vermeintlichen Denkverboten der etablierten Parteien bereitwillig unterwerfen, ist hierfür ein Beispiel. Umgekehrt wird, wie in Beispiel 2, Politikern oft der Vorwurf gemacht, sich zu sehr an den medialen Erfordernissen und den für die Medien angeblich typischen konformistischen Redeweisen zu orientieren. Interessanterweise werden

---

1   Alle Zitate aus den Kommentarbereichen werden unbereinigt mit allen Schreib- und Tippfehlern übernommen. Den Empfehlungen des Ethics Working Committees der Association of Internet Research (vgl. Markham & Buchanan 2012) folgend werden alle Kommentare anonymisiert wiedergegeben, d. h. sämtliche Nutzernamen, nicht aber die der erwähnten Talkshowgäste, werden durch Platzhalter („Nutzer_A" usw.) ersetzt.

2   Aus „AfD Beatrix von Storch zerlegt Maischberger und Thilo Sarrazin gibt den Rest (https://www.YouTube.com/watch?v=jn8epYCjmb8).

3   Aus „Frauke Petry mischt alle auf – ANNE WILL – 8.5.2016" (https://www.YouTube.com/watch?v=XT0qZZY7eaQ).

in den beiden Kommentaren mit den Forderungen nach Sachorientierung und
der Akzeptanz abweichender Meinungen geradezu demokratische Grundwerte
aufgerufen, denen die tatsächliche politische Ordnung wie auch die bestehende
Medienlandschaft gerade nicht entspreche. Kritik der politischen und medialen
Verhältnisse gehen so miteinander einher. Auch eher linksorientierte Medienkri-
tik lässt sich in den Kommentarbereichen finden, wenn etwa Fernsehsendern der
Vorwurf gemacht wird, aus Sensationalismus und ökonomischem Kalkül rechten
Positionen eine Plattform zu bieten:

3. [...] Mediales „Skandal-Futter", für ihre völlig verblödeten Wähler. „... das, das,
    das ... das ist ja alles IHRE SCHULD! LÜGENPRESSE! ..." Wieder herrliches
    „Medienfutter" für alle rechtsradikalen und braunen Wähler. Sonst nichts! ZUM
    KOTZEN ... Eine Lüge nach der anderen. E-K-E-L-H-A-F-T![4]

Der Kommentar richtet sich einerseits gegen die AfD, die im Video durch ihren
Vorsitzenden Alexander Gauland vertreten wird, die die Medien für ihre Zwecke
missbrauchen, andererseits aber auch gegen eben diese Medien, die sich auf diese
Weise instrumentalisieren lassen.

Ich diesem Aufsatz möchte ich eben solchen Formen der nicht-professionellen,
politisch geprägten Medienkritik in den Blick nehmen, und dabei besonders die
Diskursdynamik fokussieren, die medienkritische Äußerungen in den Kommentarbereichen entfalten. Als öffentliche Interaktionsinfrastrukturen stehen die Kommentarbereiche prinzipiell allen offen. Vertreter_innen verschiedenster Positionen
treten hier in Austausch, und dabei werden medienkritische Äußerungen in den
Replies und Gegenreplies oft ihrerseits Gegenstand diskursiver Aushandlung und
Kritik. Der Aufsatz verfolgt somit zwei aufeinander bezogene Ziele: Zum einen
möchte ich gegenstandsbezogen zeigen, dass Medienkritik als Diskursphänomen
anhand von *YouTube*-Kommentaren besonders gewinnbringend untersucht werden kann und die Formen und Funktionen medienkritischer Äußerungen auf
diese Weise detailliert erfasst werden können. Zum andern möchte in einer eher
methodologischen Perspektive anhand des Phänomenbereichs der Medienkritik
in *YouTube*-Kommentarbereichen zeigen, wie im wissenschaftlichen Umgang
mit digitalen Daten diskursanalytische und interaktionslinguistische Methoden
kombiniert werden können und müssen (vgl. Gredel 2017).

Im Folgenden werde ich zunächst einige medien- und interaktionslinguistische
Grundlagen schaffen und das Untersuchungskorpus vorstellen. Im Anschluss werde

---

4   Aus „Guter Nachbar, schlechter Nachbar? Alexander Gauland AfD 05.06.2016 Anne
    Will – Bananenrepublik" (https://www.YouTube.com/watch?v=lu0LoA5DOQw)

ich einige korpuslinguistische Befunde darlegen und diese dann in interaktionalen Feinanalysen weiter anreichern. Dabei wird sich zeigen, dass medienkritische Äußerungen und die darauf folgenden Züge der Metakritik in ihrer prinzipiellen Mehrfachadressierung (vgl. Kühn 1995) im interaktiven Diskursraum der Kommentarbereiche als Ressourcen des persönlichen und politischen Konflikts genutzt werden.

2   *YouTube*-Videos und -Kommentare: Rekontextualisierung und Dialogizität

In einem kürzlich erschienenen Aufsatz zu „Social Media Commentary und News Sharing" hat Carlson (2016) auf eine für die Medienwissenschaft und Medienlinguistik überaus relevante Entwicklung aufmerksam gemacht. Auch massenmediale Angebote werden zunehmend nicht mehr nur über die Disseminationskanäle der Massenmedien selbst rezipiert, sondern auch über den Umweg der sozialen Medien. So werden etwa Online-Zeitungsartikel in *Facebook*- oder *Twitter*-Timelines verlinkt. Und es werden, wie in den hier diskutierten Fällen, Fernsehmitschnitte auf *YouTube* republiziert, „allowing users to separate individual stories from their original context [...] and recirculate within new contexts" (Carlson 2016, S. 915). Mit einem Terminus aus der Linguistic Anthropology lassen sich solche Praktiken als De- und Rekontextualisierungen beschreiben (vgl. Bauman und Briggs 1990; Linell 1998): Ein Diskursausschnitt wird aus seinem eigentlichen Setting herausgehoben und in einen neuen Kontext eingepasst. Rekontextualisierung ist dabei mehr als eine bloße Übertragung, sondern bringt emergente Bedeutungen und Funktionen hervor, die in Wechselwirkung mit den neuen Kontexten entstehen. So werden die rekontextualisierten Diskursausschnitte typischerweise mit metapragmatischen Framings versehen, die ihre Rezeption anleiten (vgl. Bauman und Briggs 1990, S. 75 f.). „[D]econtextualisation and recontextualisation adds a new metadiscursive context to the text" (Blommaert 2005, S. 45) – einen neuen Kontext, der das rekontextualisierte Material mit bestimmten und oft eindeutig wertenden Deutungsangeboten versieht.

Gerade digitale Medien des Web 2.0 begünstigen solche Rekontextualisierungspraktiken durch die für diese Medienformen konstitutiven Praktiken des Teilens, Einbettens und der Rekombination (vgl. Jones 2018, S. 252; Reckwitz 2017, S. 242), die auf *YouTube* sämtliche Ebenen der Kommunikation betreffen. Nicht nur bedienen sich die Videos selbst oft der Sample-Technik (vgl. Adami 2014). Auch die mannigfaltigen Begleittexte, angefangen von den bereits angesprochenen Videotiteln und

-beschreibungen über die algorithmisch erzeugten Vorschläge ähnlicher Videos
mit ihren Thumbnails (vgl. Meier 2016, S. 57) bis hin zu den durch die Rezipienten
erzeugten Likes und Kommentaren, stellen die Videos routinemäßig in einen
dynamischen Kommunikationszusammenhang, der die ursprünglichen Kontexte
und Funktionalitäten des im Video Dargestellten mitunter vollständig suspendiert.
Und wie Carlson mit Bezug auf das News Sharing so treffend beobachtet, sind diese
Begleittexte oft medienkritisch, indem sie nicht nur den sachlichen Gehalt der
rekontextualisierten Kommunikate beurteilen, sondern auch die Art der medialen
Realitätskonstruktion insgesamt hinterfragen. So wird das oben schon erwähnte
Video „Alice Weidel (AfD) – VS – Lügenbaron Pfeiffer, Zensur-Minister Maas",
das einen Auftritt der genannten AfD-Politikerin in der Talkshow „Menschen bei
Maischberger" zeigt, mit folgender Videobeschreibung versehen:

4. Zehn-Tausende von schweren Gewaltverbrechen von den „Neubürgern" werden
   von den Medien und etablierten Politikern kaum beachtet, doch wenn es mal
   einen CDU-Politiker trifft, ist Merkel tief erschüttert und die Presse / das Fernsehen berichten ununterbrochen darüber. Doch in der Sendung von Maischberger
   dreht Alice Weidel den Spieß um, und rückt die Prioritäten zu Recht.[5]

Anlass der ursprünglichen Sendung war das mutmaßlich politische Attentat auf
den Altenaer Bürgermeister Andreas Hollstein, der sich besonders für Geflüchtete
eingesetzt hatte (vgl. Burger 2017). Die durch den eigentlichen Sendungstitel „Verroht
unsere Gesellschaft?" aufgeworfene Frage wird in der rekontextualisierten und im
übrigen auch zusammengeschnittenen Fassung jedoch in den Hintergrund gerückt,
und das Video erscheint nun als eine längst fällige Korrektur des durch Medien
und Politik tendenziös beeinflussten Diskurses über Flüchtlingskriminalität.
   Nun ist *YouTube* als eine der wichtigsten Plattformen des Web 2.0 ein Dis-
tributions- und Interaktionsmedium zugleich (vgl. Obar und Wildman 2015).
Über die bloß passive Rezeption der Videos hinaus, aber auch jenseits flüchtigen
rezeptionsbegleitenden Sprechens, wie es in linguistischen Forschungen zur Fern-
sehaneignung ausführlich beschrieben wurde (vgl. Holly et al. 2001), kommt es
hier zu ,Produsage' (vgl. Bruns 2008) von öffentlichem und potenziell dauerhaft
einsehbarem *user-generated content* (vgl. Marx und Weidacher 2014, S. 74 f.). Dabei
kommt den Kommentaren eine spezifische Form der Dialogizität und Sequenzialität zu (vgl. Johansson 2017, S. 189). Schon jeder einzelne Kommentar kann als
Antwort auf das Video bzw. den Begleittext gelesen werden, der wie in Beispiel 4
durch provokante Deutungsangebote oft geradezu zum Kommentieren einlädt,

---

5   https://www.YouTube.com/watch?v=sDIMfmCrz70

und auch die vorgesehenen Möglichkeiten des Likens und Dislikens der Videos sind natürlich prinzipiell responsiv. Vor allem aber kann auf die Kommentare wiederum mit Likes und Kommentaren geantwortet werden, so dass sich mitunter ganze Dialoge entspinnen (vgl. Bou-Franch et al. 2012; Pappert und Roth 2016), die interaktionslinguistische Analysen erforderlich machen, um ihre Dynamik angemessen beschreiben zu können.

Anders als in mündlichen Dialogen, für deren Beschreibung das interaktionslinguistische Instrumentarium eigentlich erarbeitet wurde, ist die die Sequenzialität von *YouTube*-Kommentaren jedoch grundlegend technisch überformt. Man denke nur daran, dass den Standardeinstellungen folgend die so genannten Top-Kommentare zuerst angezeigt werden, so dass die tatsächliche chronologische Reihung für die Kommentierenden selbst kaum relevant ist. Der Zeitpunkt des Verfassens eines Kommentars muss auch nicht mit dem Zeitpunkt des Absendens und schon gar nicht mit dem der Rezeption durch andere zusammenfallen, so dass eine Rekonstruktion allein anhand der Zeitstempel ohnehin irreführend wäre (vgl. Beißwenger 2016, S. 282 f.).[6] Darüber hinaus sind gerade bei vielkommentierten Videos die Textmengen für einzelne rasch unüberblickbar, so dass die einzelnen Kommentare aufs Ganze gesehen oft nur in einer losen Verbindung zueinander stehen. Dennoch können mit Blick auf die große Heterogenität der User und ihres Rezeptionsverhaltens keine Kommentare von vornherein als weniger relevant von der Analyse ausgenommen werden, etwa durch eine Beschränkung auf Kommentare mit einer bestimmten Zahl von Replies. Aus diesem Grunde bieten sich als zweite Säule auch korpuslinguistische Methoden an, mit denen die umfangreichen Datenmengen computergestützt ausgewertet werden können. Den sich in einer Methode zeigenden Befunden kann so zusätzlich mit den Erkenntnismöglichkeiten der jeweils anderen Methoden nachgegangen werden. Und so werde ich im Folgenden auch vorgehen: Ich werde zunächst korpuslinguistisch typische Formulierungsmuster medienkritischer Äußerungen erheben und diese Befunde dann in interaktionalen

---

6   Während sich die klassische Konversationsanalyse typischerweise zum Ziel setzt, die
    zeitliche Entfaltung des Gesprächs, wie sie sich den Teilnehmenden darstellt, auch in
    der Analyse nachzuvollziehen, führt ein solches Abgleichen von Teilnehmenden- und
    Analysierendenperspektive bei digitalen Interaktionen tendenziell zu falschen Ergebnis-
    sen: Ein einzelner Nutzer *kann* sich in dem Glauben, die *ihm* angezeigten Kommentare
    seien sequentiell-responsiv aufeinander bezogen, an einem Dialog beteiligen, der sich
    keinem anderen Nutzer und auch nicht den Analysierenden so darstellt. Die Wechsel-
    seitigkeit der Wahrnehmung als das auch die sequenzanalytischen Methoden tragende
    Fundament der Kommunikation ist in den technisch vermittelten Interaktionen nicht
    gegeben (vgl. Wirtz 2015)

Analysen anreichern, wobei ich auch hierbei immer wieder korpuslinguistische Rückversicherungen vornehme.

3   Zusammenstellung des Korpus

Das Korpus, welches die empirische Grundlage dieses Aufsatzes darstellt, umfasst insgesamt 42.707 Kommentare zu 13 *YouTube*-Videos, die Talkshow-Auftritte von AfD-Politikern zeigen:

Tab. 1   Korpuszusammenstellung

Titel des Videos	Zahl der Kommentare
Alice Weidel zerstört Möchtegern-Experte	636
Guter Nachbar, schlechter Nachbar? Alexander Gauland AfD 05.06.2016 Anne Will – Bananenrepublik	814
Alice Weidel (AfD) – VS – Lügenbaron Pfeiffer, Zensur-Minister Maas	857
Anne Will: Alice Weidel(AfD) entlarvt die GroKo! – Anne Will vom 04.02.2018	975
Gauland bei Anne Will – „Das Lachen können Sie sich sparen!"	1022
Alexander Gauland AfD zerlegt Lanz! Wahnsinn	1847
Unbequeme Wahrheiten – Guido Reil ex. SPD jetzt AfD 05.09.2016 Hart aber Fair – Bananenrepublik	1981
AfD Beatrix von Storch zerlegt Maischberger und Thilo Sarrazin gibt den Rest	2747
AfD-Politikerin Dr. Alice Weidel bei Markus Lanz || 26.04.2016	3002
Frauke Petry (AfD) gegen Gender-Ideologie und für Familie – 10.6.2015	4086
Frauke Petry mischt alle auf – ANNE WILL – 8.5.2016	6966
Katja Kipping grillt Frauke Petry	7658
Til Schweiger – VS – Frauke Petry (AfD) – 18.8.2015	10117

Die Kommentare habe ich mithilfe der YouTuba Data Tools der Amsterdamer Digital Methods Initiative (https://wiki.digitalmethods.net/Dmi/ToolDatabase) heruntergeladen, in ein analysetaugliches xml-Format überführt und mit der Software TreeTagger (Schmid 1994) tokenisiert und linguistisch annotiert.[7] Anschließend habe ich die auf diese Weise angereicherten Daten in das Korpusanalysetool Corpus Workbench (http://cwb.sourceforge.net) geladen, das flexible Abfragen der annotierten Daten erlaubt.

Das Korpus umfasst rund 2,46 Mio. Tokens. Die Kommentare sind bis zu 3527 Tokens lang, der Median liegt jedoch bei gerade einmal 24 Tokens. Die meisten Kommentare sind also eher kurz. Insgesamt 449 Kommentare bestehen gar nur aus einem Token, etwa aus einem Emoji, einer verbalen Minimalreaktion (vgl. Wood 2007, S. 81 f.) wie *kotz* oder aus einem Link.

Insgesamt sind im Korpus 14152 verschiedene Nutzernamen vertreten. Manche User sind ausgesprochen kommentierfreudig: Einer hat allein zu einem Video 635 mal kommentiert im Umfang von insgesamt rund 90.000 Tokens, in 70 % als Antworten auf andere Kommentare. Dennoch melden sich ca. 60 % der Nutzer(namen) nur einmal zu Wort, und nur rund 500 User kommentieren mehr als zehn Mal.

Für den thematischen Zuschnitt meines Korpus, also Mit- und Zusammenschnitte von Talkshow-Auftritten von AfD-Politiker_innen, gibt es im Wesentlichen zwei Gründe. Der erste Grund ist forschungspraktischer Natur: Besonders diese Videos sind häufig zu finden. Das Video „Til Schweiger – VS – Frauke Petry (AfD) – 18.8.2015" ist dabei eine besondere Erwähnung wert. Laut Begleittext hätte in der Talkshow, in der der Schauspieler Til Schweiger wegen seines Engagements für Geflüchtete für ein Interview zugeschaltet wird, auch Frauke Petry zu Gast sein sollen, sei aber wieder ausgeladen worden. Im Video werden darum verschiedene Talkshow-Auftritte von Frauke Petry mit dem Schweiger-Interview zusammengeschnitten und zeigen ein Streitgespräch, das so nie stattgefunden hat. Schon das Video selbst wird durch die Videobeschreibung als medienkritisches Statement gerahmt: „Um diesem Missstand an Demokratie und Meinungsvielfalt etwas entgegenzusetzen habe ich Petry in die Maischberger-Sendung ‚eingeladen' und ihr eine Bühne gegeben".[8] Derartige Rekontextualisierungspraktiken finden sich meinen Recherchen nach tatsächlich vor allem bei Videos mit AfD-Politiker_innen. Im Übrigen sind die meisten Videos erkennbar AfD-unterstützend, doch auch im AfD-kritischen Video „Katja Kipping grillt Frauke Petry" kommentieren überaus viele erkennbare AfD-Anhänger_innen.

---

7   Linguistische Annotationen fügen zu jedem laufenden Wort die Wortart (*part of speech*) und die lexikalische Grundform hinzu. Natürlich stellt die nichtnormierte Schreibung in den Kommentaren die Annotationssoftware, die anhand von Zeitungstexten trainiert wurde, vor nicht unerhebliche Probleme, und so werde ich die Wortartenannotationen nur sehr eingeschränkt nutzen.

8   https://www.YouTube.com/watch?v=NfPe-CDoV-s

Der zweite Grund für die Auswahl von Videos mit AfD-Politiker_innen ist dagegen inhaltlicher Natur: Politikwissenschaftliche und auch politolinguistische Forschungen zum neueren Rechtspopulismus haben vielfach gezeigt, dass die Konstruktion von Manipulationszusammenhängen (vgl. Scharloth 2017) und die Selbststilisierung als Tabubrecher in einer von ‚Denk- und Sprechverboten' geprägten Öffentlichkeit (vgl. Hartleb 2012, S. 23; Reisigl 2002, S. 166 f.) zu den Grundprinzipien rechtspopulistischer Rhetorik gehört. Medienkritik ist deshalb ein wichtiges Standbein der „Antipolitik" (Priester 2012, S. 5) der AfD. Und nicht zuletzt in Sozialen Medien und ihren Kommentarbereichen findet diese Medienkritik geeignete Resonanzräume.

4   Korpuslinguistische Befunde: Formulierungsmuster medienkritischer Äußerungen

Ein naheliegender Zugriff auf medienkritische Äußerungen ist die Suche nach dem Lemma[9] *Medium* und wie auch der entsprechenden Komposita. Das Lemma *Medium* kommt 734 Mal vor (relative Häufigkeit 320 pro Mio. Tokens) und erweist sich damit in Kontrast zu einem thematisch unspezifischen Korpus mit Internetforen-Einträgen als signifikant.[10] Besonders interessant sind jedoch die Komposita. Unter den häufigsten mit *-medium* als Zweitglied finden sich auffallend viele, die nicht so sehr extensionseinschränkende (wie etwa *Printmedien* oder *Lokalmedien*) als vielmehr wertende, genauer: abwertende Bezeichnungen sind:

Systemmedien, Mainstream-Medien, Massenmedien, Staatsmedien, Propagandamedien, Lügenmedien, Hetzmedien, Drecksmedien, Heuchlermedien, Konzernmedien, Manipulationsmedien, Pinocciomedien [sic!], ...

Auch unter den Komposita mit *medien-* als Erstglied lassen sich vielfach abwertende Bezeichnungen finden

---

9   Als „Lemma" wird die Grundform bezeichnet, die alle flektierten Formen wie *Medium* oder *Mediums* mitumfasst.

10   Als Referenzkorpus wurde ein ca. 2 Mio. Tokens umfassendes Sample mit 100.000 zufällig ausgewählten Sätzen aus den DECOW14-Korpora herangezogen (www.webcorpora. com). Gesucht wurde nach den thematisch völlig unspezifischen Lemmata „und" und „die" innerhalb von Foreneinträgen.

*Medienhure, Medienpropaganda, Medienmist, Medienmanipulation, Me-
dienmarionette, Medienaffe, Medienclown, Medienfutzis, Mediengeblubber,
Medienkartell, Medienmafia, Medienschl..pe, ...*

Wo also in den Kommentaren die Medien explizit thematisiert werden, geschieht
dies meist in kritischer oder gar diffamierender Weise. Weniger ihre berichtende
oder informierende Funktion wird relevant gesetzt als vielmehr ihr manipula-
tives Potenzial und ihre Verbandelung mit dem so genannten System. Dabei ist
die überaus pauschalisierende Rede von *den Medien* (vgl. Scholl 2016) tatsächlich
vorherrschend, präzisere Referenzierungen der für die betreffenden Talkshows
verantwortlichen Sender ARD und ZDF finden sich zwar auch, aber mit insgesamt
179 Belegen deutlich seltener.

Wie sehr die explizite Thematisierung der Medien vornehmlich medienkritischen Impulsen folgt, ist auch anhand des Kollokationsprofils des Lemmas *Medium*
ersichtlich. Kollokationen sind Ausdrücke, die in einem Korpus signifikant häufig
miteinander auftreten. Erhoben werden sie durch Kollokationsberechnungen, die
im unmittelbaren Kontext eines Suchausdrucks, in diesem Fall fünf Wörter links
und rechts, die im Vergleich zum Gesamtkorpus signifikant häufigen Ausdrücke
ermitteln (vgl. Lemnitzer und Zinsmeister 2015, S. 179). Neben *Mainstream* sind
auch *Lüge, Propaganda, verschweigen* und *manipuliert* (als adjektivisches Partizip)
signifikante Kollokationspartner von *Medien*, die auf medienkritische Redeweisen
hindeuten. Ebenfalls signifikant sind einige Kollokatoren, die auf eine enge Verqui-
ckung von etablierter Politik und Medien verweisen: *Politik, Politiker, Regierung,
Parteien* und *Altparteien*. Eingedenk der Tatsache, dass es sich um Kommentare zu
Videos handelt, die politische Medienformate zeigen, ist das zwar nicht wirklich
überraschend. Dennoch fällt auf, dass in den Kommentaren Medien und Politik
typischerweise als Komplizen, wenn nicht gar als zwei Manifestationsformen *einer*
Instanz dargestellt werden:

5. Zum wiederholten male, der Verfassungsschutz hat die AFD nicht als extremistisch eingestuft, Egal wie sehr sich das **unsere Medien und etablierten Parteien**,
   oder auch Sie, sich das wünschen.. [...] Das man eine Partei, die in vielen Punkten
   die Meinung von 2 drittel der deutschen Bevölkerung vertritt, als extremistisch
   einstuft, ist schon fast schizophren, zumindest ist es abenteuerlich. Noch dazu
   wenn man bedenkt, das **unsere Regierung mit Unterstützung der Medien**,
   eine Politik gegen 2 drittel der eigenen Bevölkerung macht. Wer da der wahre
   Feind der Demokratie ist, ist offensichtlich.

6. Aber da bist Du, **mit unseren etablierten Parteien und Medien**, in besten Händen. Jeder der nicht ihrer Politik und Ihren Entscheidungen zujubelt, wird gleich als Nazi stigmatisiert. Man muss sich nur die aktuellen Umfragen alle umschauen, da geht deutlich hervor, das **unsere Regierung und unsere Medien**, eine Meinung vertreten, die nicht mit dem Willen, des Volkes übereinstimmt. Aus diesem Grund, gibt es die AFD .

Geradezu als stehende Paarformeln[11] werden *Politik und Medien* sowie *Medien und Politiker* immer wieder genannt. In Paarformeln stehen die Konstituenten komplementär für ein Ganzes, dessen Teile oder Ausprägungen sie bilden (vgl. Burger 2015, S. 151), und so können *Politik und Medien* als Schuldige ausgemacht werden:

7. Für die miese Stimmung bei der Bevölkerung ist auch nicht die AfD sondern die Flüchtlinge selbst und die verharmlosenden **Medien und Politiker** verantwortlich.

8. Wir wären wesentlich offener, wenn wir nicht so oft belogen werden, von **Politik und Medien.**

9. Mit das Schlimmste an der Syrien-Libyen-Türkei Massenmigrationskrise [...] ist ja übrigens, daß die deutschen Volksverräter in **Politik und Medien** die VERURSACHER, nämlich FRANKREICH, GB, USA und ISRAEL (angeblich unsere *Freunde*) nicht einmal zur Rede stellen [...]

Die ebenfalls oft nachweisliche Rede von den *gleichgeschalteten Medien* findet in diesen Paarformeln ihren sprachlichen Ausdruck.
Eine weitere signifikante Kollokation ist die Possessivkonstruktion *unsere Medien*. Diskursanalytische Arbeiten haben gezeigt, dass Possessivkonstruktionen mit *unser* besonders dazu geeignet sind, vermeintlich homogene Kollektive zu konstruieren (vgl. Müller 2009). Neben Formulierungen wie *unser Land, unsere Kultur* usw. finden sich im Korpus auch viele Belege für *unsere Politiker* (71 Mal) und eben *unsere Medien* (40 Mal, siehe etwa Bsp. 5 und 6). Es klingt eine national-vereinheitlichende und auch vereinnahmende Sicht auf die Medien an, die als ,besitzende' Wir-Gruppe das deutsche Volk ansetzt. Die Verfehlungen der Medien können damit umso forcierter als den Volksinteressen zuwiderlaufend kritisiert werden:

---

11 Paarformeln sind Ausdruckspaare wie *Kaffee und Kuchen, Leib und Seele* oder auch *Bund und Länder.*

10. Das Leben ist nun mal nicht immer schwarz oder weiß, auch wenn **unsere Medien** dies in unsere Köpfe versuchen einzutrichtern.

In anderen Fällen wird suggeriert, die Medien würden wie die Nation insgesamt durch Einflüsse von außen ihrer Souveränität beraubt:

11. ja unsere medien sind offziell noch eine einige jahre VERPFLICHTET!!! amerika-freundliche „berichterstattung" abzuliefern und das ist kein scherz … desshalb tun mir auch leute leid die ernsthaft noch nachrichten schauen und den quatsch glauben der da vorgelogen wird

Auch der durch Anführungszeichen markierte „Applikationsvorbehalt" (Klockow 1980, S. 178)[12] der Bezeichnung *Berichterstattung* zeigt, dass die journalistische Qualität insbesondere der deutschen Medien hier grundlegend in Zweifel gezogen wird.

Aufschlussreich ist schließlich auch die Aufstellung von Trigrammen (Dreiwortverbindungen) mit der Konstituente *Medien* in absteigender Frequenz:

Tab. 2 Trigramme mit der Konstituente *medien*

Trigramm	n
in den Medien	97
von den Medien	37
die Medien und	19
den Medien und	12
Politik und Medien	9
und die Medien	9
aus den Medien	8
das die Medien	8
durch die Medien	7
Medien und die	7
Medien und Politiker	7
dass die Medien	6

---

12 „Applikationsvorbehalt" meint Bedenken gegen die Anwendung der eigentlich unverfänglichen Bezeichnung auf den konkreten Fall. Demgegenüber kann mit Anführungszeichen auch ein „Begriffsvorbehalt" (Klockow 1980, S. 190) zum Ausdruck gebracht werden, mit dem man sich von der Bezeichnung insgesamt distanziert, wie etwa in „Bei solchen Positionen bleibe ich dann lieber ein ‚Gutmensch', wenn es denn sein muss".

Neben der erwartbaren Präpositionalphrase *in den Medien* an erster Position ist auch die Präpositionalphrase *von den Medien* auffallend häufig, die typischerweise in Passivkonstruktionen erscheint. Einschlägige Formulierungen sind etwa die, dass eine Person oder ein Kollektiv *von den Medien beeinflusst, belogen* (siehe Bsp. 8), *geblendet, verarscht* oder *vergiftet* wird oder dass Themen *von den Medien* wechselnd *aufgebauscht* und *unterdrückt* werden:

12. Und wie 1933 steht das **von den Medien vergiftete Volk** hinter dieser Politik und begreift nicht wie gefährlich sich diese Entwicklung langfristig auswirken wird.

13. Die Bürger werden darüber **von den Medien bewusst getäuscht**, Statistiken geschönt, Migrantenkriminalität relatiivert, Kritiker medial in die rechte Ecke gedrängt und kriminalisiert.

14. Nur mal ein kurzer Ablenker in Richtung Eduard Snowden zeigt doch, dass hoch brisante Themen **von den Medien unterdrückt** werden.

Eigentümlich ist solchen Passivkonstruktionen ihre besondere Perspektivierungsleistung (vgl. Lasch 2016). Syntaktisch fokussiert werden in den genannten Beispielen das *Volk*, die *Bürger* und die *Themen*, während die *Medien* in den Hintergrund rücken. Der Topos von den Medien als einer im Hintergrund agierenden Macht kann auf diese Weise besonders gut bedient werden.

Schon die Untersuchung der expliziten Thematisierung von *Medien* erweist sich also für die Frage nach den Charakteristika medienkritischer Äußerungen in *YouTube*-Kommentaren als sehr ergiebig. Die Medien werden pauschalisierend als mit der Politik verbandelte, aber im Hintergrund agierende manipulative Instanz dargestellt, die somit ihrer eigentlichen Aufgabe, den vermeintlichen Volksinteressen zu dienen, nicht nachkommen. Allein ein ganz wesentlicher Aspekt bleibt hierbei weitgehend unberücksichtigt, nämlich die Dialogizität und Sequenzialität der Kommentare. Ob ein Kommentar eine eher initiale Äußerung darstellt oder in direkter, durch Anredeformen o. ä. explizit markierter Reaktion auf einen anderen Kommentar vorgebracht wird, ist aber, wie ich im Folgenden zeigen werde, für das Verständnis ihrer kontextgebundenen Dynamik und Funktionalität von zentraler Bedeutung (vgl. Johansson 2017, S. 189).

5   Interaktionale Analysen: Medienkritik und ihre Metakritik als Ressourcen politischer Positionierung

Wie in Kap. 2 ausgeführt, sind Kommentarbereiche nicht einfach Orte der mono-
logischen Meinungsbekundung, sondern auch Interaktionsplattformen. Von den
42707 Kommentaren sind 27297 (64 %) Replies auf andere Kommentare. *YouTube*
sieht keine beliebig tiefe Schichtung von Replies vor, wie man dies etwa aus Wiki-
pedia-Diskussionen mit ihrem gestalterischen Prinzip der Einrückungen kennt.
Wird auf einen Reply abermals geantwortet, wird der Kommentar mit einem Adressierungsmarker (+*Nutzername*) unten angehängt. Hieraus lässt sich ersehen, dass
mit 12838 Kommentaren knapp die Hälfte (48 %) der Antworten Replies zweiten
(oder dritten, vierten usw.) Grades sind. Wenigstens in formaler Hinsicht liegt also
ein recht hoher Grad an Interaktion vor. Obwohl sich, wie bereits erwähnt, auf
Grundlage der in den Metadaten mitgelieferten Zeitstempeln keine verlässlichen
Aussagen über die tatsächliche sequenzielle Verbundenheit der Kommentare aus
Sicht der Schreibenden selbst machen lassen,[13] können doch mit der nötigen Vorsicht
und zusätzlich unterstützt durch qualitive Feinanalysen zahlreiche sequenzielle
Verläufe ansatzweise rekonstruiert werden.

Bezieht man nun bei einer entsprechenden Sichtung der Belege, in denen Medienkritik geäußert wird, die Sequenzialität mit ein, zeigt sich bald, dass die Adressaten nicht nur die Medien selbst und ihre Akteure sind, die, wie oben anhand
des Trigramms *von den Medien* gezeigt wurde, ohnehin eher den Redehintergrund
darstellen. Direkte Ansprachen wie in folgendem Beispiel kommen eher selten vor:

15.   Liebe Mainstream-Medien, um ausgeglichen und respektvoll über die Realität
      zu berichten, sollten Sie globalistisch-multikulturell indoktrinierte Menschen
      wie Frau Schwan nicht mehr in Ihre Sendungen einladen. Damit helfen Sie
      sich selbst und nicht zuletzt der öffentlichen Wahrnehmung durch das Volk.

Aber selbst diese direkte Ansprache dürfte kaum in dem Glauben verfasst worden
sein, damit tatsächlich bei den „Mainstream-Medien" Gehör zu finden. Das Audi-
torium setzt sich vielmehr aus der diffusen Menge der anderen Kommentierenden
zusammen, und Kommentare sind deshalb prinzipiell mehrfachadressiert (vgl. Kühn

---

13   Die Sicht der Schreibenden ist insofern relevant, als sie jeweils auf bestimmte Kommentare
     antworten und sich an einer bestimmten Stelle in die Diskussion einschalten. Worauf
     sie mit ihren Replies antworten und welchen Diskussionsstand sie als Grundlage für
     ihre Beiträge ansetzen, hängt davon ab, was ihnen von den vorausgehenden Kommen-
     taren angezeigt wird – eben dies lässt sich aber aus den Zeitstempeln allein nicht sicher
     rekonstruieren.

1995; speziell mit Blick auf Social Media vgl. Marwick und boyd 2011). Stichproben
zufolge sind viele medienkritische Äußerungen auch durch oberflächensprach-
liche Merkmale erkennbar an andere Kommentierende adressiert. Dies kann in
zustimmender Weise geschehen, wenn etwa, wie im folgenden Beispiel, das die
sequenzielle Einbettung zu Bsp. 11 nachliefert, die Behauptung einer Tabuisierung
USA-kritischer Äußerungen zusätzlich gestützt wird:[14]

16. Wie schnell doch die Ami-Kritik doch abgewirgt wurde! In der amerikanischen
     Provinz Deutschland ist es verboten Washington zu kritisieren!

     ja unsere medien sind offziell noch eine einige jahre VERPFLICHTET!!!
     amerika-freundliche „berichterstattung" abzuliefern und das ist kein scherz
     ...desshalb tun mir auch leute leid die ernsthaft noch nachrichten schauen
     und den quatsch glauben der da vorgelogen wird

Durch die Antwortpartikel *ja* wird der Kommentar ausdrücklich als Beipflichtung
markiert. Während im initialen Kommentar die Medienkritik noch eher impli-
zit-ungerichtet vorgebracht wurde (ein generelles ‚Kritikverbot' betrifft eben *auch*
die Medien), wird sie in der Antwort explizit gemacht. Interessant ist aber auch
der Nachsatz, mit dem der User den diffus mit *die Leute* bezeichneten Medienrezi-
pienten, die den angeblichen Lügen der Medien Glauben schenken, sein Bedauern
ausspricht. Eben diese *Leute* sind schließlich auch im Kommentarbereich zu diesem
Video präsent und melden sich immer wieder verteidigend oder beschwichtigend
zu Wort, so etwa in folgenden, als Replies zu (16) abgesetzten Kommentaren:

17. so ein Quatsch. Nichts ist hier einfacher, als Amerika zu kritisieren. Wenn
     man dieses Wort bei der ganzen Hetze verwenden kann.

18. Und übrigens: Du dürftest dich heute nie so frei äußern, wenn die Amis nicht
     gewesen wären.

Auch lassen sich zahlreiche Fälle finden, in denen medienkritische Äußerungen
in direkter Reaktion auf sachlich konträre Meinungsäußerungen getätigt werden.
Sie dienen hier als interaktionale Konfliktressource und werden gerade zur Markierung von Dissens und seiner interaktiven Bearbeitung (vgl. Bou-Franch und
Garcés-Conejos Blitvich 2014) genutzt. Dazu sei eine längere Sequenz zitiert:

---

14 Der Antwortstatus von Kommentaren wird hier wie auch auf *YouTube* selbst durch
    Einrückung gekennzeichnet.

19. [Nutzer_A] 5:38 – 6:05 Genau an dieser Stelle definiert Frau Dr. Petry die Struktur einer direkten Demokratie und volksorientierte Politik! Ich wähle AFD![15]

[Nutzer_B] Dann lies dir vorher mal durch, was die AfD noch alles so plant. Wenn die an die Macht kämen, würden sie Deutschland in eine unfreie Demokratie wie Polen oder Ungarn umbauen und die Rechte des Einzelnen beschneiden und versuchen, jedem vorzuschreiben, was er zu tun und zu lassen hat. **Lies dir das mal durch:** http://www.huffingtonpost.de/2016/02/04/das-passiert-wenn-der-albtraum-millionen-deutscher-wahr-wird_n_9159502. html Falls du eine Partei willst, die direkte Demokratie will und für Bürgerrechte und Selbstbestimmung steht, dann würde ich dir empfehlen, dir mal die FDP näher anzuschauen.

+Nutzer_B [...] ZITAT: „Lies dir das mal durch: http://www.huffingtonpost. de/2016/02/04/das-passiert-wenn-der-albtraum-millionen-deutscher-wahr-wird_n_9159502.html" Im Grunde schreiben die hier genau dass Gegenteil von dem, was deine FDP gerade fordert. Findest du dass nicht auch ein bisschen Paradox? Ich mache dir keinen Vorwurf, dass du dieses **Geschwätz der Regierungskonformen Medien** ernst nimmst, denn mir ist es bis vor kurzem auch nicht anders ergangen. Aber lass dir eines sagen: Sie Lügen und verdrehen jedes Wort, um das System, von dem sie so gut profitieren, zu erhalten und zu schützen und zwar so raffiniert und perfide, dass ich es selbst auch erst vor einiger Zeit durchschaut habe. [...]

+Nutzer_A [...] „Ich mache dir keinen Vorwurf, dass du dieses Geschwätz der Regierungskonformen Medien ernst nimmst" **Seit wann ist die Huff Post ein regierungskonformes Medium?** Da schreiben vielmehr Leute aller Couleur... es gab z.B. auch schon sehr AfD-freundliche Beiträge. Und der Regierung redet das Medium als solches nicht den Mund, wie du an ganz vielen Beiträgen feststellen kannst. „Lass dir eines sagen: Sie Lügen und verdrehen jedes Wort, um das System, von dem sie so gut profitieren, zu erhalten und zu schützen." **Lass mich raten... die böse Lügenpresse.** [...]

In dieser Sequenz, wie sie in vergleichbarer Form in meinem Korpus vielfach nachweisbar ist, wird Nutzer_A's initialer Selbstdeklaration als AfD-Wähler von

---

15 Die mit Hyperlinks hinterlegte Kennzeichnung konkreter Videoabschnitte ist ein interessantes technisches Feature in *YouTube*-Kommentaren, das bspw. genutzt werden kann, um Behauptungen zu belegen bzw. überprüfbar zu machen oder auch um die Zuordnung bei deiktisch markierten Äußerungen (z.B. *„was sind das denn für Leichen im Hintergrund."*) zu erleichtern. Mit insgesamt 523 Belegen in meinem Korpus wird es jedoch vergleichsweise selten genutzt.

Nutzer_B die Warnung vor den verheerenden Folgen einer möglichen Mach-
tübernahme der AfD entgegengehalten und mit dem Verweis auf einen Online-
presseartikel gestützt. Diese explizit formulierte Leseempfehlung greift Nutzer_A
als wörtliches Zitat auf (vgl. hierzu Arendholz 2015)[16] und entgegnet ihr mit dem
Hinweis auf die Unverträglichkeit des Inhaltes des empfohlenen Artikel mit der
Argumentation von Nutzer_B. An dieser Stelle nun wird der medienkritische
Topos des Regierungskonformismus der Medien aufgerufen, so dass der Verweis
auf Presseartikel überhaupt delegitimiert wird. Entscheidend ist dabei, dass die
Medienkritik hier zugleich auch als interaktionale Ressource der persönlichen
Kritik nutzbar gemacht wird. Zwar wird sie zum Schein in den Sprechakt des
guten Ratschlags (vgl. Paris 2014) verpackt. Gleichwohl wird Nutzer_B als jemand
dargestellt, der sich von den Medien, ihrem „Geschwätz" und ihren „Lügen" in
die Irre führen *lässt*, wohingegen der Nutzer selbst eben dies bereits durchschaut
hat, sich also auf einer höheren Erkenntnisstufe befindet. Durch die Kritik an den
Medien positioniert sich Nutzer_A sowohl den Medien als auch dem anderen Nutzer gegenüber, an den die medienkritische Äußerung adressiert ist (vgl. Du Bois
2007, S. 163). Die Replik des so kritisierten Nutzer_B macht nun dies abermals zum
Gegenstand von Kritik. Nachdem zunächst die Diagnose des Regierungskonformismus abgestritten wird, werden anschließend die weiteren Behauptungen, die
die These des Regierungskonformismus näher ausführen, mit der Wendung „lass
mich raten... Lügenpresse" metapragmatisch als allzu durchschaubare, letztlich
‚nachgeplapperte' Rhetorik umgedeutet.[17] Die dadurch implizit vorgenommene
Aufwertung der Medien wertet ihrerseits Nutzer_A ab.

Solche metapragmatischen Umdeutungen, also Formen der reaktiven Metakritik, lassen sich im Korpus vielfach beobachten, und zwar tendenziell eher in
AfD-kritischen Kommentaren. Die Wendung „lass mich raten" ist im Korpus 25
mal belegt. Es scheint also eine routinemäßige Strategie der Metakritik zu sein,
die kritischen Kommentare der anderen als allzu durchschaubar zu kennzeichnen:

---

16 Solche Formen des Zitierens zur Strukturierung von Replies sind in Emails, aber auch
    in Internetforen und (auf Emailtechnologie aufbauenden) Newsgroups typisch und
    werden dort oft auch technisch unterstützt (vgl. Arendholz 2017, S. 130 f.; Beißwenger
    2016, S. 294–297). *YouTube* sieht derartiges nicht vor, so dass die Zitationen hier händisch
    nachgebildet werden müssen.

17 Das Verb *nachplappern* ist im Korpus 85 Mal belegt, etwa in dem Vorwurf, „den Son-
    dermüll aus den Mäulern der AfD Vertreter nachplappern ohne sich damit auseinan-
    dergesetzt zu haben".

20. Heute sind wir tolerant und Morgen fremde im eigenem Land!

Lass mich raten kommst ausm osten hast noch nie ne Burka gesehen wählst rechts und lässt dir den soldi in den Arsch schieben du scheiss Rechtsradikaler möchtegern Allwissender

Aufschlussreich ist auch die Beobachtung, dass unter den insgesamt 200 Belegen für *Lügenpresse* der Ausdruck 38 Mal (19 %) in Anführungszeichen gesetzt wird (siehe schon Bsp. 3). In dieser metasprachlichen Distanzierung, die einen Begriffsvorbehalt zum Ausdruck bringt (vgl. Klockow 1980, S. 190, siehe auch Fn 12), wird der Ausdruck typischerweise zur Kritik derjenigen verwendet, die ihn eigentlich gebrauchen – und zwar auch dann, wenn sie ihn de facto nicht verwendet haben, aber ihre Kommentare den Topos der manipulierenden und manipulierten Medien zu bedienen scheinen:

21. [Nutzer_C] Achja die Petry. Ihre politische Gesinnung ist nicht mehr weit von der NSDAP entfernt.

[Nutzer_D] Und Du bist mit Deinen Mitläufern im Linksfaschistoiden Gesinnungsterror angekommen. Dann doch lieber Frau Petry. Im Gegensatz zu Dir ist die nämlich intelligent.

[Nutzer_E] +Nutzer_D Borniertheit die in unseren Schulen, Unis und bei „Bildungsbuergern" zu Hause gezuechtet wurde ist nicht mit Argumenten abzustellen. Sind aber nicht so viele wie man glaubt, die sind nur lauter als die Stimme der Vernunft!

[Nutzer_F] +Nutzer_D Ja ja… wenn andere mal von eurer großmäulig eingeforderten Meinungsfreiheit Gebrauch machen und es wagen, die blaubraune Führerin anzugreifen, **wird natürlich gleich das übliche Parteijargon ausgepackt** und eingedroschen, wo es geht… **als Nächstes kommen dann die linksversifften Gutmenschen, was?** Und wenn man diese Bande nicht mag, ist man ein Linksfaschist? :D Und wenn wir Normalos es wagen, euch mal als rechts zu verorten, **fängt gleich wieder dieser läppische Katzenjammer und das blinde Geschimpfe an, wie hier auch.**

[Nutzer_F] +Nutzer_E Also… wir Nicht-Blauen sind es nicht, die Argumenten unzugänglich sind und sich mit **„böse Gutmenschen", „Lügenpresse", „linksversiffte Propaganda" und ähnlichem Bullshit** gegen jede argumentative Auseinandersetzung abschotten. :D Und ich möchte dich auch gern mal dran erinnern, dass gerade die führenden Parteikader, aber auch der Körper der AfD zum größten Teil aus Prototypen dieses bitterbösen Bildungsbürgertums bestehen. ;)

Die Sequenz aus dem Kommentarbereich zum Video „Frauke Petry (AfD) gegen Gender-Ideologie und für Familie – 10.6.2015" beginnt mit einer Generalkritik an Petry, der eine nationalsozialistische Gesinnung attestiert wird, die aber, angezeigt durch die ironisierende Interjektion „ach ja", letztlich nicht ernst zu nehmen ist. Der Kommentar ist mit 429 Replies und 489 Likes sehr erfolgreich. Die hier zitierten Replies bilden eine laut Zeitstempeln in direkter zeitliche Abfolge stehende Sequenz und sind auch durch die Adressierungsmarker miteinander verknüpft. Die Sequenz beginnt mit Nutzer_D's retourkutschenhafter Replik „Und Du bist...", die den Nazivorwurf kurzerhand spiegelt („linksfaschistoider Gesinnungsterror"), worauf Nutzer_E ihm zur Seite springt mit der Behauptung, dass der bildungsbürgerlichen Borniertheit, die wohl in Nutzer_C's initialem Kommentar zum Ausdruck kommen soll, ohnehin nicht mit Argumenten beizukommen sei.[18] Diese kommunikative Allianz kontert daraufhin Nutzer_F mit zwei, nacheinander an Nutzer_D und Nutzer_E gerichteten Kommentaren, die die vorgebrachten Argumente als „üblichen Parteijargon" zu entlarven suchen. Mit Formulierungen wie „wird natürlich gleich", „als Nächstes kommen dann" und „fängt gleich wieder … an" wird die Vorhersehbarkeit der Argumentation deutlich herausgestellt, und auch die aufzählungshafte Nennung typischer und eben oft in Anführungszeichen gesetzter Schlagwörter diagnostiziert eine Art Baukastenprinzip der politischen Rhetorik der Gegner, zu der Medienkritik routinemäßig dazugehört. Schließlich wird mit wertenden metapragmatischen Bezeichnungen „läppische[r] Katzenjammer" und "blinde[s] Geschimpfe" den Kommentaren der anderen überhaupt jeder ernstzunehmende argumentative Gehalt abgesprochen. Gerade solche metapragmatischen Bezeichnungen lassen sich in metakritischen Bezugnahmen auf medienkritische Äußerungen vielfach nachweisen:

22. Alles nur hohles Gerede genau wie bei den anderen Parteien. […] Aber was mich stört ist dass alles immer wieder in so platte Parolen gepresst wird. „Die da oben", „Lügenpresse", etc. […]

63 Mal ist im Korpus von *billigen, dummen, platten, dumpfen* usw. *Parolen* die Rede, womit zugleich die öffentlichen Verlautbarungen der AfD-Politiker_innen wie auch die AfD-unterstützenden Kommentierenden adressiert werden.

Dass also die in *YouTube*-Kommentaren vorgebrachte Medienkritik von einem politischen Standpunkt aus formuliert ist und aus diesem politischen Standpunkt folgt, ohne dass es hierfür einen konkreten Anlass bräuchte, kann also ausdrücklich

---

18 In typisch rechtspopulistischer Manier wird die eigene Position als die einzige dem gesunden Menschenverstand entsprechende dargestellt (vgl. Priester 2012, S. 4)

zum Thema gemacht und für wiederum politisch motivierte Metakritik nutzbar gemacht werden. Gerade in der interaktionalen Aushandlung medienkritischer Positionen, in der Problematisierung ihrer Begründetheit und ihrer Implikationen, wird ihr politischer Gehalt expliziert, und Kritik und Metakritik dienen so der Positionierung in der politischen Auseinandersetzung. Dazu sei ein letztes Beispiel aus den Kommentaren zum Video „Frauke Petry mischt alle auf – ANNE WILL – 8.5.2016" angeführt:

23. [Nutzer_G] 12:30 Anne Will: „90 % der hochreligiösen Sunniten sagen, die Demokratie ist eine gute Regierungsform."Eine offene Lüge und Realitätsverlust! Die meisten Muslime weltweit WOLLEN die Scharia! http://www.deutsch-tuerkische-nachrichten.de/ 2013/05/474828/internationale-studie-die-meisten-muslime-wollen-die-Scharia Die Scharia ist ein eigenständiges und sehr klar definiertes Verhaltens- und Gesetzeswerk von Allah (Gott) selbst, und das Wort Gottes steht für streng religiöse Muslime logischerweise weit ÜBER jedem von Menschen gemachtem Gesetz. Jede andere Behauptung ist pure Heuchelei oder grenzenlose Naivität.

[Nutzer_H] Und das fundierst du anhand eines journalistischen Artikels? seid IHR nicht immer die ersten die „Lügenpresse" schreien? Aber wenn sie eurem Standpunkt zugute kommen sind sie natürlich 100 % wasserdicht! typisch rechte propagandisten, funktioniert allerdings nur bei den unmündigen! Lasst euch bloß keinen Scheiss erzählen :D

Nutzer_G bezeichnet in seinem Kommentar die mit Zeitangabe verlinkte Äußerung der Moderatorin Anne Will als „offene Lüge" und liefert als Stützung einen Link zu einem Zeitungsartikel, der offenbar in sachlichem Widerspruch zu Wills Äußerung stehen soll. Die Replik von Nutzer_H ist in vielerlei Hinsicht interessant. Mit dem Personalpronomen *ihr* wird Nutzer_G einem Kollektiv zugewiesen, das dann *als* Kollektiv einer hysterischen und selbst propagandistischen Medienkritik bezichtigt wird. Obwohl Nutzer_G nur eine konkrete Äußerung der Moderatorin anzweifelt, wird dies von Nutzer_H als Symptom einer prinzipiellen Infragestellung der Medien und ihren Wahrheitsansprüchen gedeutet, die er als in den Mund gelegten Lügenpresse-Vorwurf expliziert. Vor diesem Hintergrund kann dann auch Nutzer_G's Stützung des eigenen Arguments durch einen Zeitungsartikel als selbstwidersprüchlich und mit zweierlei Maß messend herausgestellt werden. Die Medienkritik wird hier also im Zuge der Metakritik ausdrücklich als politisches Manöver von rechts gerahmt. Und interessanterweise lehnt sich diese Metakritik mit Vokabeln wie *propagandistisch* und *Unmündige* selbst an aufklärerisch anschlussfähige Diskurse an, wie sie auch in medienkritischen Äußerungen in Stellung gebracht werden. Mit der abschließenden Warnung „lasst euch bloß keinen Scheiss erzählen" werden dann die anderen Kommentierenden adressiert, die sozusagen Mündigkeit beweisen und sich nicht von derartigen politischen Manövern täuschen lassen sollen.

6   Fazit

Medienkritische Äußerungen erweisen sich als natürliche Anschlusskommunikation an die rekontextualisierten Medienformate, die eben durch die Rekontextualisierung und die tendenziösen Begleittexte ohnehin schon in einem medienkritischen Licht stehen. Sie sind prinzipiell mehrfachadressiert und richten sich nicht nur an die Medieninstitutionen und ihre Akteure, sondern immer auch an die anderen Kommentierenden. Deshalb dienen medienkritische Äußerungen und die dadurch oft hervorgerufenen Formen der Metakritik auch der politischen Positionierung innerhalb des virtuellen Interaktionsgefüges der Kommentarbereiche sowie als Ressourcen der Auf- und Abwertung der eigenen und fremden Haltungen und Argumente im Konflikt. In sequentiellen Feinanalysen lässt sich zeigen, worauf medienkritische Äußerungen folgen, wie sie aufgegriffen und ausgehandelt werden und dabei wiederum ein überaus heterogenes Publikum adressieren.

Medienkritische Äußerungen stehen nicht für sich. Sie folgen zum einen usuellen Mustern, man könnte sagen diskursiven Formationen (vgl. Spitzmüller und Warnke 2011, S. 70), die sich korpuslinguistisch analysieren lassen. Sie weisen zum anderen typischerweise sequenzielle Einbettungen auf, aus der sie erst ihre kontextgebundene Funktionalität beziehen und die trotz aller Schwierigkeiten der datengestützten Rekonstruktion nicht außer Acht gelassen werden dürfen. Medienkritische Äußerungen sind oft Reaktionen auf vorangehende Handlungszüge und werden ihrerseits zum Gegenstand diskursiver Aushandlung und Kritik.

Interaktion in *YouTube*-Kommentarbereiche ist verdauerte und quasi-öffentliche Kommunikation, die sich gleichwohl an Prinzipien der Mündlichkeit anlehnt. Wenn ihre diskursive Prägung und ihre diskursive Dynamik erfasst werden soll, sind gleichermaßen korpus- und interaktionslinguistische Zugänge erforderlich. Gerade die Untersuchung von digitaler Interaktion erlaubt es, beide Perspektiven in einem gemeinsamen Analyserahmen zusammenzuführen (vgl. Gredel 2017). Um Medienkritik als Diskursphänomen, ihre Formen und ihre kontextgebundene Funktionalität greifen zu können, sind *YouTube*-Kommentare daher eine überaus ertragreiche empirische Basis. Und gerade Medienkritik als vielschichtig konfliktäres Phänomen erweist sich als interessanter Bereich, um die spezifische Diskursdynamik von *YouTube*-Kommentaren im Detail nachvollziehen zu können.

Literatur

Adami, E. (2014): "Why did dinosaurs evolve from water?": (In)coherent relatedness in *YouTube* video interaction. *Text & Talk*, 34 (3), 239–259.

Arendholz, J. (2015): Quoting in online message boards: An interpersonal perspective. In J. Arendholz, W. Bublitz & M. Kirner-Ludwig (Hrsg.): *The pragmatics of quoting now and then* (S. 53–69). Berlin: de Gruyter

Arendholz, J. (2017): Message boards. In C. Hoffmann, W. Bublitz (Hrsg.): *Pragmatics of Social Media* (S. 125–149). Berlin: de Gruyter.

Bauman, R. & Briggs, C. L. (1990): Poetics and Performance as Critical Perspectives on Language and Social Life. *Annual Review of Anthropology* 19, 59–88.

Beißwenger, M. (2016): Praktiken in der internetbasierten Kommunikation. In A. Deppermann, H. Feilke, A. Linke (Hrsg.): *Sprachliche und kommunikative Praktiken* (S. 279–310). Berlin: de Gruyter.

Blommaert, J. (2005): *Discourse. A critical introduction.* Cambridge: Cambridge University Press.

Bou-Franch, P. & Garcés-Conejos Blitvich, P. (2014): Conflict management in massive polylogues: A case study from *YouTube*. *Journal of Pragmatics*, 73, 19–36.

Bou-Franch, P., Lorenzo-Dus, N. & Blitvich Garcés-Conejos, P. (2012): Social Interaction in *YouTube* Text-Based Polylogues: A Study of Coherence. *Journal of Computer-Mediated Communication*, 17 (4), S. 501–521.

Bruns, A. (2008): *Blogs, Wikipedia, Second life, and beyond. From production to produsage.* New York: Lang.

Burger, H. (2015): *Phraseologie. Eine Einführung am Beispiel des Deutschen.* 5., neu bearbeitete Auflage. Berlin: Schmidt.

Burger, R. (2017, 27. November): Altena in Nordrhein-Westfalen: Bürgermeister überlebt Messerangriff. *FAZ.NET.* http://www.faz.net/aktuell/politik/inland/attentat-auf-andreas-hollstein-buergermeister-von-altena-15313814.html Zugegriffen: 1. März 2018.

Carlson, M. (2016): Embedded Links, Embedded Meanings: Social media commentary and news sharing as mundane media criticism. *Journalism Studies*, 17 (7), 915–924.

Du Bois, J. W. (2007): The stance triangle. In R. Englebretson (Hrsg.): *Stancetaking in discourse. Subjectivity, evaluation, interaction* (S. 139–182). Amsterdam: Benjamins.

Girnth, H. & Michel, S. (Hrsg.) (2015): *Polit-Talkshow. Interdisziplinäre Perspektiven auf ein multimodales Format.* Stuttgart: Ibidem.

Gredel, E. (2017): Digital discourse analysis and Wikipedia: Bridging the gap between Foucauldian discourse analysis and digital conversation analysis. *Journal of Pragmatics* 115, 99–114.

Hartleb, F. (2012): Populismus als Totengräber oder mögliches Korrektiv der Demokratie? *Aus Politik und Zeitgeschichte* 62 (5–6), 22–29.

Holly, W., Püschel, U. & Bergmann, J. (Hrsg.) (2001): *Der sprechende Zuschauer: Wir wir uns Fernsehen kommunikativ aneignen*. Wiesbaden: VS Verlag für Sozialwissenschaften.

Johansson, M. (2017): *YouTube*. In C. Hoffmann, W. Bublitz (Hrsg.): *Pragmatics of Social Media* (S. 173–200). Berlin: de Gruyter.

Jones, R. (2018): Surveillant media. Technology, language, and control. In C. Cotter & D. Perrin (Hrsg.): *The Routledge handbook of language and media*. Milton Park: Routledge.

Klockow, R. (1980): *Linguistik der Gänsefüßchen. Untersuchungen zum Gebrauch der Anführungszeichen im gegenwärtigen Deutsch*. Frankfurt/M.: Haag und Herchen.

Kühn, P. (1995): *Mehrfachadressierung. Untersuchungen zur adressatenspezifischen Polyvalenz sprachlichen Handelns*. Tübingen: Niemeyer.

Lasch, A. (2016): *Nonagentive Konstruktionen des Deutschen*. Berlin, Boston: de Gruyter.

Lemnitzer, L. & Zinsmeister, H. (2015): *Korpuslinguistik. Eine Einführung*. 3., überarbeitete und erweiterte Auflage. Tübingen: Narr Francke Attempto.

Linell, P. (1998): Discourse across boundaries: On recontextualizations and the blending of voices in professional discourse. *Text*, 18 (2), 143–158.

Luginbühl, M. (2017): Massenmedien als Handlungsfeld II: audiovisuelle Medien. In K. S. Roth, M. Wengeler, A. Ziem (Hrsg.): *Handbuch Sprache in Politik und Gesellschaft* (S. 334–353). Berlin: de Gruyter.

Markham, A. & Buchanan, E. (2012): Ethical decision-making and internet research: Recommendations from the AoIR Ethics Working Committee (Version 2.0). https://aoir. org/reports/ethics2.pdf Zugegriffen 1. März 2018.

Marwick, A. E. & boyd, d. (2011): I tweet honestly, I tweet passionately: Twitter users, context collapse, and the imagined audience. *New Media & Society*, 13 (1), 114–133.

Marx, K. & Weidacher, G. (2014): *Internetlinguistik. Ein Lehr- und Arbeitsbuch*. Tübingen: Narr.

Meier, S. (2016): Wutreden – Konstruktion einer Gattung in den digitalen Medien. *Zeitschrift für germanistische Linguistik*, 44 (1), 37–68.

Meyer, T. (2006): Populismus und Medien. In: F. Decker (Hrsg.): *Populismus: Gefahr für die Demokratie oder nützliches Korrektiv?* (S. 81–96). Wiesbaden: VS Verlag für Sozialwissenschaften.

Müller, M. (2009): Die Grammatik der Zugehörigkeit. Possessivkonstruktionen und Gruppenidentitäten im Schreiben über Kunst. In E. Felder & Müller, M. (Hrsg.): *Wissen durch Sprache. Theorie, Praxis und Erkenntnisinteresse des Forschungsnetzwerkes „Sprache und Wissen"* (S. 337–423). Berlin: de Gruyter.

Obar, J. A. & Wildman, S. (2015): Social media definition and the governance challenge: An introduction to the special issue. *Telecommunications Policy*, 39 (9), 745–750.

Pappert, S. & K. S. Roth (2016): Diskursrealisationen in Online-Foren. *Zeitschrift für Angewandte Linguistik*, 65 (1), 37–66.

Paris, R. (2014): Der Ratschlag – Struktur und Interaktion. In M. Niehaus & W. Peeters (Hrsg.): *Rat geben* (S. 65–92). Bielefeld: transcript.

Priester, K. (2012): Wesensmerkmale des Populismus. *Aus Politik und Zeitgeschichte*, 62 (5–6), 3–9.

Reckwitz, A. (2017): *Die Gesellschaft der Singularitäten. Zum Strukturwandel der Moderne*. Berlin: Suhrkamp.

Reisigl, M. (2002): „Dem Volk aufs Maul schauen, nach dem Mund reden und Angst und Bange machen". Von populistischen Anrufungen, Anbiederungen und Agitationsweisen in der Sprache österreichischer PolitikerInnen. In W. Eismann (Hg.): *Rechtspopulismus – Österreichische Krankheit oder europäische Normalität?* (S. 149–198). Wien: Czenin.

Scharloth, J. (2017): Ist die AfD eine populistische Partei? – Eine Analyse am Beispiel des Landesverbandes Rheinland-Pfalz. In: *Aptum*, 1/2017, 1–15.

Schmid, H. (1994): Probabilistic Part-of-Speech Tagging Using Decision Trees. In *Proceedings of International Conference on New Methods in Language Processing, Manchester, UK*. http://www.cis.uni-muenchen.de/~schmid/tools/TreeTagger/data/tree-tagger1.pdf Zugegriffen 1. März 2018.

Scholl, A. (2016): Zwischen Kritik und Paranoia: Wo hört Medienkritik auf und wo fangen Verschwörungstheorien an? *bpb*. https://www.bpb.de/dialog/netzdebatte/235319/zwischen-kritik-und-paranoia-wo-hoert-medienkritik-auf-und-wo-fangen-verschwoerungstheorien-an. Zugegriffen 1. März 2018.

Spitzmüller, J. & Warnke, I. (2011): *Diskurslinguistik: eine Einführung in Theorien und Methoden der transtextuellen Sprachanalyse*. Berlin: de Gruyter.

Wirtz, A. (2015): Multimodale Kommunikation im Interaktionsverbund. In J. Loenhoff & H. W. Schmitz (Hrsg.): *Telekommunikation gegen Isolation* (S. 259–298). Wiesbaden: Springer VS.

Wood, H. (2007): The mediated conversational floor: an interactive approach to audience reception analysis. *Media, Culture & Society* 29 (1), 75–103.

II
Wirtschaftliche Bedeutung und Finanzierung

Bevorzugtes Verbinden in der *YouTube*-Ökonomie: eine netzwerktheoretische Annäherung

Thomas Petzold

Zusammenfassung

YouTube muss als ein komplexes Netzwerk aus unterschiedlichen Akteuren und Dynamiken verstanden werden. Welche Einblicke eine solche Perspektive bietet, wird in diesem Artikel anhand unterschiedlicher Beziehungen zwischen *YouTuberinnen*, Nutzern, Multikanalnetzwerken und den Investitionsaktivitäten in dieser Branche vorgestellt.

1   Einleitung

YouTube ist ein digitales, soziales Netzwerk. Wie andere soziale Netzwerke besteht es aus zahlreichen Akteuren (Oder: Knotenpunkten) sowie den Beziehungen (Oder: Verbindungen) zwischen jenen Akteuren. Das beinhaltet zunächst Beziehungen zwischen *Youtubern* (Oder: Creators) und Nutzerinnen, die insbesondere zum Aufbau von Gemeinschaften um Interessen oder Individuen herum beigetragen haben. Das ist ein zentrales Merkmal der frühen Phase der Videostreaming-Plattform und bis heute mitentscheidend für den Erfolg von Akteuren auf *YouTube*. Dies spiegelt sich entsprechend auch in frühen, wissenschaftlichen Untersuchungen zu *YouTube* wider, wo insbesondere die soziokulturelle Bedeutung der Videosharing-Plattform einschließlich deren Nutzenversprechen – jeder hat die Möglichkeit, eigens produzierte Inhalte einem globalen Publikum zu zeigen – untersucht wurde. Hierzu zählen kritische Diskurse im Kontext von partizipativer Kultur, veränderter Mediennutzung, ästhetischer Evolution oder inhaltlicher Dynamiken (vgl. u. a. Burgess

© Springer Fachmedien Wiesbaden GmbH, ein Teil von Springer Nature 2019
H. Haarkötter und J. Wergen (Hrsg.), *Das YouTubiversum*,
https://doi.org/10.1007/978-3-658-22846-0_6

& Green 2009; Snickars & Vonderau 2009; Shifman 2012; zum Partizipationsbegriff
auch den Beitrag von Haarkötter in diesem Band).

Neben den Beziehungen von *YouTuberinnen* zu Nutzern haben sich Beziehungen
unter *Youtubern* selbst herausgebildet, welche einerseits die menschlichen Dynamiken innerhalb der Creator-Community prägen – Cliquen, Clubs, Freundschaften
etc. – und andererseits wirtschaftlichen Dynamiken Vorschub leisten, beispielsweise
zur gegenseitigen Promotion von Inhalten und Kanälen. Beide Aspekte sind Ausweis
einer zunehmenden Komplexität des *YouTube*-Ökosystems, sowohl auf der Inhalte-
als auch der Managementebene. Zweifelsohne spielen unternehmerische Gelegenheiten in der Evolution *YouTubes* hin zu einem immer komplexeren Ökosystem eine
immer wichtigere Rolle. Aufgrund dieser Entwicklung haben sich entsprechend
managementbezogene sowie ökonomische Aspekte als kritische Forschungsfelder
herausgebildet, die die wachsende Popularität der Videostreaming-Plattform in
Bezug auf jene unternehmerischen Gelegenheiten näher betrachten (vgl. u. a. Burgess & Green 2013; Postigo 2016; Erikson, Kretschmer & Mendis 2015; Petzold &
Konzal 2015; Lobato 2016; Vonderau 2016).

Im zunehmend komplexen *YouTube*-Ökosystem spielen weitere Akteurinnen
und Beziehungen eine tragende Rolle. Es haben sich Beziehungen zwischen *Youtubern* mit vermittelnden Institutionen herausgebildet, die ein vorwiegend wirt-
schaftliches Interesse haben und dabei insbesondere am Erfolg von *YouTuberinnen*
partizipieren wollen. Hierzu zählen als Akteure insbesondere Multikanalnetzwerke
(Abkürzung: MCNs), aber auch etablierte und emergente Markenartikler. Talent
Management, Brand Management oder Influencer-Marketing wiederum stellen
darin beispielhaft Prozesse dar, die diese Beziehungen prägen. Multikanalnetzwerke
– die ursprünglich von *Google* LLC beziehungsweise *YouTube* LLC selbst geschaffen
wurden, um das komplexe Durcheinander auf der Plattform besser managen zu
können und attraktiver für den Werbemarkt zu machen – haben die Veränderung
des *YouTube*-Ökosystems in den letzten Jahren entscheidend geprägt. Deshalb soll
in diesem Artikel die Rolle von besonders erfolgreichen Multikanalnetzwerken
im *YouTube*-Ökosystem näher beleuchtet und auf die emergenten Beziehungen zu
unterschiedlichen Akteurinnen am Kapitalmarkt eingegangen werden.

2　Kaskadeneffekte und Umkipppunkte in Multikanalnetzwerken

In wissenschaftlichen Arbeiten sind Multikanalnetzwerke bislang insbesondere hinsichtlich deren Emergenz im *YouTube*-Ökosystem (Lobato 2016) sowie bezüglich deren Rolle für die Transformation der weiteren Medienökologie (Vonderau 2016; Cunningham et al. 2016) betrachtet worden. Multikanalnetzwerke, von denen seit Ende der 2000er in den USA, Europa, Asien und anderen Weltregionen einige Hunderte etabliert wurden, haben in den letzten Jahren einen Hype verursacht, der sich vieldimensional ausgespielt hat. MCNs sind vermittelnde Institutionen, die auf der Werbeinfrastruktur *YouTubes* aufsetzend operieren. Die vertragliche Bindung einer großen Anzahl an populären sowie vielversprechenden *YouTuberinnen* im Netzwerk erlaubt es ihnen, kommerziell wertvolle Beziehungen zu etablieren und zu forcieren. Dabei wird das Content Management System von *YouTube* genutzt, um Anzeigeneinnahmen zu generieren, Cross-Promotion zwischen den im Netzwerk befindlichen Kanälen aufzubauen und damit Aufmerksamkeit und Popularität im Gesamtnetzwerk zu steigern oder um besonders erfolgreiche *YouTuber* zu einer eigenen Marke aufzubauen oder mit einer externen Marke kooperieren zu lassen.

Dieses Geschäftsmodell hat die Aufmerksamkeit von unterschiedlichen Akteurinnen im Medienbereich geweckt. So haben zum Beispiel Blogger und Journalistinnen frühzeitig über die Entwicklung und möglichen Rollen von Multikanalnetzwerken berichtet. Zahlreiche Creators haben sich Multikanalnetzwerken angeschlossen (z. B. um Reichweite und Anzeigeneinnahmen zu steigern), was zu einer noch breiteren öffentlichen Aufmerksamkeit führte. Allerdings wurden neben den Vorteilen auch die Nachteile einer Mitgliedschaft in einem MCN kontrovers diskutiert. Viele dieser Erfahrungen sind Teil der öffentlichkeitswirksamen Evolution von Multikanalnetzwerken und haben insbesondere durch die zu Recht wie zu Unrecht diskutierten, problematischen Aspekte in der Beziehung mit Creators zu einem kontroversen Image von MCNs beigetragen. So finden sich auf *YouTube* selbst zahlreiche Warnvideos über die Gefahren des Beitritts zu einem MCN. Im englischsprachigen Raum war beispielsweise Ray William Johnson (*Your Favorite Martian*) ein erfolgreicher *YouTuber*, der sich massiv über die Vertragsvereinbarungen mit Maker Studios – einem der größten MCNs weltweit – beklagte (Johnson, 2012). Im deutschsprachigen Raum hat sich Simon Wiefels (UNGEspielt; UNGEfilmt) in ähnlicher Form öffentlich über das MCN Mediakraft Networks geäußert. Solche und zahlreiche andere Kontroversen zwischen Creators und MCNs beruhen meist auf unterschiedlichen Erwartungen, die dann eine weitere Zusammenarbeit im Netzwerk nicht weiter möglich machen.

Aus netzwerktheoretischer Perspektive sind diese Beziehungen sehr spannend, da sie bezüglich ihrer Dynamiken und Effekte untersuchbar sind. Denn beide Akteure (Creators und MCNs) gehen eine Beziehung ein, die auf potentiellen Größenvorteilen basiert: für die Creators ist das Netzwerk eines MCNs in allen Bereichen der Wertschöpfung interessant; für MCNs ist das Netzwerk an Followerinnen eines Creators (bzw. das Potential dazu) attraktiv. Die Netzwerkwissenschaft hat hierfür den Begriff des bevorzugten Verbindens von Knotenpunkten in einem Netzwerk geprägt – neue Akteurinnen in einem Netzwerk verbinden sich bevorzugt mit den besonders populären der existierenden Akteure im Netzwerk (vgl. Barabasi, 2002). Verschwinden andererseits allerdings besonders populäre Knotenpunkte aus einem Netzwerk, zum Beispiel indem eine Verbindung aufgelöst wird, so stellt das das Netzwerk vor eine besondere Belastungsprobe, die teilweise desaströse Folgen haben kann. Nehmen wir das Beispiel Wiefels-Mediakraft. Hier gab der Creator durch die Aufgabe seiner *YouTube*-Kanäle circa zwei Millionen Abonnentinnen und eine Reichweite von circa 30 Millionen monatlichen Aufrufen auf. Für Mediakraft Networks hatte das nicht nur die Folgen, die sich aus der Stilllegung der zwei *YouTube*-Kanäle von Simon Wiefels ergaben. Vielmehr war es der Kaskadeneffekt, welcher sich daraus ergeben hat. Es handelt sich dabei um die Disruption eines (großen Teils eines) Netzwerkes durch das Wegbrechen wichtiger Knotenpunkte um einen zentralen Knotenpunkt herum (vgl. Barabasi, 2002; Kovács & Barabási, 2015). Im Falle von Mediakraft Networks bekundeten nach der Entscheidung von Wiefels weitere populäre *YouTuber* (beispielsweise die damals zu den Top-5 in Deutschland gehörenden LeFloid und ApeCrime), dass sie das Netzwerk verlassen werden und das später auch umsetzten. Auch wenn es hierzu noch genauerer empirischer Analysen bedarf, kann das Verlassen einiger seiner besonders reichweitenstarken Creators als ein Umkipppunkt (engl. Tipping Point) angesehen werden, der innerhalb des Netzwerkes eine Dynamik auslöste, die auch die weitere Entwicklung von Mediakraft Networks als Unternehmen stark beeinflusst hat. Eine Dynamik, die man durch eine intensive netzwerkanalytische Untersuchung hätte simulieren und in Form von Szenarien vorhersehen können.[1]

Zusammenfassend lässt sich sagen, dass Multikanalnetzwerke die ökonomische Formatierung des *YouTube*-Ökosystems weiter forciert haben. Die ständige Zunah-

---

[1]   Derartige Simulationen sind beispielsweise auf der Grundlage netzwerktheoretischer Erkenntnisse möglich, die sich mit optimalen Strategien der Disruption von Netzwerken beschäftigen (vgl. Kovács & Barabási, 2015).
Seit den Ereignissen im Jahre 2014 hat Mediakraft Networks eine sehr wechselhafte Entwicklung genommen, die von zahlreichen Veränderungen insbesondere im Management geprägt waren und am 6. Juli 2017 in der Übernahme durch den Onlinespiele-Publisher Gamigo AG ein vorläufiges Ende fanden.

me an Content wird kanalisiert, indem MCNs unterschiedliche unternehmerische Gelegenheiten um *YouTuber* herum organisieren. Die Implikationen daraus sind nicht nur die kontrovers diskutierte Weiterentwicklung *YouTubes* im Spannungsfeld von Produktionskultur und Ökonomisierung durch eine neue Dynamik professionellen Managements. Vielmehr hat die automatisier- und skalierbare Art ihrer Unternehmensaktivitäten die Multikanalnetzwerke selbst zu begehrten Akteuren in der Medien- und Unterhaltungsindustrie gemacht.

3 Skalierbarkeit & Diversität in der MCN-Branche

Für Lobato sind die größten Multikanalnetzwerke den Talentmanagementfirmen Hollywoods sehr ähnlich, weil sie in der digitalen Ökonomie eine kleine Anzahl an Toptalenten mit einem Komplettservice ausstatten, während sie in einer wesentlich passiveren Art und Weise (zum Beispiel über automatisierte Anzeigenplatzierung) eine viel größere Anzahl an hoffnungsvollen Creators repräsentieren (Lobato 2016: 4). Michael Green steht beispielhaft für diesen Vergleich. Er gründete als Hollywood-Talentmanager 2011 das MCN Collective Digital Studio mit zwei Unternehmenspartnern und entwickelte es zu einem attraktiven Netzwerk, das wenige Jahre später ProSiebenSat.1 Media, TF 1 und Mediaset als Joint Venture übernahmen (und 2016 in Studio71 umwidmeten). Die frühe Entwicklung eines MCNs kann als Phase der *Aggregation* beschrieben werden, in der eine Vielzahl an Inhalten und Talenten unter dem Dach eines Netzwerkes zusammengebracht werden. Diese Aggregation konstituiert eine Kombination aus künstlicher und organischer Reichweite, die MCNs für den Aufbau unterschiedlicher Geschäftsmodelle genutzt haben. Während eine kleine Anzahl an Toptalenten durch unterschiedliche Formen des Talentmanagements weiterentwickelt werden – zum Beispiel durch lukrative Kooperationen mit Marken (in Form von Branded Content, Product Placement oder Ähnlichem mit traditionellen Medien (in Form von Buchkontrakten, Schauspielrollen in TV-Serien, Kinofilmen et cetera) – verdienen MCNs mit der Mehrheit der anderen Creators im Netzwerk hauptsächlich durch automatisierte Anzeigenaggregation und Umsatzerlösbeteiligungen, für die eine individuelle Betreuung wie bei Toptalenten nicht stattfindet. Fullscreen und Maker Studios, zwei der größten MCNs, haben beispielsweise zu Hochzeiten damit geworben, dass sie weit mehr als 50.000 *YouTube*-Kanäle unter Vertrag haben. Die meisten Creators in diesen Netzwerken aber haben nur selten einen persönlichen Kontakt zum Netzwerk, da durch technische Werkzeuge für IP Management, Thumbnail-Generierung oder auch zur Suche lizenzfreier Bilder eine vollautomatisierte Infrastruktur zur Verfügung gestellt wird, die keinen persönlichen Kontakt notwendig macht. Lobato beschreibt dieses MCN Geschäftsmodell als „die automatisierteste, skalierbarste und unpersönlichste" Form des Creator-Managements, das zumindest theoretisch zu sehr geringen Kosten enorm skalierbar ist, was die Aggregation von Kanälen sowie der damit verbundenen Umsätze betrifft (Lobato 2016: 5).

Tab. 1 Investitionen großer Medienunternehmen in Multikanalnetzwerke im *YouTube*-Ökosystem; eigene Darstellung

GROSSE MEDIENUNTERNEHMEN INVESTIEREN IN MCNS		
UNTERNEHMEN	INVESTITIONEN 2009–2017	ÜBERNAHMEN 2009–2017
DreamWorks Animation		AwesomenessTV
Google	Vevo	
ProSiebenSat.1 Media TF1 MediaSet	CDS Collective Digital Studio	
RTL Group	Style Haul BroadbandTV	
Time Warner Cable	Maker	
The Walt Disney Company		Maker
Warner Bros. Entertainment	Machinima	Alloy Entertainment

In der Phase der Aggregation hat die MCN-Branche die Aufmerksamkeit der traditionellen Medienindustrie auf sich gezogen. Einige der größten Firmen im Medien- und Unterhaltungsbereich sahen in MCNs eine unternehmerische Gelegenheit und damit die Chance, an der Zukunft von Content, Community und Creators zu partizipieren und gleichzeitig Kontrolle über einen Teil des veränderten Wettbewerbsumfeldes zu gewinnen. Nur wenige Jahre nachdem *Google* LLC ein Content ID System mit verknüpftem Content Management System ausrollte und damit im Jahre 2007 die Grundlage für die Etablierung von Intermediären wie MCNs zwischen *YouTube* und *Youtubern* schaffte, begann ein regelrechter Investitionswettbewerb um die angesagtesten MCNs durch traditionelle Medienunternehmen (vgl. Abbildung 1). Noch im gleichen Jahr, in dem *YouTube* LLC rund 100 Millionen US-Dollar in den Auf- und Ausbau von MCNs investierte (2011), wurde das MCN Alloy Entertainment von Warner Bros Entertainment Inc., eine der größten Filmproduktionsfirmen Hollywoods und Teil des Time Warner Konzerns, erworben. Time Warner

Cable, ein weiteres Unternehmen des Konzerns, sorgte 2013 für Aufsehen, als es in eines der größten MCNs der damaligen Zeit, Maker Studios, eine zweistellige Millionensumme investierte. Im gleichen Jahr kaufte Dreamworks Animation (das mittlerweile zur US-amerikanischen Comcast Corporation gehört) AwesomenessTV, und auch in Europa wurden Anteile an Multikanalnetzwerken insbesondere durch die RTL Group, die der Bertelsmann SE & Co. KGaA angehört, erworben. 2014 schließlich stieg die Walt Disney Company in den MCN-Markt ein, um für einen je nach Entwicklung abhängige Summe zwischen 500 Millionen US-Dollar und einer Milliarde US-Dollar zur Übernahme von Maker Studios zu zahlen. Für die großen Filmstudios war der Kauf von MCNs vor allem damit verbunden, dass es ihnen eine Möglichkeit gab, einen In-House-Inkubator zu entwickeln, um dadurch ein besseres Verständnis der Dynamiken auf *YouTube* zu erhalten (Wallenstein, 2014).

Obwohl eine Investitionssumme in der Größenordnung der Übernahme von Maker Studios durch Disney bislang unübertroffen bleibt, haben einige der größten Medienunternehmen immer wieder in unterschiedliche Multikanalnetzwerke investiert. Zu diesen zählen neben den bereits genannten auch Canal Plus, Mediaset, ProSiebenSat.1 Media, Singtel, TF1 oder auch WPP. Gleichzeitig begannen auch Venture Capital Firmen und Angel Investors (z. B. Prominente wie Jon Landau oder Robert Downey), in den Markt der MCNs einzusteigen, der zunehmend internationaler wurde mit zahlreichen MCNs, die vor allem die russischen und asiatischen Märkte bedienen. Diese Entwicklungstendenzen lassen sich auch bei einem Blick auf die Top-10 der Multikanalnetzwerke im vierten Quartal 2017 ablesen (vgl. Abbildung 2).

Die Investorenlandschaft im MCN-Bereich ist mittlerweile sehr vielfältig. Von Minderheitsbeteiligungen bis zu Übernahmen haben Unternehmensanleger aus dem Medienbereich (zum Beispiel *Google* in Vevo, Canal+ in Maker Studios, Sony in The Orchard Music, The Chernin Group in Fullscreen) sowie dem Telekommunikationsbereich in Top-MCNs investiert (wie beispielsweise AT&T im September 2014 in Fullscreen mit 200 Mio. US-Dollar). Des Weiteren haben Firmen und Gesellschaften aus den Bereichen Venture Capital und Private Equity Top-MCNs unterstützt. Maker Studios hat dabei vor der Übernahme durch die Walt Disney Company in mehreren Investitionsrunden einen Großteil der rund 86 Mio. US-Dollar von klassischen Venture Capitalfirmen wie Lakestar oder Greycroft Partners sowie von Venture Capital-Gesellschaften großer Medien- und Telekommunikationsunternehmen wie SingTel und Time Warner erhalten. Auch Fullscreen hat aus diesen beiden Bereichen Beteiligungskapital von rund 38 Mio. US-Dollar gesammelt – unter anderem von Lerer Hippeau Ventures sowie Comcast Ventures. Darüber hinaus sind Jon Landau, Robert Downey Jr. oder auch Elisabeth Murdoch als Angel Investor in Erscheinung getreten. Sie haben Maker Studios in den beiden

Tab. 2 Top-10-Multikanalnetzwerke im *YouTube*-Ökosystem und deren Investoren (Stand: September 2017); eigene Darstellung2

TOP-10 MULTIKANALNETZWERKE & DEREN INVESTORENLANDSCHAFT (Stand: September 2017)

MCN	ANGEL INVES-TORS	CORPO-RATE INVES-TORS	DIVER-SIFIED INVES-TORS	PRIVATE GROSS-VER-MÖGEN (FAMILY OFFICE)	BETEILIGUNGSKA-PITAL (VENTURE CAPITAL & PRIVATE EQUITY)
Broad-band TV		RTL Group			
Vevo		*Google*			Abu Dhabi Media
Agency of Internet Rights					
Yoola – Creators Nation		AT&T The Chernin-Group			Lerer Hippeau WPP The Chernin- Group Comcast-Ventures
Studio 71		ProSieben-Sat.1 TF1 MediaSet			
YEAH1 Network					
The Orchard		Sony Music Entertain-ment			
Maker	Downey Ventures	Canal+ Walt Disney Company	North-gate	Daher Capital	Fuel M+C Twist E.ventures LakeStar-Advisors-GmbH GreyCroft -Partners-LLP Advancit – Capital Singtel Innov8 Upfront Ventures TimeWarner-Investments
Believe Digital					XAnge TCV Ventech

2   Das Ranking wurde der Plattform socialblade.com entnommen und zeigt die Top-10 Multikanalnetzwerke nach Video Views im September 2017.

letzten Investitionsrunden vor dem Kauf durch Disney unterstützt. Komplettiert wird die vielfältige Investorenlandschaft durch besonders diversifizierte Investoren (hier: Northgate) sowie private Großvermögen (hier: Daher Capital).

Neben der Vielfalt in der Investorenlandschaft zeigt sich anhand der derzeitigen Top-10-MCN auch der immer stärkere internationale Charakter der Branche. Unter den Top-5-MCNs finden sich AIR sowie Yoola. AIR (Kurzform für *Agency of Internet Rights*) ist ein russisches MCN, das über 80 % seiner Views in Russland, der Ukraine, Kasachstan und Weißrussland generiert, während die verbleibenden 20 % aus den USA stammen.[3] Yoola ist der größte russische MCN, der insbesondere den russischen, US-amerikanischen, japanischen und chinesischen Markt bedient. Yoola ist unter anderem auch dafür bekannt, internationale *YouTuberinnen* als Influencer auf dem chinesischen Markt zu etablieren. Das ist Yoola vor allem durch Kooperationen und Partnerschaften mit den populärsten digitalen sozialen Plattformen gelungen, die in ihrer Gesamtheit nach Branchenberichten knapp 100 % der chinesischen Internetpopulation erreichen.[4] Yoola versucht zudem, den Einstieg in internationale Märkte dafür zu nutzen, um populären Content aus existierenden Märkten (wie die Slivki Show) in besonders großen Märkten wie China zu platzieren, um durch entsprechende Lokalisierungsmaßnahmen maximale Reichweite mit demselben Content zu erzielen.[5] Schließlich findet sich in den Top-10-MCNs noch Yeah1 Network, das größte chinesische MCN. Es wurde 2015 von seinem vietnamesischen CEO Hung Zino gegründet und hat sich in kurzer Zeit zu einer der führenden digitalen Video Content Plattform unter asiatischen Jugendlichen entwickelt und besitzt seit Mai 2015 eine MCN Lizenz von *YouTube*.

4 Konsolidierung und Diversifizierung bei Multikanalnetzwerken

Dieser Artikel hat einen Einblick darin gegeben, wie die erste Evolutionsphase der MCNs besonders durch die Aggregation von Akteuren und Inhalten gezeichnet war, ein Umstand, der die Branche der Multikanalnetzwerke sowohl für die traditionelle Medienindustrie und unterschiedliche Investoren attraktiv gemacht als auch zu einer ersten Internationalisierung der Branche beigetragen hat. Eine zweite

---

3 vgl. https://vidooly.com/YouTube-MCN/AIR; abgerufen am 1.12.2017

4 vgl. https://tech.co/yoola-influencers-chinese-market-2017-04; abgerufen am 1.5.2017

5 vgl. https://www.inc.com/john-hall/3-companies-bringing-content-marketing-back-to-life.html; abgerufen am 5.4.2017

Phase ist aktuell geprägt durch die Konsolidierung der Netzwerkstruktur sowie der Diversifizierung der Branchenakteure. Nationale und internationale Mcns haben damit begonnen, eine Vielzahl an Verträgen mit Creators nicht zu verlängern oder aufzulösen mit dem Ziel, dadurch auf die besonders wertvollen Creators oder jene mit besonders hohem Potential zu setzen. Diese Konsolidierung bedeutet eine Reduktion von enorm großen Netzwerken auf einen Bruchteil der vorhergehenden Größe. Das ist eine besondere Herausforderung hinsichtlich zu treffender unternehmerischer Entscheidungen. Des Weiteren diversifizieren MCNs weiter ihr Geschäftsmodell, indem sie Creators und Content unter Vertrag nehmen, die auf anderen digitalen Plattformen aktiv sind. Das führt zu weiteren unternehmerischen Gelegenheiten (beispielsweise durch Netzwerk-, Größen- und Skaleneffekte), gleichzeitig aber auch dazu, dass das Netzwerk immer komplexer sowie schwieriger kontrollierbar wird hinsichtlich der darin auftretenden Dynamiken. Diese komplexen Dynamiken zu verstehen und geeignet darauf reagieren zu können, ist für MCNs eine essentielle strategische Grundlage erfolgreichen unternehmerischen Handelns, die in auf Netzwerken basierenden Umgebungen operieren.

Literatur

Barabási, A.-L. (2002) Linked: The New Science of Networks. New York: Perseus.

Burgess, J. & Green, J. (2009) The entrepreneurial vlogger: participatory culture beyond the professional-amateur divide. In: Vonderau, P, Snickars, P, Burgess, J. (eds) *The YouTube Reader*. Stockholm: National Library of Sweden, 89–107.

Burgess, J. & Green, J. (2013) *YouTube*: Online Video and Participatory Culture. Cambridge and Malden, MA: Polity Press.

Cunningham, S., Craig, D. & Silver, J. (2016) *YouTube*, multichannel networks and the accelerated evolution of the new screen ecology. Convergence, 22(4), 376-391.

Erickson, K., Kretschmer, M. & Mendis, D. (2015) Copyright and the Economic Effects of Parody: An Empirical Study of Music Videos on the *YouTube* Platform and an Assessment of the Regulatory Options. Intellectual Property Office Research Paper No. 2013/24. https://ssrn.com/abstract=2602698, abgerufen am 6.6.2016.

Johnson, R.W. (2012) Why I left maker studios. New Media Rockstars Blogpost, 11. Dezember, http://newmediarockstars.com/2012/12/why-i-left-maker-studios/, abgerufen am 12.11.2017

Kovács, I.A. & Barabási, A.-L. (2015) Destruction perfected. In: Nature 524, 38-39.

Lobato, R. (2016) The cultural logic of digital intermediaries: *YouTube* multichannel networks. Convergence, 22(4), 348-360.

Petzold, T & W Konzal (2015) Das schlagende Herz von *YouTube*, Der Digitale Wandel – Magazin für Internet und Gesellschaft Q1/2015, 24-25.

Postigo, H. (2016) The socio-technical architecture of digital labor: Converting play into *YouTube* money. New Media & Society, 18(2), 332-349.

Shifman, L. (2012) An anatomy of a *YouTube* meme. New Media & Society, 14(2), 187-203.

Vonderau, P. (2016) The video bubble: multichannel networks and the transformation of *YouTube*. Convergence, 22(4), 361-375.

Vonderau, P, Snickars, P, Burgess, J. (2010) The *YouTube* Reader. Stockholm: National Library of Sweden.

Wallenstein, A. (2014) Why Disney is taking the huge risk of buying Maker Studios. Variety, 24. März. http://variety.com/2014/digital/news/why-disney-is-taking-the-huge-risk-of-buying-makerstudios-1201145135/, abgerufen am 27. Juli 2016.

Perspektiven von Journalismus auf *YouTube*
Journalistische Inhalte und die Schwierigkeit ihrer Finanzierung auf *Googles* Video-Plattform

Michael Frenzel

Zusammenfassung

Journalismus und *YouTube* – wie passt das zusammen? Die Online-Video-Plattform *YouTube* startete mit User generated Content und wurde zeitweise als
zukünftige Alternative zum Fernsehen gefeiert. Inzwischen wird den Usern
von *Googles* Algorithmus Video-Content vorgeschlagen, der weitgehend von
professionellen Produzenten bestimmt ist. Von Medienkritikern wird dieser
Content dennoch oft sehr kritisch rezipiert als seichte Kost. Unbeachtet bleibt
bei dieser Kritik der etablierten Medien zumeist, dass neben seichter Kost
gleichfalls inhaltlich und journalistisch anspruchsvolle Projekte auf *YouTube*
ihre Verbreitung finden. Der Beitrag beschreibt, auf welche ökonomischen
Bedingungen journalistische Produktionen im *YouTube* Ecosystem treffen.

1   Das Ende vom Anfang

Als das Comedy-Trio Y-Titty Ende 2015 verkündet, mit *YouTube* aufzuhören, ist
der Schock bei den Fans groß. Y-Titty war mit 3,1 Millionen Abonnentinnen bis
Juni 2014 der populärste deutsche *YouTube*-Kanal. Phil Laude, Matthias Roll und
Oz Yılmaz galten einer ganzen *YouTube*-Generation als Idol (Primus, 2015). Sie
inszenierten die Auflösung in einem aufwändigen, finalen Musikvideo mit dem
Titel *#endlich*. „Heute geht's nur noch um Kohle, Klicks und Schminki-Schminki",
singt Philipp Laude darin. Medien interpretierten dies so, dass bei der Entscheidung
der jungen Trendsetter negative Entwicklungen in der *YouTuber*-Szene eine Rolle
gespielt hätten. (*Youtube*-Stars Y-Titty machen Schluss, 2015)

© Springer Fachmedien Wiesbaden GmbH, ein Teil von Springer Nature 2019
H. Haarkötter und J. Wergen (Hrsg.), *Das YouTubiversum*,
https://doi.org/10.1007/978-3-658-22846-0_7

Tatsächlich griffen Y-Titty damit satirisch drei zentrale Kritikpunkte an *You-Tube*-Content auf, die in zahlreichen Medienberichten thematisiert worden waren (Comedy-Trio Y-Titty löst sich auf, 2015) .

Erstens war *YouTube*-Content nach Jahren des Ausprobierens und der Just-for-Fun-Uploads zunehmend zum Ergebnis professionalisierter Produktionsbedingungen geworden. Regelmäßige Einnahmen ermöglichten dem erfolgreichen *YouTube*-Creator die Investition in hochwertiges Kamera-Equipment, in Ton- und Lichttechnik sowie Schnittprogramme. Ton- und Bildqualität hatte sich massiv verbessert; viele Videos unterschieden sich trotz des deutlich geringeren Produktionsaufwandes qualitativ nur noch wenig von TV-Produktionen. Die erfolgreichsten unter den deutschen *Youtubern* hatten es geschafft, sich mit ihrer Arbeit eine auskömmliche Existenz aufzubauen. Y-Titty gehörte dazu, hatte deswegen aber 2014 auch massive Kritik erfahren. Das SWR-Magazin *Report Mainz* vermaß ihre *YouTube*-Videos mit TV-Werberichtlinien und stellte sie zusammen mit düsteren Szenarien als *Schleichwerbung* an den Pranger: „Eine Zahl, die aufschreckt: Schon Dreizehnjährige verbringen täglich gut zwei Stunden im Internet." (Das Erste SWR, 2014). Obwohl es nie für ein Ermittlungsverfahren reichte (Briegleb, 2014), prägt der durch eine PR-Aktion des TV-Senders zum *Werbe-Skandal* ausgebauschte Fall bis heute die Medien-Wahrnehmung von Produktplatzierungen auf *YouTube*. Immerhin trug er dazu bei, dass die Landesmedienanstalten einen Leitfaden für korrekte Kennzeichnung von Produktplatzierungen entwickelten, an dem sich *YouTuber* auf der Suche nach Finanzierungsmöglichkeiten heute orientieren können.

Der zweite Aspekt *Klicks* oder genauer *Video-Aufrufe* rückt die Reichweite als wesentliche Einfluss- und Monetarisierungsgröße in den Fokus. Zugleich aber adressiert dieser Punkt auch das *YouTube*-Creatorn gelegentlich unterstellte Streben nach immer mehr Klicks und mehr Erfolg. Insbesondere die *Multi Channel Networks* (MCNs), aber auch gelegentliche oder regelmäßige Kooperationen zwischen *Youtubern* spielten dabei eine bedeutende Rolle. Größere Künstler wie Y-Titty waren für Cross-Promotions sehr begehrte Partner. Jeder wollte mit ihrem Kanal eine Kooperation eingehen. Klicks sind neben Abonnentinnen weiter ein wesentlicher Messwert für die Einordnung und Bewertung von *YouTube*-Kanälen.

Das dritte Argument *Schminki-Schminki* betrifft die Frage nach der Qualität und der Vielfalt des Contents auf *YouTube*. Tatsächlich sind insbesondere in der kritischen Medienrezeption Schminkvideos neben *Lets-Plays* stark präsent. Beide haben de facto kein Vorbild in den klassischen Medien. Obwohl einige Teleshopping-Sendungen eine gewisse konzeptionelle Ähnlichkeit aufzuweisen scheinen, ist das Schminkvideo doch eine originäre Erfindung der *YouTube*-Creator. Denn anders als beim Teleshopping ist hier der Verkaufsprozess nicht inhaltlich konstituierend.

Entgegen der satirischen Überspitzung jedoch verengte sich das *YouTube*-Genre 2015 keineswegs auf Schminkvideos. Die Jungunternehmer Alex Giesecke und Nico Schork von *The Simple Club* hatten beispielsweise für Schülerinnen und Studenten eine ganze Serie von *YouTube*-Nachhilfe-Kanälen gestartet, die dem öffentlich-rechtlichen Schulfernsehen den Rang abliefen (Bolz, 2015). Florian Mundt aka *LeFloid* hatte als erster *YouTuber* Kanzlerin Angela Merkel interviewen dürfen.

Der Hashtag *#endlich* markierte zum Jahresausklang 2015 in diesem Kontext das Ende der Zusammenarbeit von drei Mittzwanziger-Comedians, die mit ihrer erfrischenden Art fast zehn Jahre ihr Publikum unterhalten hatten.

2   Neue journalistische Akteure auf *YouTube*

2015 hatten Medienunternehmen das technische und ökonomische Potential der Plattform *YouTube* längst für eigene Geschäftsaktivitäten entdeckt. Durch die niedrige Einstiegsschwelle des publizistischen Produktionsmittels und Verbreitungssystems *YouTube* aber traten neben die ursprünglichen Herrscher über die Verbreitungswege zahlreiche neue Akteure hinzu. Vereinzelt begannen Freie Journalisten, *YouTube* für ihre berufliche Tätigkeit auszuprobieren oder professionell zu nutzen. Aber nicht nur jede Journalistin, sondern im Grunde 84 Prozent der deutschsprachigen Bevölkerung mit Zugang zum Internet (ARD/ZDF, 2016) und einem Smartphone oder einer Digitalkamera kann auf *YouTube* potentiell gleichberechtigt mit Medienhäusern journalistisch publizieren. Viele taten genau das und starteten eigene Vlogs.

Zu Verlagen und TV-Sendern trat auch erstmals ein neuer, *YouTube*-spezifischer Typus des Medienunternehmens hinzu. *YouTube*-Content Produzenten, von *Google Creator* genannt, schlossen sich zu *Multi Channel Netzwerken* (MCNs) zusammen, um sich durch Know-how- und Empfehlungsaustausch sowie Nutzungen gemeinsamer Ressourcen und Vermarktung gegenseitig zu unterstützen. Zu ihren Förderern gehörte auch Phil Laude von Y-Titty, der das *MCN Mediakraft Networks* mitgegründet hatte.

3   MCNs und Journalismus

Während einige Creator vorübergehend dem romantischen Ideal von auf Tauschwirtschaft basierenden Unterstützungsvereinen nachhingen (Mattgey, 2014), entwickelten sich MCNs bald zu Online-TV-Sendern, die den Publikumsaufbau und die Zusammenarbeit der *YouTuberinnen* untereinander systematisierten und die Rechteverwertung übernahmen. Anders als Redakteure, die mit ihren Verlagen Total-Buyout-Verträge abschließen mussten, behielten *YouTube*-Creatorinnen jedoch alle Rechte am Content. Über bereits auf dem Kanal vorhandenen sowie künftigen Content des Creators sicherten sich die MCNs nur eine in der Regel auf ein bis zwei Jahren befristete Verwertung. Nach dieser Zeit fielen alle Rechte an die Creatorin zurück.

Die Überlegung war, dass der Creator die Produktionskosten selbst tragen sollte und das Netzwerk sich um Reichweitensteigerung und Vermarktung kümmert, woraus sich ein Anteil an den laufenden Einnahmen aus dem Google-Adsense-Programm begründete. Solange das MCN selbst nicht allzuviel in den Content investierte, schien dies angesichts der enormen Wachstumszahlen ein lohnendes Geschäft zu werden.

Tatsächlich aber ging diese Rechnung in den seltensten Fällen auf. Um neue Creator anzuwerben, wurden relativ hohe Schwellenwerte vereinbart, ab denen das MCN erst einen Teil der Einnahmen erhielt. Letztlich erbrachten die MCNs neben der Vermarktung zahlreiche weitere Dienstleistungen für Creatorinnen. Dazu gehörte die Einrichtung von Studios, die Einstellung von Künstlermanagern, Produktionsmitarbeiterinnen, Kameraleuten, Cutterinnen, Grafiker für die Thumbnails-Produktion, bis hin zu Social-Media-Redakteurinnen und Mitarbeitern, welche die Fanpost bearbeiteten.

Endete der Vertrag der *YouTuber*in mit dem MCN nach einem oder zwei Jahren, konnte sie den gesamten auf ihrem Kanal veröffentlichten Content inklusive aller Rechte daran abziehen. Obendrein konnte sie bei einem neuen Geschäftspartner aufgrund der gestiegenen Viewzahlen einen höheren Schwellenwert aushandeln, also ihren Share an den Gesamteinnahmen erhöhen. De facto bot das MCN-Modell damit sogar einen erheblichen finanziellen Anreiz für einen Vertragswechsel, unabhängig vom Erfolg der Zusammenarbeit. Letztlich führte dies zu mehrfachen Korrekturen am ursprünglichen MCN-Geschäftsmodell (Klein, 2015) (Krei, Mediakraft-CEO: "Wir sind keine Trittbrettfahrer", 2015).

Weil langfristige Investitionen in Content dadurch für das MCN tendenziell unwirtschaftlich waren, musste für redaktionell produzierten Content ein anderes Modell gefunden werden. Folglich investierten MCNs analog zu den Produktionsprozessen im TV in die Produktion eigenen Contents, bezahlten Mitarbeiterinnen für journalistische und produktionstechnische Arbeit und sicherten sich dauerhaft die Verwertungsrechte. Zu den bekannten Beispielen dieser *Owned and Operated*

(O&O)-Kanäle zählen *High5* von IDG / Allyance (Banse, 2014), 2013 die Mediakraft-Senderinitiative mit dem Nachrichtenkanal *WasGehtAb!?* und dem Technikkanal *Techscalibur* (meedia.de, 2013) sowie die Serie *Das Netzwerk* von Studio71. *Youtubern* ermöglichte das Konzept, statt schwankender Werbeeinnahmen ein festes monatliches Gehalt zu beziehen. Dennoch kommentierten einige *YouTuber* diese Entwicklung mit Besorgnis, da sie sich zu „Moderatoren degradiert" sahen (Peter, 2015). Letztlich war das in jeder Hinsicht unbegründet, zumal der O&O-Anteil gemessen am Gesamtmarkt zu gering war.

Tab. 1 Ausgewählte O&O Kanäle der MCNs
(Quelle: socialblade.com, eigene Darstellung), Stand 7.1.2016.

	O&O Kanal	Network		Subscriber	30 day views
1	GameStarDE	Allyance	DE	692.792	8.829.240
2	TopZehn	Mediakraft	DE	1.491.458	7.946.400
3	Diefilmfabrik	Mediakraft	DE	250.986	6.285.420
4	TheParentingGuide	Endemol Beyond	DE	325.986	5.261.550
5	Moviepilot	Allyance	DE	141.063	2.314.026
6	TheGreatWar	Mediakraft	EN	208.894	2.010.126
7	StrengGeheim	Mediakraft	DE	353.426	1.805.913
8	TheSimpleMaths	Mediakraft	DE	303.050	1.719.081
9	Nerdkultur	Allyance	DE	26.373	1.336.905
10	TheSimpleBiology	Mediakraft	DE	171.050	1.131.087
11	So Geht Das	Mediakraft	DE	25.680	1.057.569
12	TheSimplePhysics	Mediakraft	DE	155.121	979.629
13	TheSimpleChemics	Mediakraft	DE	130.756	771.420
14	NinotakuTV	Allyance	DE	245.936	607.374
15	High5TV	Allyance	DE	219.965	536.883
16	GIGA TECH	TubeOne	DE	52.561	465.831
17	WasGehtAb!?	Mediakraft	DE	284.696	449.991
18	Techscalibur	Mediakraft	DE	222.413	449.511
19	Ponk	Mediakraft	DE	469.590	408.822
20	GIGA GAMES	TubeOne	DE	246.584	379.191

Die Annäherung der MCNs an die Produktionsweise im Fernsehen und dessen Notwendigkeit, wieder zu jungen Zielgruppen aufzuschließen, führten letztlich zu mehreren Übernahmen von MCNs durch Medienkonzerne. TubeOne wurde 2014 von Ströer übernommen, Divimove 2015 von RTL, und ProSiebenSat.1 kaufte im gleichen Jahr für 83 Millionen US-Dollar Collective Digital Studios (heute Studio71).

4   Journalismus ohne Chefredakteur und Programmdirektor

Der Hauptberuf der Journalistin ist nach Habermas mit der weisungsgebundenen Tätigkeit für ein privates Erwerbsunternehmen verknüpft (Habermas, 1969). Die Produktionsbedingungen auf *YouTube* haben dieses Paradigma in zweierlei Weise verändert. Zum einen arbeiten Journalisten für Kanäle wie *Was Geht Ab!?*, aber auch für den öffentlich-rechtlichen Sender *funk* nicht mehr im üblichen Sinne weisungsgebunden. Weder eine Programmdirektion, noch eine Chefredaktion bestimmen hier über die Themenauswahl oder etwa die inhaltliche Ausgestaltung. Zum zweiten sieht sich eine auf *YouTube* publizierende Journalistin eher als selbständige Unternehmerin denn als Erwerbstätige für das Privatunternehmen *Google*. Indes ist fraglich, inwiefern die *YouTube*-Ökonomie für einen journalistischen Hauptberuf überhaupt trägt.

5   Angebote der Medien auf *YouTube*

Journalistische Angebote auf *YouTube* lassen sich nach ihrer ökonomischen Basis in zwei Kategorien gliedern. Neben dem exklusiv auf *YouTube* veröffentlichten Content stehen Bewegtbild-Veröffentlichungen, die nicht originär für *YouTube*, sondern für andere Verbreitungswege wie Fernsehsender oder Zeitungswebsites produziert werden.

Auf letztere soll im Folgenden kurz kursorisch eingegangen werden. Anhand des *YouTube*-Bewegtbild-Contents der drei Tageszeitungen Kölner Stadt-Anzeiger, Soester Anzeiger und FAZ werden im Folgenden die unterschiedlichen Ansätze der verlegerischen *YouTube*-Aktivitäten dargestellt.

Zwei der Verlage nutzen *YouTube* als technische Plattform und integrieren *YouTube*-Player in die eigene Website. In die eingebetteten Videos können In-Stream- und InVideo-Overlay-Anzeigen eingeblendet werden, um Werbeumsätze mit Google adsense zu erzielen. Zusätzlich kann der Verlag auf der eigenen Webseite neben dem integrierten Player Bannerwerbung platzieren. Da *YouTube* die Anzahl der Views pro Video (*Aufrufe*) sichtbar protokolliert, ermöglicht dies zuverlässige Rückschlüsse auf tatsächliche Zuschauerzahlen.

Die höchste Aufrufzahl bei *ksta* erzielen journalistisch minimal bearbeitete Zusammenschnitte über Fanaktivitäten des lokalen Fußballvereines, während das Interesse der Zuschauer an Agenturmaterial zu nordkoreanischen Raketenabschüssen auf nur geringes Interesse stößt. Videos des *Soester Anzeigers* erreichen vergleichsweise hohe Aufrufzahlen in Relation zur Gesamtauflage der Printausgabe. Obwohl die vom *Soester Anzeiger* an den Videoredakteur gezahlten Honorarpauschalen mit 90 € pro Videoproduktion gering sind, könnte selbst dieses Modell bei 1 bis 2 € Werbeumsatz pro 1000 Impressionen (*Revenue per 1000 impressions – RPM*) aus dem Google adsense-Programm nicht kostendeckend sein.

Die *YouTube*-Aufrufzahlen der *faz* sind durch die Reichweite der Website anders als die vorgenannten Angebote unbeeinflusst, da der Video-Content auf faz.net nicht mittels *YouTube*-Player integriert ist. Zuschauer müssen also den *YouTube*-Kanal der FAZ direkt gezielt aufsuchen. Neben journalistischen Beiträgen wurden Werbetrailer mit Eigenwerbung hochgeladen. Eine konsistente Content-Strategie ist nicht erkennbar, was die vergleichsweise geringen Abrufzahlen erklärt.

Tab. 2 *YouTube* Video-Aufrufe Tageszeitungen und IVW-Verbreitungszahlen (Print Mo-Sa, *YouTube*-Videos Basis: Letzte 10 veröffentlichte Videos, abgerufen 22. September 2017; eigene Darstellung). [123]

Tageszeitung	Kölner Stadt-Anzeiger/ Kölnische Rundschau	Soester Anzeiger	Frankfurter Allgemeine Zeitung
IVW-Auflage verbreitet Print/E-Paper II/2017[1]	270.118	31.715	253.258
Website	www.ksta.de	www.soester-anzeiger.de	www.faz.de
IVW-Visits Gesamt Online + Mobil 8/2017	9.248.940[2]	4.537.489[3]	57.875.745
YouTube Channel ID	kstaTV	soesteranzeiger	faz
YouTube-Video Aufrufe max.	9.591	20.905	491
YouTube-Video Aufrufe min.	51	299	5

---

1 Quartalsauflagen. In: IVW Online http://www.ivw.eu/print/print
2 Zahlen für Gesamtangebot, darunter namensgebendes Angebot ksta.de: 49,62 %. In: IVW Online (2017) http://ausweisung.ivw-online.de/
3 Zahlen von wa-online.de, darunter Anteil soester-anzeiger.de: 15,61 %. In: IVW Online (2017) http://ausweisung.ivw-online.de/

Auch Fernsehanstalten nutzen nach anfänglicher Zurückhaltung inzwischen *You-Tube* als Distributionskanal. Mit zunehmendem Erfolg: Der öffentlich-rechtliche Kanal *tagesschau* verzeichnet seit einem Jahr steigende Zuschauerzahlen. Auch beim *zdf*(Socialblade Statistik) ist trotz regelmäßiger Depublizierung eine Zunahme der Views und eine steigende Akzeptanz bei den *YouTube*-Usern erkennbar.

Private TV-Sender, die anfänglich noch versuchten, eigene User-Generated-Content (UGC)-Plattformen als Konkurrenz zu *YouTube* zu etablieren (Lücke, 2006), haben diese Bemühungen mangels Erfolg eingestellt (Meedia.de, 2017). Inzwischen publizieren auch sie ihre Videos auf *YouTube* und nicht mehr nur auf eigenen On-Demand-Websites. Anders als Unterhaltungsangebote der Sender haben journalistische Angebote wie das von ntv jedoch keine dem TV vergleichbare Reichweite. Auf *YouTube* erzielten die über 400 Videos des Kanals ntvNachrichtenGmbH im gesamten Monat August 2018 nur rund 217.400 Aufrufe (Socialblade Statistik).

Die ProSiebenSat.1 Media SE hält darüber hinaus zusammen mit der TF1 Group aus Frankreich und dem Konzern Mediaset aus Italien eine Beteiligung am Multi-Channel-Netzwerk Studio71. (Schering, 2017) Der Schwerpunkt des Geschäfts liegt an der Verwertung von Unterhaltungs- und Informations-Content der Sendergruppe sowie angeschlossener *YouTube*-Creator. Das Unternehmen produziert aktuell *YouTube*-Formate im Auftrag des gebührenfinanzierten öffentlich-rechtlichen Netzwerks *funk* (Krei, 2017).

6 Journalismus für *YouTube*

Im Unterschied zum *Journalismus auf YouTube*, der die Plattform als zusätzliche Distributionsplattform nutzt, sollen im Folgenden einige speziell für *YouTube* produzierte journalistische Formate betrachtet werden. Dessen Finanzierungsmöglichkeiten wird bestimmt durch die spezifischen Produktionsbedingungen im *YouTube*-Ecosystem.

Produzenten dieses Contents sind sowohl Journalistinnen, die in den klassischen Medien gelernt haben und auf der Plattform *YouTube* beruflichen Tätigkeiten nachgehen, als auch *YouTube*-Eigengewächse, die autodidaktisch oder nach einer Ausbildung beispielsweise in einem Multi-Channel-Netzwerk (MCN) nach journalistischen Kriterien produzieren. Nach dem Web-TV-Monitor der BLM 2016 existieren 11.142 deutschsprachige *YouTube*-Kanäle mit mehr als 500 Abonnentinnen. Von diesen gaben 37 % an, *News* zu produzieren und 38 % *Doku/Information* (Goldhammer, Link, Birkel, & Gugel, 2016). Eine Aussage, inwieweit dabei journalistische Standards beachtet werden, ist damit offensichtlich nicht verbunden

Bei der Etablierung journalistischer Formate auf *YouTube* spielten MCNs wie Mediakraft mit Unterstützung von *Google* eine wichtige Rolle. Zum einen schufen sie den organisatorischen Rahmen für Formate wie das vom 4. Juni 2013 bis zum 1. Oktober 2015 produzierte tagesaktuelle Nachrichtenmagazin *Was Geht Ab!?* Zum zweiten gaben sie dem journalistischen *YouTube*-Nachwuchs über Honorar- und Anstellungsverträge die Sicherheit eines festen monatlichen Einkommens.

Denn der Zeitaufwand für die scheinbar lässig dahin geworfen Video-Drehs ist keineswegs unerheblich. *Profis*, wobei diese mit über zehn Stunden Aufwand für Videoproduktion pro Woche und mehr als 5.000 Subscriber definiert sind, investieren im Schnitt 26,2 Stunden pro Woche in die Herstellung von Videos auf *YouTube*, während der Schnitt aller Befragten immerhin auch noch bei 13,8 Stunden pro Woche liegt. Die mit Abstand meiste Zeit nimmt dabei mit 152 Minuten pro Video die Nachbearbeitung ein, etwa doppelt so lang wie die eigentliche Aufnahme des Videos. Diese Zahl zeigt, dass die Produktion von *YouTube*-Content ein Beruf ist, von welchem viele der Akteurinnen ihren Lebensunterhalt verdienen müssen. Unterstützung, wie sie die Creator *LeFloid* oder *Was geht Ab!?* seitens ihres MCNs erhielten, scheint jedoch eher eine Ausnahme zu sein: „Generell wird die Zusammenarbeit mit den MCNs auch als durchaus gut eingeschätzt. Doch fragt man nach einzelnen Leistungen, fällt die Beurteilung durchweg schwächer aus. Während im Schnitt noch überwiegend bejaht wird, dass das MCN helfe, den Kanal weiterzuentwickeln und den Creator mit anderen *Youtubern* zusammenzubringen, wird überwiegend verneint, dass die MCNs einen Beitrag zur Vermarktung, zur Abrufsteigerung und zur Hilfe bei der Produktion von Videos leisten. Professionelle Produzenten loben allerdings, dass das MCN helfe, Markenkooperationen einzugehen, bei Amateuren gelingt das weniger gut" (Zabel & Pagel, 2016).

7 Journalistische Geschäftsmodelle auf *YouTube*

Die Studie "Web-TV-Monitor 2016" ermittelte, dass 60 Prozent der befragten *YouTube*-Angebote nicht kostendeckend arbeiten (Goldhammer, Link, Birkel, & Gugel, 2016). Da Hobby-Publizistinnen, *YouTube*-Content-Produktionsfirmen sowie Medienkonzerne auf der Plattform nebeneinander existieren, ist diese Zahl nicht verwunderlich. Sie repräsentiert eine sehr heterogene Web-TV-Branche mit sehr unterschiedlichen Geschäftsmodellen. Diese unterschiedlichen Aktivitäten beinhalten auch sehr unterschiedliche Erwartungen an Kostendeckung, sowohl für Unterhaltungs- als auch Informationsangebote.

Hobby-Publizistinnen mögen mit 30 Euro Werbeeinnahmen im Monat zufrieden sein und dies sogar als kostendeckend bezeichnen. Für ein Medienhaus, welches den *YouTube*-Kanal lediglich zur Zweitverwertung nutzt, kann ein Kanal kostendeckend sein, ohne die Produktionskosten einspielen zu müssen. Ganz anders stellt sich die Situation für Inhalte dar, die speziell für *YouTube* professionell produziert wurden. Diese werden eine Kostendeckung durch die mit dem Kanal erzielten Einnahmen anstreben.

Immerhin 41 Prozent *aller* Web-TV-Anbieter, also nicht nur auf *YouTube*, beklagen die hohen Kosten für Lizenz- und Rechte-Einkauf. 37 Prozent sehen in den hohen Produktionskosten ein Hemmnis für die Weiterentwicklung von Online-Video (Goldhammer, Link, Birkel, & Gugel, 2016).

Tab. 3   Viewzahlen deutschsprachiger journalistischer *YouTube*-Angebote in Millionen (Quelle: socialblade.com; eigene Darstellung), 20.9.2017.

Kanal	ID	Views/Monat 8/2017	Views/Monat maximal	Finanzierung C = Crowd W = Werbung G = Gebühren
Flo	FloVloggt	0,029	0,609	G
INFORMR	UCfb7LAYCeJJiT-3gyquv7V5Q	0,024	0,031	G
Jung & Naiv	Nfes2005	1,67	1,67	C,W
Rayk Anders	raykanders	0,187	0,776	G
Tomatolix	tomatolix	0,691	1,89	W
Was Geht Ab!?	wasgehtab	0,270	4,67	W
#WDR360	UCV6W8_nrWx-JLQakqBHEvT3Q	0,478	1,91	G
Y-Kollektiv	UCLoWcRy-ZjA-Erh0p_VDLjQ	0,951	2,42	G

8 Grundsätze der Werbefinanzierung

Fehlende Finanzierungsquellen scheinen der Grund zu sein, dass auf *YouTube* inzwischen ein stattlicher Friedhof werbefinanzierter journalistischer Angebote zu besichtigen ist. Dies betrifft vor allem solche Angebote, bei denen zur Produktion ein Redaktions-Team gebildet wurde, um entweder in besonders hoher Qualität oder besonders hoher Frequenz zu produzieren.

Ersteres traf auf das Projekt des *Digitalmagazin Substanz* zu. Als *Qualitäts-journalismus für die Generation YouTube* beschrieben die Macher selbstbewusst ihr Konzept. Jeden Freitag plante Substanz eine Geschichte, an der Autoren, Fotografinnen, Programmierer und Grafikerinnen wochenlang arbeiten sollten. Der Kanal erhielt von der *Initiative Kultur- und Kreativwirtschaft der Bundesregierung* die Auszeichnung *Kultur- und Kreativpiloten Deutschland*. Die neun Jurymitglieder begründeten ihre Wahl:

> „Ein Experiment – auch geschäftlich. Die Gründer, die als Angestellte mehrere Redaktionspleiten miterlebt haben und nun ihr Schicksal selbst in die Hand nehmen, wollen beweisen, dass man auch im digitalen Zeitalter mit Qualitätsjournalismus online Geld verdienen kann. Das Internet, das für klassische Verlage ein Schlachtfeld ist, sehen sie als eine kreative Spielwiese" (u-institut, 2015).

Offenbar ein zu gewagtes Experiment. Trotz der Auszeichnung durch die Bundesregierung, trotz des Angebotes, die Macherinnen ein Jahr lang in persönlichen Gesprächen von zwei Mentoren begleiten zu lassen, dem Austausch mit den anderen 32 Titelträgerinnen und vielen weiteren Persönlichkeiten, sowie der Medienaufmerksamkeit durch die Auszeichnung kam das Projekt schnell an seine Grenzen. Zwischen dem 4. Dezember 2014 und dem 4. Februar 2015 veröffentlichte *Substanz* sechs Videos, die insgesamt nur rund 1.000 Aufrufe erzielten.

Was Geht Ab!? produzierte 4. Juni 2013 bis zum 1. Oktober 2015 insgesamt 1.642 Videos seines täglichen Nachrichtenformats. "Ohne das Unternehmen Mediakraft würde es das nicht gehen. Das Netzwerk nimmt *YouTuber* unter Vertrag, übernimmt die Vermarktung, akquiriert Werbepartner, arbeitet an Qualität und Technik" (Neumann, 2013). Am Ende ging das Unternehmen in Vorleistung.

Diese Art der Finanzierung ist bis heute eine weitgehende Ausnahme geblieben. Bei Goldhammer, Link, Birkel & Gugel (2016) gaben 100 Prozent aller dort befragten *Amateure* an, ihre Videos zumindest zum Teil auch aus eigener Tasche zu bezahlen. Selbst bei den so definierten *Profis* sind es 75 Prozent. 73 Prozent der Profis geben an, nennenswerte Online-Video-Werbeerlöse zu erzielen, bei den Amateuren sind es weniger als 20 Prozent.

Auch der studierte Journalist Rayk Anders konnte seinen *YouTube*-Kanal nicht über Werbung finanzieren, die er vor seine einmal die Woche produzierten, zehnminütigen Videos schaltete. Seinen Lebensunterhalt verdiente er stattdessen über Beiträge für Online-Medien, gibt Workshops oder hält Vorträge an Schulen. Inzwischen wechselte er zum öffentlich-rechtlichen *YouTube*-Ableger *funk* (Horn, 2016).

Betrachtet man allein die professionellen Angebote, die speziell für *YouTube* produziert werden, so sind von diesen möglicherweise weit weniger als die im Web-TV-Monitor 2016 genannten 60 Prozent kostendeckend. Von daher wäre

es wünschenswert, Erkenntnisse zur die Korrelation zwischen Professionalisie-
rungsgrad der Produktion, den Einnahmeerwartungen und der Kostendeckung zu
erhalten. Eine Übersicht journalistischer *YouTube*-Kanäle zeigt, dass ein Großteil
davon inzwischen über Rundfunkgebühren finanziert wird, die so zur journalistischen Vielfalt auf *YouTube* beitragen.

9   *YouTube* Adpocalypse: Gewinner und Verlierer

Geschätzt 330 Millionen Euro soll *YouTubes* Anteil an der digitalen Videowerbung
in Deutschland in diesem Jahr betragen. Obwohl der Online-Video-Werbeumsatz
2017 insgesamt erstmals die Milliarden-Hürde überschreitet und voraussichtlich ein
Volumen von 1,07 Mrd. Euro erreicht, (Thomas, 2017) nimmt das Wehklagen über die
Demonetarisierung von YouTube kein Ende. Viele *YouTuber*innen sehen sich durch die
Adpokalypse genannten Werberückgänge in ihrer Existenz bedroht. Den *YouTuber*
PewDiePie machte das Problem so zornig, dass er drohte, seine *YouTube*-Karriere zu
beenden. Ganz so vernachlässigenswert war das verbleibende Monatseinkommen
dann aber wohl doch nicht, dass sich dieser Schritt ausgezahlt hätte.

Die *Adpokalypse* hat ihre Ursache in der Reaktion von *Google* auf einen seit 2015
wachsenden Druck von Werbetreibenden (An., 2015). Diese kritisierten, ihre bunte
Werbewelt sei vor Hetz-Videos platziert worden oder in einem Umfeld, das wenig
brand safe ist. Die massive Kritik beeinträchtigte letztlich *Googles* unternehmerischen Erfolg. (Kleinz, 2017)

Seit 2016 rückten deshalb die *Advertiser-friendly content guidelines* (Bergen,
2017) zunehmend in den Fokus. Seit April 2017 macht *Google* Ernst damit. Werbegelder werden seitdem zu Inhalten umgelenkt, die diesen Regeln entsprechen.
Für viele *YouTuber* sind die finanziellen Auswirkungen gravierend. Neben einigen
unglücklichen Verliererinnen aber gibt es auch eindeutige Gewinner. Sowohl unter
den *Youtubern*, als auch den Werbetreibenden. Inzwischen lassen sich hier erste
Systematiken erkennen.

10   Die Rolle von Google AdWords

Um die Systematik zu erkennen, lohnt ein Blick auf das Gesamtsystem. Werbegelder
kommen zum größten Teil über das Tool Google AdWords in das *YouTube*-Ecosys-
tem. Über AdWords legen Werbetreibende ihre Zielgruppen fest, sowie Interessen

und Ausrichtung. *Google* platziert dann die Werbung mit dem Tool AdSense etwa im Umfeld passender Videos.

Für Content-Produzentinnen wie *YouTube*-Partner ist das Tool AdSense eine von mehreren und die bekannteste Möglichkeit zur Monetarisierung ihrer Videos. Dem Produzenten obliegt es dabei, mit seinem Inhalt weder die AdSense-Programmrichtlinien noch die Nutzungsbedingungen von *YouTube* zu verletzen.

Die massive Veränderung der Kriterien für die Buchung von Werbemedien auf dem Online-Video-Portal *YouTube* führt zunächst dazu, dass sich *YouTuber* stärker mit diesen Kriterien auseinandersetzen müssen. Und ganz offensichtlich führt dies zu merklichen Verschiebungen. Wer sich bisher weit außerhalb der Richtlinien befand, erfährt empfindliche Einnahmeverluste. *Google* selbst sagt dazu: "Um festzustellen, ob ein Video werbefreundlich ist, nutzt *YouTube* Technologie und Prozesse zur Durchsetzung der eigenen Richtlinien." (*YouTube*-Hilfe, 2017) Letzteres sind beispielsweise Nutzerbeschwerden auf der Plattform selber.

Zum überwiegenden Teil aber dürfte der von *YouTube* genutzte Algorithmus entscheiden, ob ein Video hopp oder topp ist – mit entsprechenden Auswirkungen für die Videoproduzentinnen als auch die Werbetreibenden. *Google* versucht nach eigenen Aussagen, mit seinem Algorithmus so akkurat wie möglich auch Nuancen und unterschiedliche *Kategorien* wie Musik, Nachrichten, Gaming zu bewerten. Dazu wird auch auf das, was *Google Kontext* nennt, eingegangen, worunter Comedy, Bildung oder Satire summiert werden.

11 CPMs für Beauty-Kampagnen steigen

Im Ergebnis belegen die konkreten Zahlen eine Verschiebung zwischen Content-Gattungen. Besonders gelitten haben im April 2017 etwa Kanäle mit Comedy- oder Vlog-Content. Der CPM ist in der Folge, wie einige Creators berichteten, auf unter 40 Cent gesunken.

Die gegenteilige Entwicklung ließ sich bei Beauty-Videos beobachten. Hier zahlt Google adsense steigende CPMs aus, die je nach Kanal-Performance bei über 4 € liegen können. Dazu kommt, dass hier der Anteil der monetarisierten Aufrufe an den Gesamt-Views angestiegen ist – teilweise von bis dato 30 % auf bis zu 70 %.

Die Schere, die sich hier im April extrem weit öffnete, hat sich im Mai wieder etwas geschlossen. Die zuvor gesunkenen CPMs haben sich nach dem vorübergehenden Anzeigen-Boykott im Großen und Ganzen deutlich erholt, was auf eine Rückkehr der Werbewirtschaft schließen lässt und den Erfolg der Maßnahme. Je nach Content lag die Zunahme um durchschnittlich ein Drittel bis zwei Drittel gegenüber dem "Black-April 2017". Schließlich kommen Advertiser an *YouTube* kaum noch vorbei, wenn sie über Online-Video junge Zielgruppen erreichen wollen. Nutzen sie die in AdWords zur Verfügung gestellten Filter zu radikal, bekommen sie zu wenig Impressions für ihre Ads. Seit jedoch *YouTube* auf den Radikal-Boykott mit der Einführung dieser neuen Filter reagiert hat, haben Werbetreibende wieder neues Vertrauen gefasst und gehen vermutlich daher mittlerweile wieder etwas toleranter mit der Filterung um. *Googles* Chief Business Officer Philipp Schindler hatte verkündet, dass man die Anzahl der nicht monetarisierbaren Inhalte binnen kurzer Frist verfünffacht habe. Allerdings, daran ließ er keinen Zweifel, sei es sehr unrealistisch anzunehmen, man könne 100 % Sicherheit bei Erhalt der Interaktivität mit den Konsumenten erreichen.

Im Ganzen ist das für Creator keine generell schlechte Entwicklung; heißt es doch, dass durch größeres Vertrauen derjenigen, die Geld ins System bringen, insgesamt der zu teilende Kuchen für die Creator wieder größer wird. Übersehen werden darf aber nicht, dass es auch hier wieder Gewinner und Verlierer geben wird.

Denn parallel dazu arbeitet *Google* weiter daran, sein Content ID-Prüfsystem zu optimieren. Titel, Tags und Beschreibung werden bereits jetzt mit Stichworten einer Blacklist geprüft. Thumbnails werden automatisch geprüft und auf primäre Geschlechtsteile, Waffen etc. untersucht. Laut *Google* ist vor allem alles, was mit Terror zu tun hat, im Fokus – denn das war in den Schlagzeilen: Screenshots mit Banner Ads im Umfeld von Terror-Propaganda. Was *Google* seither gemacht hat, ist, Advertiserinnen neue Filtermöglichkeiten zur Verfügung zu stellen, die damit selbst entscheiden, wo ihre Ads ausgespielt werden. Es ist also nicht *Google*, es sind die Advertiser, die Ads vorsichtiger ausspielen.

12 Krieg und Terror im Fokus

Schwierig wird es unter den gegebenen Umständen auch für Produzentinnen von ernsthaften Formaten, die sich mit dem Weltgeschehen auseinandersetzen. Ausgerechnet die hier enthaltenen Konfliktthemen wie politische Auseinandersetzungen oder gar Krieg und Terror werden vom neuen *Google*-Algorithmus potentiell besonders benachteiligt.

Wenn dies geschieht, ist es jedoch keine Absicht, sondern ein Kollateralschaden. Denn eigentlich soll Content von der Monetarisierung ausgenommen werden, welcher von Kritikern als Terrorpropaganda identifiziert wurde. Das Problem ist dabei, dass weitestgehend automatisierte Scan-Systeme, die alle bestehenden Videos plus minütlich 300 Millionen Stunden neuen Content verarbeiten und erkennen müssen, bislang nur ungenau zwischen Nachrichten über Terror und Terrorpropaganda unterscheiden können. Sicherheitshalber wird dabei mehr geblockt als nötig. Es entstehen sogenannte *false positives*.

So werden viele Videos erst einmal von der Monetarisierung ausgenommen. Um die *false positives* auszuschließen, werden diese jedoch einem manuellen Review unterzogen. Zum Content, der für Werbung geblockt wurde, gehörte zunächst auch der Dokumentationskanal "The Great War", der von Mediakraft in Berlin professionell journalistisch produziert wird. Er berichtet mit genau hundert Jahren Abstand wöchentlich über die Ereignisse des ersten Weltkrieges. Inzwischen kennen die Mitarbeiter im Review-Team diesen Kanal und wissen über seine journalistische Qualität. Daher geht der Review-Prozess mittlerweile sehr fix. Das Review-Team „appealt" den Content, und fast alle Videos werden innerhalb von zwei bis vier Stunden für die wichtige Monetarisierung freigegeben.

13 Steigende Schwellenwerte für Monetarisierung

Eine zunehmend größere Hürde zur Monetarisierung journalistischer Angebote stellen inzwischen die von *Google* mehrfach angehobenen Schwellenwerte dar. Bereits im April 2017 wurden nur noch Angebote für Werbung zugelassen, die mehr als 10.000 Aufrufe erzielen (Rixecker , 2017). Am 16. Januar 2018 wurden die Teilnahmevoraussetzungen für das *YouTube*-Partnerprogramm nachmals verschärft. Erst wenn ein Kanal eine Wiedergabezeit von 4.000 Stunden in den letzten zwölf Monaten und 1.000 Abonnentinnen erreicht hat, wird nunmehr die Aufnahme in das Programm überprüft (Google, 2018).

14 Crowdfunding

Crowdfunding wird hier als Form der Finanzierung („funding") durch eine im Internet rekrutierte Menge aus mehreren Finanziers („crowd") verstanden. Im Gegensatz zum Crowd-Investing ist mit dem Crwod-Funding keine Beteiligung am Unternehmen oder Projektertrag verbunden. Die Unterstützer können jedoch eine nicht-finanzielle Gegenleistung erhalten, oftmals in Form des Projektergebnisses. Da es sich um eine Art Vorverkauf handelt, wobei der Warenwert durch den Geldgeber meist selbst bestimmt wird, ist diese Form des Crowdfunding auch für journalistische Projekte gut geeignet.

Aufgrund der unbefriedigenden Finanzierungsoptionen für Online-Journalismus durch Werbung hat Crowdfunding in den letzten Jahren zunehmend an Beachtung gewonnen. Der Deutsche Journalisten Verband veranstaltet dazu seit einigen Jahren Seminare, die sich insbesondere an freie Journalisten richten (DJV, 2016).

Zur Beteiligung an der Finanzierung wird über Websites und spezielle Internet-Plattformen aufgerufen, die das Funding-Ergebnis meist transparent dokumentieren. Für journalistische Projekte in Deutschland sind zahlreiche Beispiele auf dem Crowdfunding-Portal startnext.com zu finden (Burgard-Arp, 2014). Zu diesen gehört auch das bekannte Crowd-Journalismus-Projekt *Crowdspondent* von Lisa Altmeier und Steffi Fetz. Für eine Recherche über Griechenland nach der Krise definierten sie ein Kampagnenziel von 10.000 € innerhalb eines Monats. Innerhalb von 11 Tagen generierte der Aufruf 2.604 €, erreichte jedoch sein Ziel am Ende des Finanzierungsaufrufes nicht (Altmeier, 2017).

Erfolgreich verlief das journalistische Projekt *Stör/Element*. Der *YouTube*-Channel, auf dem wöchentlich politische Zusammenhänge in einem Video aufbereiten werden sollen, übertraf im Finanzierungszeitraum von Dezember 2013 bis Februar 2014 sein gestecktes Fundingziel von 2.500 € um rund 5 Prozent (startnext.com, 2014). Diese Starthilfe deckte zusammen mit weiteren Fördergeldern die Anfangsinvestitionen sowie die Produktionskosten der ersten fünf Folgen. Mit der dabei aufgebauten Community, die auch über die Themenauswahl entscheidet, sollte sich das Projekt anschließend ohne Crowdfunding weiter betreiben lassen. (Oswald, 2014)

Produktionsleiter Arne Fleckenstein, einer der beiden Hosts der dritten Staffel des täglichen Newsmagazins *Was geht Ab!?*, Producer und Channel Manager Axel Kersten sowie Redaktionsleiter und Moderator Julian Frederik Nelting verfolgten mit ihrem Angebot auch das Ziel, talentierten Nachwuchs-Journalistinnen die Chance zu geben, professionellen Video-Journalismus zu betreiben:

> „Stör/Element nicht nur ein reines Hobby-Projekt ist. Wir wollen von Anfang an dafür sorgen, dass das Projekt auch finanziell auf sicheren Beinen steht. Wer mit uns zusammen arbeitet soll auch etwas dafür bekommen" (startnext.com, 2014).

Dies gelang immerhin so weit, dass der Kanal auch vier Jahre später anspruchsvolle Themen wie eine kritische Betrachtung der *YouTube*-Kampagne der Bundeswehr recherchiert und regelmäßig Online-Videos publiziert.

Journalist Tilo Jung baute sich mit Anschub der Plattform krautreporter.de (Herkel, 2014) ein berufliches Standbein auf *YouTube* auf. Die Produktionen sind politisch, leben von Interviews und Reportagen. 2013 sammelte Tilo Jungs Geld für technisches Equipment, 2014 Mittel für Reisereportagen im Rahmen der Europawahlen, worin ihn auch der Internet-Konzern *Google* finanziell unterstützte

(Meyer-Blankenburg, 2014). Für die Produktion seines Formats *Jung & Naiv* wird er jedoch seit 2013 zusätzlich vom TV-Sender *joiz* honoriert. Ob seine Beiträge journalistischen Qualitätskriterien entsprechen, ist indes durchaus strittig (Schlüter, 2013). Während es für journalistische Freelancer und damit Einzelunternehmerinnen noch vergleichsweise viele Crowd-finanzierte Projekte finden lassen, ist diese Finanzierungsform für redaktionelle Teams deutlich seltener. Zu den wenigen Beispielen zählt *TheGreatWar* mit mittlerweile einer halben Million Abonnentinnen. Der in Berlin produzierte englischsprachige Kanal hat bereits durch den internationalen Sprachraum eine potentiell größere Reichweite als deutsche Angebote. Ein parallel gestarteter, inhaltlich fast identischer Kanal in Deutsch erreichte nach einem Jahr nur ein Zehntel der Abrufzahlen und musste aus Kostengründen eingestellt werden (Menzel, 2015).

TheGreatWar ruft deshalb über die Plattform *Patreon* kontinuierlich seine Community zur Unterstützung auf. 4.196 Finanziers, auf der Crowdfunding-Plattform "Patreons" genannt, tragen mit monatlichen Spenden in Höhe von 18.102 $ ganz erheblich zur Kostendeckung der Produktion bei. (Neidell, 2017) Das Produktions-Team benennt dabei klare Milestones und macht Angaben zur geplanten Mittelverwendung der von der Community.

Tab. 4 Beispiele für Crowdfunding von *YouTube*-Kanälen (eigene Darstellung)

Kanal	Plattform	Zweck	Jahr	Funding	Erfolg
Tilo Jung	krautreporter.de	Projekt	2013, 2014	n. a.	ja
Stör/Element	startnext.com	Anschub	2014	2.774 €	ja
Chapo Trap House	Patreon	Laufende Finanzierung	2016	84.178 $ / Monat	ja
Crowdspondent	startnext.com	Projekt	2017	6.817 €	nein
TheGreatWar	Patreon	Laufende Finanzierung	2017	18.102 $ / Monat	ja

Das Potential von Crowd Funding zeigen Angebote wie Chapo Trap House, der im März 2016 gestartete US-amerikanische Politik- und Satire-Podcast. Es erzielt durch Spenden von 18.958 Patrons Einnahmen in Höhe von monatlich 84.178 $. Auch perspektivisch wird hingegen der Erfolg von *De Correspondent*, einer 2013 in Amsterdam gestarteten werbefreien News Website, die sich Hintergrundberichten und Dokumentationen widmet, mit inzwischen über 1,7 Millionen $ Einnahmen wohl weltweit einzigartig bleiben. Dennoch sollte Crowdfunding als Element in einem Finanzierungsmix journalistischer Angebote nicht vernachlässigt werden, zumal es bei klar definierten und realistischen Zielen mit wachsender Community sehr ausbaufähig ist.

15   Produktplatzierungen und Influencer-Marketing

Aufgrund der in den vergangenen Jahren rückläufigen CPMs aus Werbeeinnahmen des Adsense-Programmes und den Beschränkungen der Direktvermarktung dieser Werbeform auf der Plattform *YouTube* sind immer mehr professionelle und semi-professionelle Produzentinnen dazu übergegangen, im Video eingebettete Werbung zu vertreiben. Diese wird je nach Intention und Kennzeichnung als Sponsoring, Produktplatzierung, Product Placement, Produktintegration, Sachbeistellungen oder auch Schleichwerbung bezeichnet. Die in der Web-TV-Studie 2016 befragten Profis gaben an, zu 38 Prozent bereits mit Product Placements und 19 Prozent mit Sachbeistellungen gearbeitet zu haben, während diese bei Amateuren kaum eine Rolle spielen (Goldhammer, Link, Birkel, & Gugel, 2016).

Bei Nachrichteninhalten sind Produktplatzierungen jedoch eine eher seltene Finanzierungsform. Eine aus den Fernsehrichtlinien abgeleitete besondere Beschränkung für Produktplatzierungen in journalistischen Inhalte könnte behauptet werden, allerdings ist die Übertragbarkeit der TV-Rechtsprechung auf das Medium Online-Video insgesamt noch nicht juristisch gefestigt. Haupthindernis ist vielmehr, dass nüchterner Nachrichten-Content generell seitens der Werbetreibenden weniger gefragt ist und aufgrund der höheren Erwartungen seitens der Zuschauerinnen an die Objektivität des Formates auch die Vorbehalte bei den Produzenten gegen diese Werbeform höher sind.

16   Gebührenfinanzierung

Ähnlich wie im Fernsehen erfolgt inzwischen auch für einen Teil des *YouTube*-Contents eine Gebührenfinanzierung. Die bekanntesten sind das mit 45 Millionen Euro aus Gebührengeldern finanzierte *funk*-Jugendangebot sowie der Kanal *#WDR3sechzich*.

Eine deutlich positive Entwicklung ist beim Kanal #WDR3sechzich zu beobachten. Das Angebot startete mit jungen Moderatoren, die für *YouTube*-Verhältnisse wenig authentisch und sehr angestrengt wirkten. Nachdem der WDR seine junge

News-Offensive im Netz nach einem Jahr mangels Nutzer Zuspruch beendete, sollten mit den gesammelten Erfahrungen künftig längere Webdokus entstehen (Lückerath, 2015). Der Relaunch im Herbst 2016 zeigt Wirkung und scheint zu gelingen. Die Reportagereihe erreichte im Juli 2017 mit fast 2 Millionen Video-views seinen vorläufig besten Monat. Der WDR setzt dabei auf talentierte Creator wie Ben Bode von So und So gesehen, Lisa von ItsColeslaw und Flo, die aus dem Mediakraft Netzwerk kommen und durch den WDR die Möglichkeit erhalten, statt Werbeeinnahmen ein festes Honorar für ihre journalistische Arbeit zu erhalten.

Dass sich die dem Kultur- und Bildungsauftrag verpflichteten öffentlich-rechtlichen Anstalten mit ihren Angeboten auf den Plattformen *Facebook* und *YouTube* präsentieren, ist sicherlich zu begrüßen. Sie erreichen damit das Ziel, die jungen Zuschauerinnen dort abzuholen, wo sie sind. *funk* hat mit 70 Millionen Views in den ersten drei Monaten seines Betriebs einen Achtungserfolg erzielt.

In diesem Zusammenhang wäre allerdings zu fragen, ob sich das öffentlich-rechtliche Angebot auf *YouTube* nicht auch qualitativ stärker von dem abheben sollte, was private Anbieter produzieren. Bisher ist ein spezifisches Profil im Sinne des Kultur- und Bildungsauftrages noch zu wenig zu erkennen, da viele *funk*-Angebote Fortführungen zuvor privatwirtschaftlich produzierter Angebote darstellen. Ob bei dem hohen Einsatz an Rundfunkgebührengeldern allein die Werbefreiheit auf Dauer eine ausreichende Rechtfertigung für das Projekt darstellt, erscheint fraglich. Eine Konzentration auf seriöse journalistische Angebote, die sich privatwirtschaftlich offenbar nur schwer oder gar nicht refinanzieren lassen, aber umso wichtiger für die Meinungs- und Willensbildung der angesprochenen jungen Zuschauergruppen sind, wäre für *funk* der richtige Weg.

17 Fazit

Regelmäßige professionelle journalistische Formate haben auf *YouTube* nur wenige Refinanzierungsoptionen. Reportagen und Serien gelingt noch am ehesten eine erfolgversprechende Mobilisierung über Crowd-Funding. Insbesondere für Einzelunternehmer oder kleine Teams erscheint diese Finanzierungsform die beste Option. Sofern die Monetarisierung über Werbung erfolgreich sein soll, muss bereits ein großer Zuschauerkreis erschlossen sein. Dann bieten Service-Themen ohne kurzes Verfallsdatum zusätzliche Chancen für langfristige Ausschüttungen. Beispiele dafür finden sich bei Tomatolix, Rayk Anders, aber auch in den Erklärformaten von *Was Geht Ab!?*

Durch die rasch nachlassende Aktualität von Nachrichten-Inhalten müssten diese hingegen kurzfristig sehr hohe Abrufzahlen erzielen, da eine Auswertung im Long-Tail praktisch zu vernachlässigen ist. Aufgrund der aktuellen Einnahmesituation aus dem *YouTube*-Ecosystem lässt sich ableiten, dass ein für *YouTube* produziertes werbefinanziertes tägliches Nachrichtenformat sich ab etwa 20 Millionen Views pro Monat rechnen lässt. Für redaktionell produzierte Nachrichtenformate auf *YouTube* ist daher die Finanzierung allein über Werbung als kaum realisierbar anzusehen, sondern nur in Kombination mit Crowdfunding oder auch über Rundfunkgebühren.

Hier wäre es wünschenswert, dass der mit 45 Millionen € jährlich ausgestattete öffentlich-rechtliche *YouTube*-Ableger zusätzlich der Unterstützung des journalistischen *YouTube*-Aushängeschildes Rayk Anders (Niggemeier, 2016) mehr in journalistische Formate investiert. Ein Großteil des *funk*-Programms sind jedoch leichte Unterhaltungsangebote, die so auch von Künstlerinnen der großen kommerziellen MCNs stammen könnten. Viele verfahren offensichtlich nach dem Motto „Ohne *funk* hätten wir das nicht finanzieren können" und bleiben konsequent in den Konventionen eines hysterischen Wettbewerbs um Aufmerksamkeit stecken (Meyer, 2017).

Hoffen lässt die aktuelle Entwicklung der Viewzahlen unterschiedlicher journalistischer Kanäle, die tendenziell auf eine Bevorzugung von seriösen journalistischen Inhalten durch den weiter entwickelten *YouTube*-Algorithmus hinzuweisen scheint. Zusammen mit dem aktuell zu verzeichnenden starken Anstieg des Live-Streamings, welches die großen Social-Media-Plattformen *YouTube* seit 2015, *Facebook* und *Instagram* seit 2016 anbieten, könnte dies für neue kreative Impulse sorgen. Der Durchbruch steht hier noch bevor: Viele Creatoren beginnen das Potential für Live-Produktionen gerade erst zu entdecken.

Literatur

Altmeier, L. u. (2017). *Crowdspondent: Wie geht es Griechenland heute?* Abgerufen am 22. September 2017 von https://www.startnext.com/crowdspondent-griechenland

An. (2015). *Werbung vor Hetz-Videos: Heftige Kritik an YouTube.* Abgerufen am 21. September 2017 von derStandard.at: http://derstandard.at/2000024140707/Werbung-vor-Hetz-Videos-Heftige-Kritik-an-*YouTube*

ARD/ZDF. (2016). *Onlinestudie.*

Banse, J. (2014). *Gronkh und Sarazar wechseln zu Studio 71.* Abgerufen am 30. September 2017 von broadmark.de: https://broadmark.de/allgemein/gronkh-und-sarazar-wechseln-zu-studio-71/1583/

Bergen, M. (2017). *Google Updates Ads Policies Again, Ramps Up AI to Curtail YouTube Crisis, Business Chief Schindler says Google has flagged five times as many videos as too offensive for ads in recent weeks.* Abgerufen am 21. September 2017 von https://www. bloomberg.com/news/art

Bolz, B. (9 2015). *Mediakraft ändert Geschäftsmodell und stellt auf langfristige Verwertungsverträge um.* Von Promedia: http://www.medienpolitik.net/2015/09/netzpolitikwir-verandern-unsere-strategie-radikal/ abgerufen

Briegleb, V. (2014). *Schleichwerbung: Vorwürfe gegen YouTube-Stars Y-Titty.* Abgerufen am 30. September 2017 von heise.de: https://www.heise.de/newsticker/meldung/Schleichwerbung-Vorwuerfe-gegen-YouTube-Stars-Y-Titty-2155700.html

Burgard-Arp, N. (2014). *Der Journalismus und die Crowd: Die 8 spannendsten Projekte.* Abgerufen am 21. September 2017 von meedia.de: http://meedia.de/2014/08/05/derjournalismus-und-die-crowd-die-8-spannendsten-projekte/

Comedy-Trio Y-Titty löst sich auf. (2015). Abgerufen am 30. September 2017 von faz.net: http://www.faz.net/aktuell/gesellschaft/YouTube-stars-comedy-trio-y-titty-loest-sichauf-13962056.html

Das Erste SWR. (2014). *Landesmedienanstalten "Illegale Schleichwerbung bei Y-Titty". Bezirksregierung Mittelfranken prüft Maßnahmen gegen YouTube-Netzwerk.* Abgerufen am 30. September 2017 von http://www.presseportal.de/pm/75892/2696905

DJV. (2016). *Unabhängiger Journalismus durch Crowdfunding.* Abgerufen am 21. September 2017 von https://www.djv.de/startseite/info/themen-wissen/junge-journalisten/detail/article/unabhaengiger-journalismus-durch-crowdfunding.html

Goldhammer, K., Link, C., Birkel, M., & Gugel, B. (2016). *Web-TV-Monitor 2016.* Von blm. de: https://www.blm.de/files/pdf1/goldmedia-web-tv-monitor-2016_long1.pdf abgerufen

Google. (2018). *Mit deinen Videos Geld verdienen.* Von YouTube-Hilfe: https://support.google. com/YouTube/answer/72857?hl=de abgerufen

Habermas, J. (1969). *Strukturwandel der Öffentlichkeit.* Neuwied/Berlin.

Herkel, G. (30. Januar 2014). *Crowdfunding. Hilfe für Qualitätsjournalismus? Eine Zwischenbilanz der "Krautreporter" zum ersten Geburtstag.* Abgerufen am 21. September 2017 von deutschlandfunkkultur.de: http://www.deutschlandfunkkultur.de/crowdfund

Horn, C. (2016). *YouTube bringt Nachrichten zu neuer Zielgruppe.* Abgerufen am 21. September 2017. http://www.ndr.de/nachrichten/netzwelt/YouTube-bringt-Nachrichten-zu-neuer-Zielgruppe,YouTube1270.html 2017 von NDR.de: http://www.ndr.de/nachrichten/netzwelt/YouTube-bringt-Nachrichten-zu-neuer-Zielgruppe,YouTube1270.html

Junges Angebot von ARD und ZDF vorgestellt, "funk" it is. (2016). Abgerufen am 29. September 2017 von tagesschau.de: https://www.tagesschau.de/inland/jugendangebot-101.html

Klein, M. (2015). *Strategische Neuausrichtung: Divimove kündigt zahlreiche Partnerverträge.* Von Broadmark.de: https://broadmark.de/allgemein/strategische-neuausrichtung-divimove-kuendigt-zahlreiche-partnervertraege/34481/ abgerufen

Kleinz, T. (2017). *Werbeboykott gegen YouTube: Google filtert schärfer – und macht YouTube-Stars Sorgen.* Abgerufen am 21. September 2017 von heise.de: https://www.heise.de/newsticker/meldung/Werbeboykott-gegen-YouTube-Google-filtert-schaerfer-und-macht-YouTube-Stars-Sorgen-3674398.html

Krei, A. (2015). *Mediakraft-CEO: "Wir sind keine Trittbrettfahrer".* Abgerufen am 29. September 2017 von dwdl.de: https://www.dwdl.de/nachrichten/52202/mediakraftceo_wir_sind_keine_trittbrettfahrer/

Krei, A. (9. August 2017). *ProSiebenSat.1 produziert Wahl-Format für funk*. Abgerufen am 22. September 2017 von DWDL.de: https://www.dwdl.de/nachrichten/62782/prosieben-sat1_produziert_wahlformat_fr_funk/

Lücke, H. (7. August 2006). *clipfish.de: YouTube-Konkurrenz von RTL*. Abgerufen am 22. September 2017 von onlinekosten.de: https://www.onlinekosten.de/news/clipfish-de-*You-Tube*-konkurrenz-von-rtl_161641.html

Lückerath, T. (2015). *Mangels Resonanz: WDR beendet #3sechzich*. Abgerufen am 22. September 2017 von https://www.dwdl.de/nachrichten/53693/mangels_resonanz_wdr_be-endet_3sechzich/

Mattgey, A. (2014). *Verein statt Netzwerk: Wie YouTuber nach ihrem eigenen Weg suchen*. Abgerufen am 30. September 2017 von http://www.lead-digital.de/aktuell/mobile/ver-ein_statt_netzwerk_wie_*YouTuber*_nach_ihrem_eigenen_weg_suchen

meedia.de. (2013). *Mediakraft-Partner entwickeln neue Online-Sender*. Abgerufen am 30. September 2017 von http://meedia.de/2013/07/15/mediakraft-partner-entwickeln-neue-on-line-sender/

Meedia.de. (26. Juli 2017). *Neues Videoportal von RTL Interactive: Clipfish wird zu Watchbox*. Abgerufen am 22. September 2017 von http://meedia.de/2017/07/26/neues-videopor-tal-von-rtl-interactive-clipfish-wird-zu-watchbox/

Menzel, L. (20. August 2015). *Mediakraft stellt „Der erste Weltkrieg" ein*. Abgerufen am 21. Semptember 2017 von Broadmark.de: https://broadmark.de/allgemein/mediak-raft-stellt-der-erste-weltkrieg-ein/33965/

Meyer, L. (2017). *Kritik an gebührenfinanzierten Videos bei YouTube*. Abgerufen am 21. September 2017 von welt.de: https://www.welt.de/wirtschaft/article163734313/Kri-tik-an-gebuehrenfinanzierten-Videos-bei-*YouTube*.html

Meyer-Blankenburg, L. (2014). *Klicks als Sattmacher, Bezahlmodelle für Online-Journalismus*. Abgerufen am 21. September 2017 von taz.de: http://www.taz.de/!5044118/

Neidell, I. (2017). *The Great War documentary series*. Abgerufen am 20. September 2017 von The Great War documentary series. In: patreon.com: https://www.patreon.com/thegreatwar

Neumann, J. (19. 10 2013). *Julia Neumann: Politik für „Dudes" und „Bitches". Nachrichten der YouTube-Generation*. Von taz.de: http://www.taz.de/!5056999/ abgerufen

Niggemeier, S. (2016). *„funk": ARD und ZDF machen YouTuber fett*. Abgerufen am 29. September 2017 von uebermedien.de: http://uebermedien.de/8308/funk-ard-und-zdf-machen-*YouTuber*-fett/

Oswald, B. (12. Februar 2014). *Stör/Element will Politik auf YouTube erklären*. Abgerufen am 29. September 2017. von onlinejournalismus.de: http://www.onlinejournalismus.de/2014/02/12/storelement-will-politik-auf-*YouTube*-erklaren/

Peter, D. (2015). *Neues Geschäftsmodell: Mediakraft degradiert YouTuber zu Moderatoren*. Abgerufen am 30. September 2017 von Netzfeuilleton.de: http://netzfeuilleton.de/neu-es-geschaeftsmodell-mediakraft-degradiert-*YouTuber*-zu-moderatoren/

Primus, E. (1. Dezember 2015). *Y-Titty beenden ihre Karriere. Deutschlands beliebteste YouTuber*. Von Bild.de: http://www.bild.de/unterhaltung/leute/y-titty/beenden-ihre-*You-Tube*-karriere-43766466.bild.html abgerufen

Rixecker , K. (7. April 2017). *YouTube: Werbung zukünftig erst ab 10.000 Views* . Von t3n: https://t3n.de/news/*YouTube*-werbung-10000-views-813288/ abgerufen

Rocketbeans. (2017). *Funk setzt 1080 Nerd Scope ab – Somit wird Game Two das einzige Gaming Magazin bei funk*. Abgerufen am 29. September 2017 von https://www.reddit.com/r/ro-cketbeans/comments/5hnefg/funk_setzt_1080_nerd_scope_ab_somit_wird_game_two/

Schering, S. (12. Januar 2017). *TF1 Group und Mediaset investieren in Studio71.* Abgerufen am 24. September 2017 von Quotenmeter.de: http://www.quotenmeter.de/n/90532/ tf1-group-und-mediaset-investieren-in-studio71

Schlüter, N. (2013). *Schön blöd: "Jung & Naiv" bei Joiz,* 2017. Abgerufen am 21. September 2017 von sueddeutsche.de: http://www.sueddeutsche.de/medien/jung-naiv-bei-joiz-schoen-bloed-1.1749827

Socialblade Statistik. (kein Datum). Abgerufen am 22. September 2017 2017 von https:// socialblade.com/YouTube/user/zdf/monthly

startnext.com. (2014). *Realisierung des Politik-YouTube-Channels "Stör/Element".* Abgerufen am 29. September 2017 von https://www.startnext.com/stoer-element

Thomas, W. (2017). *Werbespendings 2017: Digitale Werbung steigt erstmals über 9 Milliarden Euro.* Abgerufen am 21. September 2017 von netzwerkreklame.de: http://www.netzwer-kreklame.de/digitalspendings2017/

u-institut (Hrsg.). (2015). *Kultur- und Kreativpiloten. Fakten und Geschichten.* Abgerufen am 29. September 2017 von http://u-institut.de/wp-content/uploads/2015/05/Fakten-und-Ge-schichten_Kultur-und-Kreativpiloten-2015.pdf

YouTube-Hilfe. (2017). *Richtlinien für werbefreundliche Inhalte.* (*YouTube*-Hilfe, Produzent) Abgerufen am 21. September 201 von https://support.google.com/YouTube/answer/6162278

YouTube-Stars Y-Titty machen Schluss. (11. Dezember 2015). Von stern.de: http://www. stern.de/digital/online/y-titty---YouTube-stars-machen-schluss-6601082.html abgerufen

Zabel, C., & Pagel, S. (2016). *Wer sind die Creators auf YouTube? Quantitativ-qualitative Befragung deutscher Online-Video-Produzenten.* Köln: Film- und Medienstiftung NRW Studie.

III
Umsetzung und praktische Folgerungen

Die Disruption der Sehgewohnheiten
Wie man mit Online-Videos auf *YouTube* und anderen Plattformen die Zuschauer erreicht

Moritz Meyer

Zusammenfassung

YouTube ist die wichtigste Online-Video-Plattform unserer Zeit. Jugendliche tauschen sich dort über ihre Lebenswelt aus, Influencer geben Beauty- und Lifestyletipps und die Bundeskanzlerin wirbt um junge Wähler. Medienschaffende, die ihre Inhalte auf *YouTube* vermitteln möchten, sollten aber die Spielregeln der Plattform kennen. Und sich auch mit den Alternativen zu *YouTube* vertraut machen. Und da gibt es inzwischen eine ganze Menge.

1   Einleitung

Die Lieblingsemojis der Kanzlerin sind Smiley und Herz. Und Martin Schulz ist als junger Mann mal in ein Schwimmbad eingestiegen, um Waschmittel ins Becken zu schütten. Zwei persönliche Details der beiden Spitzenkandidaten von CDU und SPD, die wir kennen, seit ein paar *YouTuber* Merkel und Schulz vor der Bundestagswahl 2017 interviewt haben. Tatsächlich gehörten diese beiden Aussagen von Merkel und Schulz zu denen, die von klassische Medien in der Nachberichterstattung über die Interviews am häufigsten zitiert wurden, oft mit der herablassenden Genugtuung des Medien-Establishments: Von *Youtubern* darf man halt keine ernsthaften Aussagen über Politik erwarten. Oder, wie es die Berliner Zeitung, mit fast schon erleichtertem Unterton, formulierte: „Jüngere Fragesteller spielen auch nur die Profi-Journalisten nach, die sie aus dem Fernsehen kennen." (Geyer 2017). Jugendliche, die Journalismus nachspielen: Noch immer tun sich etablierte Medienmacher schwer damit, *YouTube* als relevantes Medium unserer Gesellschaft zu akzeptieren.

© Springer Fachmedien Wiesbaden GmbH, ein Teil von Springer Nature 2019
H. Haarkötter und J. Wergen (Hrsg.), *Das YouTubiversum*,
https://doi.org/10.1007/978-3-658-22846-0_8

Dabei kamen in beiden Gesprächen viele Fragen zu wichtigen politischen und gesellschaftlichen auf den Tisch: Warum sind Pflegeberufe so schlecht bezahlt? Wie wollen wir die Integration von Geflüchteten und anderen ausländischen Mitbürgern schaffen? Verhindert die deutsche Autoindustrie Innovationen in der Elektromobilität? Muss man die Beitrittsverhandlungen mit der Türkei abbrechen? An spannenden und kontroversen Themen mangelte es nicht. Und die Tatsache, dass beide Interviews bis kurz vor der Wahl rund zwei Millionen Mal angesehen und tausendfach kommentiert wurden, spricht dafür, dass sich auch *YouTube*-Zuschauerinnen entgegen aller Vorurteile nicht nur für Schminktutorials und Minecraft, sondern auch für Politik interessieren.

YouTube hat die Sehgewohnheiten einer ganzen Generation verändert. Und die nächste Medienrevolution ist bereits im Gange: Neue Plattformen greifen die Vormachtstellung der einst wichtigsten Bewegtbildplattform im Netz an. Die Präferenzen, wie und welche Medien wir und kommende Generationen nutzen werden, um uns zu informieren, verändern sich mit rasanter Geschwindigkeit. Welche Herausforderungen damit für Medienmacher und insbesondere für Journalistinnen verbunden sind, soll in diesem Text thematisiert werden.

2   *YouTube* und seine Nutzer

Kein Zweifel: *YouTube* ist neben Amazon und *Facebook* eines der weltweit größten und wichtigsten Online-Angebote. Mehr als eine Milliarde Menschen nutzen die Seite jeden Monat, um sich Videos anzusehen – und auch, um selber Inhalte hochzuladen. Die Menge an Bewegtbild, die so zusammenkommt, ist gewaltig: Die User laden mindestens 400 Stunden Videomaterial *pro Minute* hoch (Jarboe 2015). Dabei kann man sich *YouTube* wie einen Eisberg vorstellen. Ein Großteil der Videos, die auf *YouTube* landen, bleibt unter der Oberfläche. Es sind Urlaubs- und Amateurvideos, Hobbyfilme und andere Clips. Zusammengenommen machen diese Filme einen Großteil des Traffics von *YouTube* aus. Die einzelnen Clips hingegen erreichen kaum mehr als ein paar hundert Zuschauerinnen. Die sichtbaren Inhalte hingegen, die regelmäßig hunderttausende oder gar Millionen Zuschauer erreichen, werden nur von einer kleinen Gruppe von Produzenten erstellt. Das sind die erfolgreichen *YouTuber*, von denen einige so bekannt sind wie Film- oder Musikstars.

Diejenigen, die es dahin geschafft haben, sind längst keine Amateurfilmerinnen aus dem Kinderzimmer mehr. *YouTube* hat sich zu einem der größten Online-TV-Angebote der Welt entwickelt, dass mehr Zuschauer erreicht, als jeder Kabelsender in den USA.Wer erfolgreich sein möchte, muss professionell und regelmäßig produzieren und verstehen, wie die Zielgruppe auf der Plattform tickt.

Zwar geht aus der ARD/ZDF-Onlinestudie hervor, dass in Deutschland 70 Prozent aller Internetnutzerinnen regelmäßig Online-Videoportale nutzen. Doch die bei weitem aktivsten Zuschauer_innen sind junge Menschen und Jugendliche unter 25. Für diese Generation ist *YouTube* eines der wichtigsten Internet-Angebote überhaupt. Belegt wird das durch Erkenntnisse aus der JIM-Studie 2016: „Welche konkreten Onlineangebote ‚top of mind' bei den Jugendlichen sind, wird durch die Frage ‚Und was nutzt Du im Internet am liebsten?' deutlich (hier waren bis zu drei ungestützte Nennungen möglich). Fast zwei Drittel (64 %) der Internet-Nutzer nennen hier spontan die Videoplattform *YouTube*." (mpfs 2016: 29)

Kein Wunder, dass *YouTuber sein* inzwischen ein Traumberuf ist, ähnlich wie Fußballprofi oder Musik-Star. Doch genau wie dort schaffen es von abertausenden, die jedes Jahr damit beginnen, Videos zu machen, nur wenige, wirklich und dauerhaft erfolgreich zu sein.

3 *YouTube* und seine Creator

Im April 2009, vier Jahre nachdem *YouTube* offiziell gestartet war, erreichte der Kanal „Fred" als erster *YouTuber* weltweit mehr als eine Million Abonnent_innen (Variety Staff 2009). Drei Jahre später zählte *YouTube* bereits mehr als 50 Kanäle mit dieser Reichweite. Weitere fünf Jahre später liegt die Zahl der *YouTube*-Millionäre bei über 3.000[1]. Das verdeutlicht einerseits, welch gigantisches Wachstum die Plattform in kurzer Zeit hingelegt hat. Es zeigt aber auch, wie groß die Konkurrenz erfolgreicher Kanäle inzwischen ist. Und wie schwer es nach wie vor ist, wirklich erfolgreich mit Online-Videos zu sein. Wer mit seinen Inhalten an die Spitze des Eisbergs ankommen will, muss hart arbeiten und geduldig den Aufbau seines Kanals pflegen.

Das gilt erst recht, wenn man sich nicht in einem der erfolgreichen *YouTube*-Genres bewegt. Gaming, Beauty und Lifestyle, Comedy und Musik gehören klassischerweise zu den Inhalten, mit denen sich die junge Zielgruppe auf *YouTube* besonders gut erreichen lässt. Doch auch Information, Wissen und auch Nachrichten werden in großer Zahl auf *YouTube* konsumiert. *YouTube* ist schon immer eine „Problemlöserplattform" gewesen. Nach *Googles* Hauptsuche gilt *YouTube* als zweitgrößte Suchmaschine der Welt. Das heißt: Die Menschen nutzen *YouTube*,

---

1 Eigene Recherche via www.socialblade.com

weil sie auf der Suche nach Informationen, nach Lebenshilfe, nach Antworten auf alltägliche Probleme sind. Wie backt man einen Käsekuchen? Wie installiere ich Windows 10? Wie flechte ich einen Zopf richtig? Wie gut ist das neue iPhone? Von derartigen Fragestellungen sind die Nutzerinnen getrieben, wenn sie auf die Plattform kommen. Diese Erkenntnis ist der erste wichtige Schritt, wenn man selbst eine erfolgreiche Präsenz auf *YouTube* aufbauen möchte. Wer keine Antwort auf Fragen liefert, die die Nutzer haben, wird ziemlich sicher in der Masse des Contents untergehen.

Die Annahme, die Nutzer auf *YouTube* wären nur an unterhaltsamen Clips und belanglosen Vlogs interessiert, könnte jedenfalls nicht falscher sein. Das Gegenteil ist richtig: Fast immer, wenn man *YouTube* aktiv benutzt, ist man, manchmal unbewusst, getrieben von dem Hunger nach Informationen und dem Durst nach Wissen. Schon früh gehörten Kanäle, die es verstanden haben, Unterhaltung und Information oder Bildung zu mischen, zu den erfolgreichsten auf der Plattform. Hank Green, *YouTube*-Urgestein („Vlogbrothers") und Gründer der größten Online-Video-Veranstaltung der Welt, der VidCon, erreicht auf einer ganzen Reihe von Kanälen Millionen von Zuschauern mit Inhalten aus dem Bereich Naturwissenschaften. Einer seiner Kanäle, die „Sci-Show", entstanden aus dem Original-Channels-Programm von *Google*[2], erreicht monatlich 4,5 Millionen Abonnentinnen und rund 15 Millionen Videoabrufe mit Neuigkeiten und Fakten aus der Welt der Wissenschaft.

Deutsches Pendant wäre wohl der Kanal „Clixoom" von Christoph Krachten. Einst ein Talkformat mit Prominenten, ist Clixoom inzwischen eines der erfolgreichsten deutschen Wissensmagazine auf *YouTube* mit 1,5 bis zwei Millionen Videoaufrufen pro Monat. Derartige Erklärformate funktionieren auf *YouTube* deshalb gut, weil sie von der Suchfunktion profitieren. Naturwissenschaftliche Fragestellungen wie „Was ist ein Schwarzes Loch?", „Wie fliegen Flugzeuge?" oder einfach „Gibt es Außerirdische?" werden regelmäßig in der *YouTube*-Suche eingegeben und erzeugen demnach langfristig Videoabrufe.

Schwieriger ist dies bei Nachrichten. Tagesaktuelle Informationen haben, im Vergleich zu zeitlosen, wissenschaftlichen Themen, eine sehr geringe Halbwertszeit. In der Regel sind sie schon nach einem Tag veraltet und nicht mehr von Interesse,

---

2 Mit der „Original-Channel"-Initiative aus dem Jahr 2012 förderte *YouTube* rund 100 professionelle Produzenten auf der ganzen Welt bei der Erstellung eines eigenen *You-Tube*-Kanals. Neben etablierten *Youtuben* waren auch Musiker, Filmstars und große Produktionsfirmen und TV-Sender beteiligt. Inzwischen hat *YouTube* alle Hinweise auf diese Initiative von seiner Webseite entfernt. Viele der damals gestarteten Kanäle sind hinter den Erwartungen zurückgeblieben oder eingestellt. Einige wenige, wie die „Sci-Show", laufen aber mit unvermindertem Erfolg weiter. (Gutelle 2013)

wenn es sich nicht um Ereignisse von historischer Tragweite gehandelt hat. Dazu sind Nachrichten oft sehr spezifisch und haben einen ganz konkreten Bezug. Allgemeine Fragen, etwa wie der Deutsche Bundestag gewählt wird oder wie viele Kanzler es in der Bundesrepublik Deutschland gegeben hat, sind immer wieder von Interesse. Hingegen: Was am Tag X zur Rentenreform im Bundestag beschlossen wurde, ist kaum Gegenstand von Suchanfragen auf *YouTube*. Dennoch gibt es eine ganze Reihe von Creatoren, die mit nachrichtlichen Inhalten auf *YouTube* erfolgreich geworden sind. Im Folgenden soll eine kleine Typologie von *YouTuberinnen*, die mit nachrichtlichen Angeboten auf der Plattform erfolgreich sind, geboten werden:

3.1 Die Klatschreporter

Sie sind die Regenbogenpresse von *YouTube*. Die Klatschreporter_innen berichten über das, was sich so in der *YouTube*-Szene tut. Welche zwei *YouTuber* haben derzeit „Beef" miteinander? Welche Creatorin ist auf dem aufsteigenden Ast und wer auf dem absteigenden? Welches Paar ist auseinander und welches wieder zusammen? Es sind Inhalte, die man auch aus der Boulevardpresse der Mainstream-Medien kennt. Nur, dass sich die Klatschreporter von *YouTube* nicht mit dem Privatleben von TV-Darstellerinnen und Schlagersängern beschäftigen, sondern ausschließlich das thematisieren, was sich in der Welt von *YouTube* so tut.

Die Zielgruppe ist dementsprechend auch hauptsächlich die Hardcore-Community auf *YouTube*. Es sind Zuschauerinnen, die wissen, wer gerne auf Longboard-Tour geht, wofür „Varo 3" steht und was ein „Tube Clash" ist. Die journalistische Qualität dieser Angebote ist zumeist sehr niedrig. Echte Recherche in Form von Quellenüberprüfung, Faktenchecks oder Rückfragen bei Betroffenen findet nur selten statt. Die Videos setzen sich in der Regel aus der Zweitverwertung dessen zusammen, was die Social Media-Stars ohnehin über die verschiedenen Plattformen so von sich geben. Der Mehrwert für die Zuschauerin besteht darin, diese Inhalte gebündelt und kuratiert in einem Format präsentiert zu bekommen. Bekannte Vertreter dieses Genres sind zum Beispiel „Mr. Trashpack" oder „Herr Newstime".

3.2 Die Infotainer

Während in der Erwachsenenwelt von Nachrichtensprecher_innen normalerweise erwartet wird, sich mit eigener Meinung zurückzuhalten, ist es auf *YouTube* genau umgekehrt. Die Zuschauer erwarten geradezu eine kommentierende Einordnung des Gesagten. Und zwar möglichst pointiert und zugespitzt. Und so haben *You-*

Tuber wie LeFloid, der mal als „Anchorman von *YouTube*" (Raab 2017) galt, nicht die gravitätische Aura eines TV-Nachrichtensprechers. Sie halten nicht mit ihrer Meinung hinter dem Berg und fordern ihre Zuschauer_innen dazu auf, das auch nicht zu tun. ‚Wie denkt ihr darüber? Schreibt es mir in die Kommentare!' ist ein Standardsatz der Infotainer.

Die Zuschauer_innen gucken Leuten wie LeFloid oder Rayk Anders weniger wegen der interessanten Inhalte zu, sondern wegen der Art und Weise, wie diese Inhalte präsentiert werden. Erst dadurch gewinnen sie an Relevanz. Die journalistische Qualität dieser Angebote ist dementsprechend höher. Die Protagonisten greifen auf verschiedene Quellen zurück und ordnen das Gesagte in einen anderen Kontext ein. So schaffen sie es nicht nur, ihre junge Zielgruppe für Themen zu interessieren, die diese ansonsten nicht aufs Radar bekommen würde. Der wirkliche Mehrwert liegt aber im Diskurs über Themen in den Kommentaren zu den Videos.

3.3   Die Erklärbären

Wenn tagesaktuelle Nachrichten auf *YouTube* einen schweren Stand haben, bietet es sich an, Themen losgelöst davon zu betrachten. In magazinartigen Beiträgen erklären *YouTuber* wie Mr. Wissen2Go oder der WDR-Kanal DreiSechzig die Programme der wichtigsten Parteien bei der Bundestagswahl oder was die Wahl von Donald Trump zum US-Präsidenten bedeutet. Sie beschäftigen sich mit dem Welthunger, erklären jungen Menschen die Folgen von Essstörungen oder gehen Vorurteilen gegenüber Flüchtlingen auf den Grund. Derartige Formate lassen sich freilich nur bewerkstelligen, wenn man das journalistische Handwerk beherrscht. Aufwändige Recherchen müssen in ein gutes und spannendes Script verpackt werden, das dann entsprechend umgesetzt wird. Gleichzeitig darf man nicht die Regeln von *YouTube* vergessen. Wer zu fernsehmäßig auftritt, verliert die Zuschauer. Konventionelle TV-Bildsprache schreckt auf der Plattform ab, es soll bitteschön immer noch wie *YouTube* aussehen.

4   TV goes *YouTube*

Umgekehrt sind viele TV-Formate inzwischen stark von den durch *YouTube* veränderten Sehgewohnheiten beeinflusst. Insbesondere die satirischen Late-Night Formate aus den USA wie etwa John Oliver, die Ellen-Show oder Jimmy Kimmel erstellen ihre Inhalte inzwischen erkennbar mit dem Ziel, sie auf Social Media „teilbar" zu machen. Dass auf *YouTube* eine unterhaltsame Mischung von Information und Comedy gut funktioniert, kommt den Talenten der Late-Night Comedians ohnehin entgegen. Auf diese Weise kann jemand wie John Oliver komplexe Themen wie Brexit, einen FIFA-Korruptionsskandal oder gar den Sexualkundeunterricht in den Vereinigten Staaten auf humorvolle Weise zum Thema machen. Seine extrem aufwändig recherchierten Vorträge erreichen auch und insbesondere auf *YouTube* zuverlässig Millionen Zuschauer und erweitern damit die Präsenz und die Zielgruppe des Late-Night-Talkers beträchtlich außerhalb seines angestammten Mediums. Für Deutschland wäre an dieser Stelle Jan Böhmermann zu nennen, der ähnlich souverän die Social Media-Klaviatur beherrscht und damit außerhalb seines TV-Formats in der jungen Zielgruppe zu großer Bekanntheit gelangt ist.

5 Erfolgsfaktoren

Zusammenfassend lässt sich sagen, dass eine erfolgreiche *YouTube*-Präsenz von vier Faktoren angetrieben wird. Zunächst ist die Persönlichkeit des Creators entscheidend. Die Person vor der Kamera muss den Nerv der Zuschauerinnen treffen. Was genau dazu gehört, lässt sich schwer in Worte fassen. Was macht TV-Größen wie Thomas Gottschalk, Günther Jauch, Maybritt Illner oder Anne Will aus? Die eine hat das Talent, vor der Kamera zu bestehen, der andere nicht. Besonderes Gewicht wird auf *YouTube* üblicherweise einer gewissen Authentizität beigemessen, das heißt, die Zuschauer wollen sich und ihre eigene Lebenswelt in der Person vor der Kamera wiederfinden, auch wenn es sich nur um eine inszenierte Authentizität handelt.

Neben der Persönlichkeit gehört eine gelungene Mischung aus Information und Unterhaltung dazu. Ironie, Witz und Anspielungen aus anderen Bereichen der Popkultur lockern ein Informationsangebot auf und machen auch schwere Kost leichter verdaulich. Dazu gehört auch eine gelungene Bildsprache, wie sich am weltweit erfolgreichen Format „Kurzgesagt – In a nutshell" zeigt. Der von einer Münchener Produktionsfirma betriebene Wissenskanal hat aufwändig produzierte, animierte Infografiken zu seinem Markenzeichen gemacht. Die Visualisierung von Themen wie „Bevölkerungswachstum", „Flüchtlingskrise" oder „Europäische Union" unterstützt die hervorragend recherchierten Beiträge.

Der dritte wesentliche Erfolgsfaktor ist der so genannte Longtail. Idealerweise hat ein auf *YouTube* publiziertes Video nicht nur dann Relevanz, wenn es hochgeladen wurde, sondern bleibt auch im Zeitverlauf interessant und wird von den Nutzern wieder und wieder gesucht, gefunden und angesehen. Manche Videos werden selbst Jahre, nachdem sie auf die Plattform hochgeladen wurden, immer noch täglich angeklickt.

Schließlich sind immer noch die Inhalte selbst ein ganz wesentlicher Faktor. Selbst, wer ansonsten alles richtig macht und alle Kniffe des *YouTube*-Playbooks (Youtube Creators Academy) beachtet, wird langfristig nicht erfolgreich sein, wenn die Inhalte nicht überzeugen. Dazu ist das Angebot auf *YouTube* und im Netz überhaupt zu groß. Inhalte, die für Nutzer keine Relevanz haben, landen schnell im unteren Teil des Eisbergs, ohne Chance, jemals wieder zurück an die Oberfläche zu kommen.

Wenn bestimmte Inhalte auf *YouTube* nicht funktionieren und nur wenige Zuschauerinnen erreichen, heißt das aber nicht zwangsläufig, dass die Inhalte schlecht sind. Manchmal liegen sie auch nur auf der falschen Plattform. *YouTube* ist längst nicht die einzige Videoplattform der Welt. Es lohnt sich, genau darüber nachzudenken, auf welcher Plattform man seine Zielgruppe am besten erreichen kann.

6   Kalte Dusche

Als sich im Sommer 2014 urplötzlich Millionen von Menschen auf der ganzen Welt Eimer mit eiskaltem Wasser über den Kopf schütteten, war keineswegs eine gigantische Hitzewelle die Ursache dafür. Tatsächlich ging das als „Ice-Bucket-Challenge" bekannt gewordene Social Media-Phänomen auf eine Spendenaktion zurück. Es sollte Menschen geholfen werden, die an der seltenen Nervenkrankheit „ALS"[3] leiden. Das geriet im Verlauf der Aktion allerdings mehr und mehr in den Hintergrund, obwohl sich auch zahlreiche Prominente wie Manuel Neuer, Helene Fischer und natürlich zahlreiche *YouTube*-Stars eine kalte Dusche geholt hatten. Doch anders als bei früheren Social-Media-Trends (wie etwa dem „Harlem Shake"), war diesmal nicht *YouTube* das Epizentrum. Stattdessen luden die Leute ihre Videos zum großen Teil auf *Facebook* hoch. *Facebook* zufolge wurden rund 17 Millionen Videos als Teil der Ice Bucket Challenge auf dem Netzwerk veröffentlicht (The Ice Bucket Challenge on Facebook). Auf *YouTube* hingegen finden sich nicht einmal eine halbe Million Clips dazu.

---

3   Etwa einer von 100.000 Menschen weltweit erkrankt an Amytropher Lateralsklerose (ALS). Die Krankheit gilt als nicht heilbar. Durch die Spendenaktion erhielt die Organisation zur Erforschung von ALS innerhalb von vier Wochen mehr als 40 Mio. US-Dollar an Spenden.

Dass *Facebook* überhaupt als Plattform für Bewegtbildinhalte wahrgenommen wird, lässt sich ganz wesentlich auf die Ice Bucket Challenge zurückführen. Inzwischen ist das Mega-Netzwerk zum veritablen Konkurrenten von *YouTube* in Sachen Video geworden. Und für nicht wenige Anbieter hat sich *Facebook* als geeigneterer Distributionskanal für Bewegtbildinhalte erwiesen. Das gilt insbesondere für Inhalte, die sich mit aktuellen Nachrichten und Informationen befassen. Während *YouTube* im Wesentlichen von der Suchfunktion getrieben wird, ist auf *Facebook* die Platzierung im „Livefeed" der einzelnen Nutzerinnen entscheidend. Dort landet, was der *Facebook*-Algorithmus für den einzelnen Nutzer als relevant einstuft.

Während die Bedeutung des so genannten „Engagements" auf *YouTube* im Vergleich zur „Watchtime" viel geringer ist, zählt auf *Facebook*, was geliked, geteilt und kommentiert wird, sehr viel mehr. Das kommt aktuellen, brisanten und bewegenden Nachrichten entgegen. Wenn diese noch dazu im Bewegtbild transportiert werden, umso besser. Denn diese Inhalte werden von *Facebook* nicht nur bevorzugt im Newsfeed angezeigt, sondern den Nutzerinnen auch in deutlich attraktiverer Form ausgespielt als Links von *YouTube* (Why Posting YouTube Videos On Facebook Sucks). Schließlich will *Facebook* die Nutzer dazu bringen, Videos vermehrt auf der eigenen Seite zu nutzen, anstatt zu *Googles* Konkurrenz nach nebenan zu wechseln.

Gleichwohl sei davor gewarnt, Videos, die man für *YouTube* produziert hat, einfach 1:1 auf *Facebook* hochzuladen. Denn genau wie auf *YouTube* hat sich auf *Facebook* eine eigene Bildsprache und ein eigenes Nutzerverhalten für Videos entwickelt, denen man Rechnung tragen muss. So werden *Facebook*-Videos sehr häufig ohne Ton abgespielt. Das erfordert es mindestens, die Videos vollständig zu untertiteln. Noch besser ist es, den Text grafisch ansprechend ins Bild zu integrieren, zum Beispiel mit großflächigen Textfeldern. Vorbildlich macht dies etwa die Nachrichtenseite „AJ+", ein Ableger des TV-Senders „Al Jazeera", der Inhalte extra für die Nutzerinnen in Sozialen Netzwerken optimiert und damit jährlich mehrere Milliarden Videoabrufe erzeugt.

Das größte Problem für Publisher auf *Facebook* sind die im Vergleich zu *YouTube* nach wie vor eingeschränkten Möglichkeiten zur Refinanzierung der Inhalte. Sollte sich das ändern, wird *Facebook* nicht nur für die Nutzer sondern auch für die Creatorinnen zu einer veritablen Alternative zu *YouTube* werden.

7   Die neue Plattformvielfalt

Neben *YouTube* und *Facebook* existiert inzwischen eine Vielzahl an Plattformen, auf denen Bewegtbild in unterschiedlichster Form zum Angebot gehört. *Instagram*, Snapchat, Twitch oder Musical.ly bedienen dabei jeweils ganz neue und spezifische Nutzerbedürfnisse, die sich in der jeweiligen Form auf keiner anderen Plattform finden.

Vor allem die Werbeindustrie hat neben *YouTube* den einst vor allem als „Foto-plattform" bekannten Dienst „*Instagram*" für sich entdeckt. Zahlreiche „Influencer" teilen Fotos aus ihrem Leben mit hunderttausenden, manchmal Millionen Fans. Die Bilder sollen angeblich authentische Episoden aus dem Alltag junger Menschen transportieren. Doch schon ein flüchtiger Blick genügt, um zu erkennen, dass die kunstvoll arrangierten Bilderwelten visuell eher an Hochglanz-Lifestyle-Magazine á la Vogue erinnern. Mit dem wahren Leben eines Anfang-20-Jährigen haben sie indes wenig zu tun.

Eine von Snapchat kopierte Funktion ermöglicht es, so genannte „Stories" zu veröffentlichen. Der Creator postet damit kurze Eindrücke aus seinem Alltag quasi live. Nach 24 Stunden verschwinden die Stories, ohne dass sie online zwischengespeichert werden. Diese Stories geben das Gefühl, unmittelbar am Leben der Erstellerinnen teilzuhaben. Gleichzeitig sind sie sehr flüchtig und scheinen auf den ersten Blick wenig nachhaltige Wirkung zu erzeugen. Gleichwohl tun Medienmacher gut daran, sich mit diesen neuen Erzählformaten zu beschäftigen. Zum einen spiegeln sie einmal mehr ein völlig neuartiges Mediennutzungsverhalten wieder. Zum anderen erweisen sich diese sehr nahen und authentischen Tools als ideal, um in einen unmittelbaren Austausch mit dem Publikum zu kommen.

In Deutschland hat zum Beispiel die Bild-Zeitung ihrem Profil „hello_bild" auf Snapchat eine stabile Community junger Leser aufgebaut. Junge Nutzerinnen werden dort erreicht, wo sie ohnehin einen Großteil ihrer Mediennutzung verbringen und kommen schon früh mit der Marke „Bild" in Kontakt. Wie man journalistische Inhalte klug auf *Instagram* verlängern und erweitern kann, zeigt beispielhaft das Online-Frauen-Magazin „Sister Mag". Jede Ausgabe des Lifesty-le-Magazins ist einem bestimmten Thema gewidmet, dass dann auch auf *Instagram* aufgegriffen wird. Konsequent setzen die Macher dabei die auf *Instagram* etablierte Bildsprache ein, um die Leserinnen anzusprechen. Der *Instagram*-Account des traditionsreichen Wissensmagazins National Geographic gehört sogar zu den weltweit erfolgreichsten Auftritten einer Marke auf der Plattform, der mehr als 80 Millionen Nutzer_innen folgen.

Beispiele wie dieses zeigen: Die Nutzerzahlen und die Nutzungszeiten auf *In-stagram* sind rasant gestiegen. Laut *Instagram* nutzen inzwischen 250 Millionen

Menschen am Tag die Storyfunktion. Unter 25-Jährige sollen bereits 32 Minuten am Tag damit verbringen, Fotos und Videos auf *Instagram* anzusehen (2M Monthly Advertisers on *Instagram*, (n. d.)). Das ist, angesichts des gigantischen Medienangebots, dem wir heute ausgesetzt sind, eine beachtliche Zahl. Erst recht für eine Anwendung, die ausschließlich für den Konsum auf einem Mobilgerät konzipiert ist.

8 Die Zukunft des Publizierens

Wie sieht also die Zukunft von Bewegtbildangeboten aus und worauf müssen sich Medienmacher_innen einstellen? Am Schluss dieses Beitrags sollen drei Schlussfolgerungen stehen, die sich aus den oben skizzierten Entwicklungen ergeben.

8.1 Tausend Sehgewohnheiten

Im analogen Zeitalter fand der Medienkonsum im Wesentlichen auf drei Arten statt: Morgens wurde die Zeitung gelesen, auf dem Weg ins Büro hörte man Radio, nach Feierabend lief die Glotze. Das Medienangebot bestimmte im Wesentlichen die Nutzung, es gab halt sonst nichts. In der Welt von heute sieht das anders aus. Dem Nutzer steht ein gigantisches Angebot an Mediendiensten zur Verfügung, aus dem sich jeder ganz nach individuellen Vorlieben sein eigenes Portfolio zusammenstellen kann. Der eine hört gerne Podcast, die andere bevorzugt den morgendlichen Newsletter für den alltäglichen Nachrichtenüberblick, der dritte scrollt sich schnell durch eine Nachrichtenapp, die vierte fängt schon morgens auf dem Weg zur Arbeit an, via Netflix die neue Lieblingsserie zu „binge-watchen".

Es gibt nicht mehr „die" eine Art, Medien zu konsumieren. Stattdessen hat jede Plattform ihre eigenen Nutzungs- und Sehgewohnheiten, auf die man sich einstellen muss. *Facebook*-Videos verlangen nach Untertiteln, auf *Instagram* und Snapchat dominieren hochformatige Videos (was altgedienten Fernsehmachern die Tränen in die Augen treibt), *YouTube* entwickelt sich zu einer Plattform für Langformate von mindestens zehn Minuten Länge. Die Herausforderung für Ersteller von Inhalten besteht darin, für die eigenen Inhalte das richtige Format und die richtige Plattform zu finden, um die eigene Zielgruppe bestmöglich zu erreichen.

8.2   Fluides Publizieren

YouTube, Facebook, Instagram oder die eigene Webseite: Jede Plattform ist wie ein Gefäß mit einer eigenen Form, in dass man seine Inhalte füllen kann. Je besser sich die eigenen Inhalte dieser Form anpassen, umso besser schafft man es, die jeweiligen Nutzerbedürfnisse zu bedienen. Wer seine Inhalte nach Schema F produziert und diese dann wahllos einfach auf die verschiedenen Plattformen schiebt, wird keiner Nutzerin wirklich gerecht. Wer sich allerdings flexibel an die jeweiligen Dienste anpassen kann, hat gute Chancen, überall sein Publikum zu finden und damit seine Reichweite deutlich zu vergrößern. Fluides Publizieren ist gefragt, so dass Inhalte gut an die jeweiligen Bedürfnisse angepasst werden können.

Das ist freilich nur mit entsprechender Man- und Womanpower zu schaffen. Ein „Social-Media-Beauftragter", der als One-Man-Show (oder Woman-Show) *Twitter, Facebook, Instagram* und Snapchat bedienen soll, wird schnell überfordert und überlastet sein. Wer also nicht für jede Plattform einen eigenen Experten hat, muss sich entscheiden: Auf welcher Plattform liegen meine Stärken und, noch wichtiger, wo halten sich meine Zuschauerinnen vermutlich am meisten auf? Weniger ist oft mehr, niemand muss alles machen, nur weil es gerade angesagt ist. Viele Marken sind derzeit sehr erfolgreich mit Influencer-Marketing auf *Instagram*. Doch wer, wie die Kondom-Marke „Einhorn", eine engagierte Zielgruppe auf Snapchat hat, tut gut daran, dieser Plattform trotz aller Unkenrufe treu zu bleiben (Gardt 2017).

8.2   Marathonboxen

Die sicherlich größte Herausforderung in der neuen Angebots- und Plattform-vielfalt liegt aber sicher daran, überhaupt sein Publikum zu finden. Insbesondere für etablierte Medienanbieter wie Verlage ist es eine neue Situation, plötzlich Konkurrenz von 16-jährigen Mädels zu bekommen, die mit Videos über Frisuren eine größere Reichweite haben als der eigene Zeitungstitel haben. Dies überhaupt als Konkurrenz anzuerkennen, wäre schon mal ein wichtiger Schritt in die rich-tige Richtung. Denn wie schon mehrfach erwähnt: Das Medienangebot ist heute derart gigantisch, dass jeder Nutzer sich selbst rauspicken kann, welche Inhalte und Formate ihn überzeugen.

Die absolute Reichweite einzelner Medienangebote wird angesichts der großen Konkurrenz immer weniger bedeutend. Entscheidend ist nicht die Quote, sondern etwas anderes: Wie viel seiner Zeit schenkt mir die einzelne Nutzerin? Für *YouTube* ist die entscheidende Größe bei der Bewertung erfolgreicher Videos nicht die Zahl der Klicks, Likes oder Kommentare, sondern einzig und allein: Wie gut trägt ein Video dazu bei, Nutzer möglichst lange auf unserer Plattform zu halten? (Gielen 2017)

Es geht also darum, die Nutzerinnen nicht nur zum Klicken zu bewegen, sondern zum Bleiben und Wiederkommen. Im Buzzwordbingo-Sprech heißt das: Es gilt eine „Community" aufzubauen. Das ist ein anstrengender Prozess, der viel Ausdauer erfordert. Mit der Veröffentlichung eines Inhalts ist die Arbeit nicht beendet, sie beginnt dann erst so richtig. Die Interaktion mit den Zuschauern ist heute wesentlicher Bestandteil der Inhalte. Der Aufbau von Reichweite ist darum ein langwieriger und kontinuierlicher Prozess. Wer keine millionenschweren Marketingbudgets hat, um eine Marke mit einer großen Bekannte in kurzer Zeit einer großen Zielgruppe vorzustellen, muss den langen Weg gehen und sich das Vertrauen der Zuschauer langfristig erarbeiten. Während tausende anderer Angebote exakt das gleiche probieren. Das kann sich anfühlen, als absolviere man einen Marathonlauf, bei dem man zwischendrin immer wieder unterbrechen muss, um in einen Boxring zu steigen.

Optimismus ist dennoch angebracht. Nie war es einfacher, Inhalte für ein großes Publikum zu produzieren und zu veröffentlichen. Die Vielfalt an Plattformen ist schließlich auch eine Chance, neue Zielgruppen mit den eigenen Inhalten zu erreichen, zu denen es vorher scheinbar keinen Zugang gab. Dass die Kanzlerin im nächsten Wahlkampf ihr Programm via *Instagram*-Story vorstellt, es ist vielleicht gar nicht so abwegig, wie es klingt.

Literatur

(n. d.). Youtube Creators Academy. Retrieved from https://creatoracademy.*YouTube*.com/page/education

2M Monthly Advertisers on Instagram. (n. d.). Retrieved from https://business.instagram.com/blog/welcoming-two-million-advertisers

Gardt, M. (2017, September 05). So clever nutzen die einhorn-Gründer Snapchat. Retrieved from https://omr.com/de/snapchat-strategie-einhorn-interview/

Geyer, S. (2017, August 16). Lieblings-Emojis der Kanzlerin: So lief das *YouTube*-Interview mit Angela Merkel. Retrieved from https://www.berliner-zeitung.de/28178956

Gielen, M. (2017, February 13). WTF Is Watch Time?! Or How I Learned To Stop Worrying And Love The *YouTube* Algorithm. Retrieved from http://www.tubefilter.com/2016/05/12/*YouTube*-watch-time-metric-algorithm-statistics/

Gutelle, S. (2013, November 12). YouTube Has Removed All References To Its Original Channels Initiative. Retrieved from http://www.tubefilter.com/2013/11/12/*YouTube*-original-channels-initiative-experiment-end/

The Ice Bucket Challenge on Facebook. (n. d.). Retrieved from https://newsroom.fb.com/news/2014/08/the-ice-bucket-challenge-on-facebook/

Jarboe, G. (2015, July 27). VidCon 2015 Haul: Trends, Strategic Insights & Tactical Advice. Retrieved from http://tubularinsights.com/vidcon-2015-strategic-insights-tactical-advice/

mpfs (Hg.)(2016): *JIM-Studie 2016*. Quelle: https://www.mpfs.de/fileadmin/files/Studien/JIM/2016/JIM_Studie_2016.pdf [27.09.2017].

Raab, Klaus (2017, Juni 04). Florian Mundt alias LeFloid – Meinungsmacher der Generation *YouTube*. (n. d.). Retrieved from https://www.cicero.de/innenpolitik/florian-mundt-lefloid-meinungsmacher-der-generation-*YouTube*/54542

Variety Staff (2009): The first YouTube channel to hit one million subscribers. (2009, April 09). Retrieved from http://variety.com/2009/digital/news/the-first-*YouTube*-channel-to-hit-one-million-subscribers-33382/

Why Posting YouTube Videos On Facebook Sucks. (2018, February 05). Retrieved from https://jasondoesstuff.com/why-posting-*YouTube*-videos-on-facebook-sucks/

YouTube Reach During Prime-Time TV Hours. (n. d.). Retrieved from https://www.thinkwithgoogle.com/data-gallery/detail/*YouTube*-reach-prime-time-tv-hours/

Geld verdienen mit *YouTube?*
Monetarisierung, Merchandise, Affiliate Links und Sponsoring auf der Video-Sharing-Plattform

Hendrik Unger

Zusammenfassung

In diesem Aufsatz wird die Frage beleuchtet „Dank welcher Mechanismen wird auf *YouTube* Geld verdient?", „Kann das jeder?" und „Ist das wirklich kinderleicht?" Angefangen von dem Anbieten eines Werbeplatzes neben den eigenen Videos über Sponsorings, Product-Placements und der eigenen Merchandise-Kollektion werden die Verdienst-Möglichkeiten aufgezeigt. Zudem werden Beispiele erfolgreicher *YouTuber* und anhand deren Einnahmequellen gezeigt.

1 Einleitung: Klicks sind kein Klacks

Wer heutzutage viele Klicks und Abonnentinnen auf *YouTube* sammelt, kann etwas auf sich halten und sich als *„YouTuber"* bezeichnen. So ist es auch nicht verwunderlich, dass sich neben Polizistin oder Kapitän der Berufswunsch *„YouTuberin"* bei Kindern und Jugendlichen immer weiter durchsetzt. Von der hier gemessenen Währung an Views und Abos aber kann sich der *YouTuber* nicht direkt etwas kaufen. Die Systeme zur Monetarisierung wurden stets weiterentwickelt und sind in vielen Industrienationen verfügbar. Somit ist es mittlerweile einer Vielzahl, unter anderem auch deutschen Userinnen, möglich, ab dem ersten Klick auf ein eigenes Video Geld über *YouTube* zu verdienen. Dies funktioniert über die Beteiligung an Werbeeinnahmen, die *YouTube* gewährt. Eine besondere Qualifikation oder ein gewisser Bekanntheitsgrad des eigenen *YouTube*-Channels ist nicht notwendig. Im Prinzip existieren sogar vier mögliche Einnahmequellen über *YouTube*: Monetarisierung, Merchandise, Affiliate Links und Sponsorings. Nachfolgend werden die Möglichkeiten näher erläutert.

© Springer Fachmedien Wiesbaden GmbH, ein Teil von Springer Nature 2019
H. Haarkötter und J. Wergen (Hrsg.), *Das YouTubiversum,*
https://doi.org/10.1007/978-3-658-22846-0_9

Die Video-Plattform *YouTube*, die 2006 durch *Google* aufgekauft wurde, hat sich zu einem komplexen System mit vielseitigen Möglichkeiten entwickelt. Seitdem bläst der Mutterkonzern *Google* jede Menge Rückenwind in die Segel von *YouTube*. Wie eine Statistik (Abb. 1) zeigt, ist der Marktanteil der Video-Sharing-Plattform *YouTube* nach Besucherzahl in Deutschland im 1. Halbjahr 2016 von *YouTube* im Vergleich zu ähnlichen Video-Plattformen enorm hoch. Somit zählt *YouTube* zu den meistgenutzten Video-Sharing-Plattformen in Deutschland mit einem Marktanteil von rund 81 Prozent an Unique Usern.

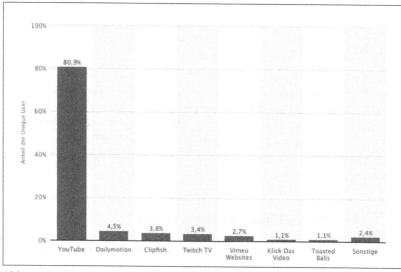

Abb. 1   Marktanteil von Video-Sharing-Plattformen in Deutschland im 1. Halbjahr 2016 (Quelle: Statista; eigene Darstellung)

2   Vorbereitung und Voraussetzungen für die Monetarisierung

Um zu verstehen, wie das Monetarisierungs-Prozedere abläuft und welche Vorraussetzungen man mitbringen muss, kann man sich bei *YouTube* selbst informieren. Das sogenannte *Creator Hub* (siehe Abb. 2) bietet erste oberflächliche Tipps und Hilfestellungen für die Produktion von Content und die Vermarktung über einen eigenen Channel.

Abb. 2 *YouTube Creator Hub* (Quelle: Eigener Screenshot, *YouTube*: https://
creatoracademy.youtube.com/page/welcome. Abgerufen am 25.08.2017.)

Das hauseigene Programm von *YouTube* namens „Kanal-Monetariserung" (engl.
account monetization) ist der offizielle Weg der Plattform, um Geld zu verdienen.
Hierbei werden in den eigenen Videos Werbeplätze an Firmen vermietet. Auf der
Ansichtsseite (engl. Watchpage) finden diese Werbeanzeigen ihren Platz. Entweder
bucht ein Unternehmen eine Werbefläche vor, während, nach oder neben dem
abgespielten Video. Die am am weitesten verbreitete Variante ist die TrueView
InStream-Anzeige, die als Pre-Roll-Clip vor dem Beginn eines Videos geschaltet
wird. In der Regel dauern diese Werbeclips 30 Sekunden, können von den Zuschauern jedoch bereits nach 5 Sekunden übersprungen werden. In diesem Falle zahlt
das Unternehmen kein Geld für die Einblendung und der werbeplatzanbietende
Video-Publisher geht leer aus. Würde eine Zuschauerin auf die Bewegtbild-Anzeige
klicken oder 30 Sekunden Länge voll ansehen, dann entstehen dem Unternehmen
Werbekosten. Hierbei wird in der Maßeinheit „CPV = Cost per View" (deutsch:
Kosten pro Aufruf) abgerechnet.

Rechenbeispiel: Es ist davon auszugehen, dass man pro 1000 Videoaufrufe ca. 1-4€
verdienen kann. Für jede angeklickte Anzeige erhält der Video-Publisher 55 %
Beteiligung an den Werbekosten, die *YouTube* einnimmt. Den Rest behält die
Plattform als Gebühr für das Betreiben des Werbesystems und die Vermittlung
des Werbeplatzes. Löst eine Zuschauerin einen Klick auf eine Anzeige aus, so zahlt
das Unternehmen, das diese Werbung schaltet, einen gewissen CPV-Betrag. Dieser
Preis kann höher oder niedriger ausfallen, je nachdem wie die Marktlage und die
Ausrichtung der Kampagne ausfällt. Durch eine Vielzahl von Konkurrenz-Unter-

nehmen die z. B. aktuell in der gleichen Zielgruppe werben, wird der CPV höher liegen, als wenn die Werbung im gleichen Zeitraum einer Nischen-Zielgruppe ausgespielt wird. Geht man in diesem Beispiel von 0,20 EUR/CPV aus, dann erhält der Channel-Betreiber 0,09 EUR pro Klick ausbezahlt. Nun kommt es darauf an, wieviele Videozuschauer auf die Anzeigen klicken, die rund um das Video eingeblendet werden. Wenn von 1000 Zuschauern 20 Personen auf eine Anzeige geklickt haben, so werden 20 mal 0,09 EUR an den Werbeplatzanbieter ausbezahlt. Das macht durchschnittliche Einnahmen von 1,80 EUR pro 1000 Aufrufe. In der Regel können die Einnahmen bei 1-4 EUR pro 1000 Videoaufrufe liegen. Hierbei wird deutlich, dass es schon mehr als 55.000 Aufrufe braucht, um überhaupt in den dreistelligen Umsatzbereich zu gelangen. Die großen *YouTuber* machen vor, was es heißt, auch höhere Summen einzuspielen:

Tab. 1 Geschätzter Umsatz Deutschland TOP 3 bekanntester *YouTuber* (berechnet mit 1€ pro 1000 Video-Aufrufen)

Freekickers	21.762 Euro (21,761,580 Aufrufe)
Gronkh	26.653 Euro (26,652,990 Aufrufe)
BibisBeautyPalace	40.517 Euro (40,516,500 Aufrufe)

(Quelle:Socialblade; eigene Darstellung)

3 Aktivierung der Monetarisierung

Um Einnahmen aus der *YouTube*-Monetarisierung verwalten zu können, sind mehrere Schritte notwendig. Zunächst muss ein Kanal auf *YouTube* vorhanden sein. Es gibt keine gesonderten Zugangshürden wie Channel-Alter oder Anzahl der Aufrufe oder Subscriber. Selbst jeder neu angelegte Kanal darf direkt an dem Programm partizipieren. Der Channel darf allerdings in letzter Zeit keine Verstöße gegen Urheberechte, Community Guidelines oder Ähnliches begangen haben. Ist dies nicht der Fall, ist der Weg frei und die Monetarisierung kann für den Channel aktiviert werden. Ist man eingeloggt, so findet man die entsprechende Schaltfläche unter dem Punkt „Creator Studio > Kanal > Status und Funktion". Wichtig ist, alle Hinweise und Richtlinien des Programms vorher genau zu studieren. Erst dann klickt man auf die Bestätigung und akzeptiert die Hinweise, dass man zum Beispiel keinen Betrug durch selbst ausgelöste Klicks versuchen wird. Tut man dies zukünftig dennoch, kann *YouTube* den betroffenen Channel löschen oder die Betreiberin vom Monetarisierungs-Programm ausschließen.

Nutzungsbedingungen
https://www.YouTube.com/t/terms

Community-Guidelines
https://www.YouTube.com/yt/policyandsafety/de/communityguidelines.html

Nun kann für jedes einzelne Video im Videomanager die Monetarisierung gestartet oder auch wieder pausiert werden. Ob ein Video qualifiziert ist (nicht gegen Urheberrechte verstößt), sieht man an Dollarzeichen neben dem Clip. Die Bedeutung des Symbols steht für die Möglichkeit, das Video zu monetarisieren.

4   AdSense-Konto als virtuelles Portmonee

Sobald Einnahmen über die Werbeplatzvermietung bei *YouTube* entstehen, muss ein Google adsense-Konto (https://www.google.com/adsense) eingerichtet werden. Hier fließen die Einnahmen aller vermieteten Werbeplätze von *YouTube*, aber auch von anderen Websites ein, die an das Google-Display-Netzwerk angeschlossen sind. Diese zentrale Verwaltungsstelle der Einnahmen gilt als Übersichtsplattform, aber auch als virtuelles Portemonnaie, um eine Auszahlung der Einnahmen auf ein Bankkonto anzufordern. Erst wenn ein gewisser Mindestbetrag (die Auszahlungsuntergrenze liegt in Deutschland bei 70€) erreicht ist, können Einnahmen abgebucht werden. Unter dem Menu im eigenen *YouTube*-Kanal „Creator Studio > Kanal > Monetarisierung" kann eine Kopplung mit dem Google adsense-Konto hergestellt werden. Nachdem der Vorgang eingeleitet wurde, dauert es bis zu sieben Tage, bis eine Aktivierung erfolgt. In dieser Zeit prüft *Google* die Zulassung des Antrags auf die Eröffnung des AdSense-Kontos. Der *Google*-eigene Dienst fungiert zukünftig als Sammelstelle für alle generierten Einnahmen über die Monetarisierung des *YouTube*-Kanals.

5   Formate und Werbedruck regulieren

Nicht zu vergessen ist der Umstand, dass *YouTube* ein Social Media-Netzwerk ist. Übermäßige Werbung wird hier immer noch als ein störender Fremdkörper wahrgenommen. Daher sollten vor allem Neulinge unter den Channel-Betreibern sachte mit der Werbe-Frequenz umgehen. Einstellen kann man den Einsatz der Werbung auf Video-Ebene und bezogen auf die Anzeigen-Typen. Jedes Video kann einzeln für die

Monetarisierung zugelassen oder gesperrt werden. Zudem kann granular ausgewählt werden, welche Anzeigen-Typen für den Clip zugelassen werden. Hier ist es hilfreich, einen Spagat zwischen vielen zugelassenen Formaten und dem dadurch ausgelösten Störfaktor für den Zuschauer zu finden. Weniger Formate zuzulassen, bedeutet höchstwahrscheinlich weniger Einnahmen, jedoch ist der geringere Werbedruck angenehmer für den Zuschauer beim Konsumieren der Inhalte des Video-Publishers.

Display-Anzeigen: Werbebanner mit Texten und Bildern werden neben dem Video während der Clip vom Zuschauer konsumiert wird dauerhaft eingeblendet. Bei einem Klick der Zuschauerin auf einen dieser Banner klingelt die Kasse beim Video-Publisher. Dieser Anzeigentyp ist nur bei der Wiedergabe auf Desktop-Computern möglich.

Overlay-Anzeigen: Diese Werbeform geht noch einen Schritt weiter als die Display-Anzeigen. Im Prinzip funktioniert es genauso, nur dass hierbei noch ein zusätzlicher zweiter Banner über das Video geblendet wird, während es abgespielt wird. Dieser Banner weist einen weitaus höheren Störfaktor auf, kann jedoch auf Klick eines X-Symbols in der rechten oberen Ecke geschlossen werden. Auch dieser Anzeigentyp ist nur bei der Wiedergabe auf Desktop-Computern möglich.

Gesponserte Infokarten: Hier erlebt der Zuschauer eine relativ etwas zurückgenommere Variante im Vergleich zu den Overlay-Anzeigen, da diese Einblendung meist erst gegen Ende des Videos dargestellt wird. Die Einblendung des Teasers für die Infokarte wird zudem nur einige Sekunden eingeblendet. Sowohl auf Desktop-Computern und auf Mobilgeräten kann dieses Format ausgespielt werden.

Überspringbare Videoanzeigen: Das wohl am häufigsten genutzte Anzeigenformat sind die „Skippable Ads" (deutsch: Überspringbare Videoanzeigen). Hierbei läuft vor der Wiedergabe des eigentlichen Videos eine Werbung von in der Regel 30 Sekunden Länge ab. Diese Anzeige überschneidet sich somit nicht mit der Wiedergabe des Clips der Video-Publisherin. Außerdem lässt sich dieser Anzeige nach 5 Sekunden überspringen durch einen Klick auf einen entsprechenden Button.

Abb. 3   Anzeigenformate pro Video für die Monetarisierung zulassen oder deaktivieren (Quelle: Eigener Screenshot, YouTube: https://www.youtube.com/ edit?o=U&video_id=bbXfJ_ZZqYg. Abgerufen am 11.09.2017.)

Zudem lassen sich sensible Themenbereiche über das AdSense Konto kategorisch ausschließen. Somit wird nie ein Video aus einem unerwünschten Bereich vor oder neben den zur Monetarisierung zugelassenen Videos angezeigt. Man unterscheidet hierbei seriöse Werbung von großen Marken, Produkten und Dienstleistungen und unseriösere Werbung zum Beispiel für Produkte zu schneller Gewichtsabnahme oder Casinospiele ohne Gewinn. Zuschauer könnten sich eventuell an diesen Kategorien stören, daher gilt es zu überlegen, ob man hier Auschlüsse vornimmt. Jedoch birgt jede Einschränkung auch eine potentielle Gefahr, weniger Einnahmen durch die Monetarisierung zu erfahren.

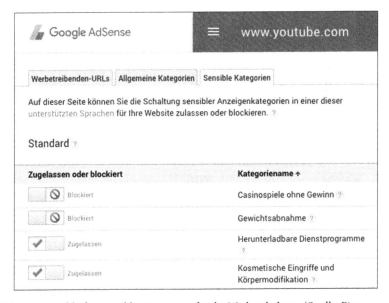

Abb. 4 Ausschließen sensibler Kategorien für die Werbeschaltung (Quelle: Eigener Screenshot, *YouTube*: https://www.google.com/adsense/new/u/0/pub-1325694926193540/arc/ca-pub-1325694926193540. Abgerufen am 28.08.2017.)

6   Merchandise

Nicht zu vergessen ist, das eigene Merchandise in Form von Kleidung, Postern, Mützen oder Buttons anzubieten. Dies lohnt sich jedoch erst ab einem gewissen Bekanntheitsgrad. Auf *YouTube* selbst können die Produkte nicht verkauft werden. Es bedarf eines eigenen Shops hierfür, auf den man von seinen *YouTube*-Videos aus verlinkt. Somit kann ein direkter Umsatz erzielt werden ohne dass man sich die Einnahmen mit *YouTube* teilt oder das man nur prozentual beteiligt wird. Merchandise hat einen Nebeneffekt: Es steigert die Reputation der Personenmarke abseits des Internets.

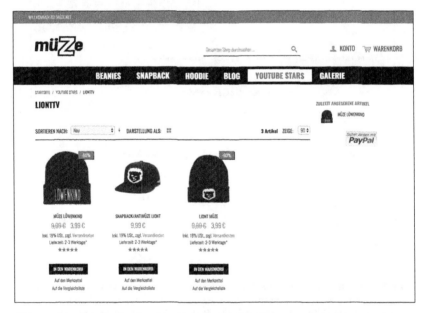

Abb. 5   Merchandise für den *Youtube* LIONTV (Quelle: Eigener Screensho, *YouTube*: http://mueze.net/liont-mueze.html. Abgerufen am 05.08.2017.)

7   Sponsorings & Product Placements

Ein sehr beliebter Weg, auf *YouTube* Einnahmen zu generieren, ist es, direkte Partnerschaften mit Unternehmen zu schließen. Firmen können im nativen Umfeld der Zielgruppe einer *YouTuber*in werben. Dies birgt den Vorteil, eine oft als persönliche Meinung des *YouTubers* getarnte Werbung platzieren zu können. Das aus Amerika stammende Modell können die Zuschauer häufig nicht identifizieren. Ein idealer Nährboden also für die Unternehmen, ihre Produkte effektiv zu promoten. Dabei wird jedoch unterschieden zwischen klassischem Sponsoring und Product Placement.

Sponsoring: Ein Sponsor profitiert in der Regel vom Image der gesponserten Person. Dabei wird Geld oder Sachwerte als eine Art Honorar an die *YouTuber*in gezahlt. Somit kann sich eine Firma im Umkehrschluss neue Zielgruppen erschließen.

Product Placement: Diese Form wird auch Embedded Marketing oder Native Advertisement gennant. Hierbei werden Produkte in der gewohnten Umgebung von Konsumenten eingebettet, um so einen höchstmöglichen Bezug zur Zielgruppe herzustellen.

Wie kommen Sponsorings oder Product Placements zu Stande? Vor allem kleinere *YouTuber* ohne großen Bekanntheitsgrad mit unter 100.000 Views/Monat haben es schwer, an solche Partner heranzukommen. Steigt der Bekanntheitsgrad, kommen die Unternehmen erfahrungsgemäß irgendwann automatisch auf die Channel-Betreiber zu. Organisiert wird das Geschäft dann nicht mehr durch die *YouTuber*innen selbst, sondern durch Manager, Netzwerke oder Plattformen. Ist man noch nicht so groß, kann man sich dennoch einiger Hilfsmittel bedienen. Eines davon ist die Nutzung von Online-Marketing-Plattformen wie HitchOn. Hier können sich *YouTuber*innen und Unternehmen finden, indem Inserate für geplante Aktionen online gestellt werden. Solche Agenturen für *YouTuber* und Influencer Marketing bieten gute Chancen, an Kooperationspartner zu kommen.
Die genannte Marketingagentur schreibt selbst über sich:

„HitchOn ist eine Agentur für Influencer Marketing und Branded Content, die Unternehmen von der Wahl des richtigen Influencers bis zur Kampagnenkonzeption und -produktion begleitet. Unser *YouTube*-Certified Expertenteam kümmert sich um die Produktion von Web-Video-Inhalten und den professionellen Kanalaufbau auf unterschiedlichen Plattformen. Zudem bietet HitchOn eine Datenbank aus relevanten Influencern inklusive aussagekräftiger KPIs. Wir sind damit erstklassiger Ansprechpartner rund um Influencer Marketing und Branded Content. Unser Fokus liegt dabei auf der Videoplattform *YouTube*"(Hitchon 2018).

Abb. 6 *Youtube*in Dagi Bee präsentiert wenig unauffällig Produkte (Quelle: Eigener Screenshot, *Youtube*: https://www.youtube.com/watch?v=YuqxRab3wus. Abgerufen am 20.06.2018.)

8 Affiliate Links

Durch den Einsatz von Links zu Produktseiten lässt sich zusätzlich Geld verdienen. Dank sogenannter Affiliate Links werden die *YouTuber*innen prozentual an Verkäufen beteiligt, nachdem ein Fan auf solch einen Link klickt und etwas einkauft. Diese Praxis zieht sich auch bei *Youtubern* wie .zum Beispiel Dima durch, der sein Equipment verlinkt.Für den Laien ist bei einer angeklickten URL kaum erkennbar, ob es sich um einen solchen Link handelt. In diesem Fall ist die URL wie üblich mit einem Tracking-Parameter versehen, damit der Online-Händlerinnen zuordnen kann, woher der Klick kam. In diesem Fall deutet nur der Zusatz „tag=wwwmu-ezenet-21" am Ende des Amazon-Links von Dima auf einen Affiliate-Link hin:

https://www.amazon.de/gp/product/B00LEEF6XC/ref=as_li_qf_sp_asin_il_
tl?ie=UTF8&camp=1638&creative=6742&creativeASIN=B00LEEF6XC&link-
Code=as2&tag=wwwmuezenet-21

Um solche Links bei den eigenen Inhalten platzieren zu können und damit Geld
zu verdienen, muss sich der der Video-Publisher zunächst bei einem Partnerpro-
gramm anmelden. Affiliate-Partnerprogramme gibt es in der Regel bei großen
Versandhäusern wie Amazon, Otto oder H&M. Die Zugangsvoraussetzungen für
Partnerprogramme sind von Firma zu Firma unterschiedlich und man muss sich
jeweils einzeln für das Programm bewerben. Es gibt auch gewisse Do`s and Dont`s,
die jedes Unternehmen vorgibt. Schließlich geht es darum, Werbung mit einem
positiven Effekt und einer Absatzsteigerung für die Firma zu generieren. Erst dann
lohnt sich die Teilnahme durch die prozentuale Umsatzbeteiligung auch für die
Channel-Betreiberin.

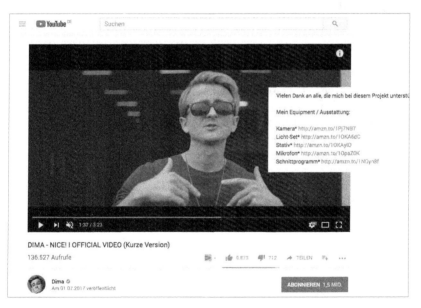

Abb. 7   Produkte werden in *YouTube* Videos gezeigt (Quelle: Eigener Screenshot,
YouTube: https://www.youtube.com/watch?v=JPSkFnjRMx4, Abruf 11.09.2017)

9   Kennzeichnungspflicht von Werbung

Nicht als Werbung gekennzeichnete Anzeigen gelten in Deutschland als Schleichwerbung. Dies ist etwa im Fernsehen und im Radio nicht erlaubt. Bei Online-Videos
wie bei *YouTube* sprechen wir häufig von einer Grauzone (siehe auch der Beitrag
von Christian Solmecke zum Thema in diesem Band). Grundsätzlich muss aber
auch auf Video-Sharing-Plattformen wie *YouTube* Werbung als solche gekennzeichnet werden. Bei der offiziellen Methode der Monetarisierung bei *YouTube*
ist automatisch für eine korrekte Kennzeichnung der Anzeigen gesorgt. Es steht
somit immer für den Betrachter sichtbar dabei, dass es sich um Werbung handelt.
Bei anderen Werbeformen wie z. B. Sponsorings oder Product Placements muss
jedoch aufgepasst werden. Häufig sind *YouTube*-Videos nicht oder nicht ausreichend als Werbung gekennzeichnet und können kostspielige Abmahnungen von
Mitbewerberinnen nach sich ziehen.

Mit platzierten Produkten in *YouTube*-Videos lassen bis zu 80€ /1.000 Aufrufe
generieren (Quelle). Dabei werden Produkte in den redaktionellen Content der
YouTube eingebunden. Im Jahr 2014 gab es gegen die einst sehr erfolgreichen
YouTube-Stars „Y-TITTY" durch die Bezirksregierung Mittelfranken sogar ein
Prüfverfahren auf Grund von Schleichwerbung (Bergert 2014).

Solange es in Deutschland keinen Präzedenzfall gibt, handhaben es nicht alle
YouTube so genau mit der Kennzeichnung. Jedoch gehen immer mehr Video-Publisher dazu über, in Ihren Videos verstärkt die Zuschauerinnen aufzuklären,
wenn Werbung beispielsweise für ein Produkt oder für eine Marke gemacht wird.

Auch einen konkreten Fall, in dem ein *YouTuber* bezichtigt worden wäre, durch
Sponsorings rechtswidrig gehandelt zu haben, gibt es in Deutschland bislang nicht.
In den USA allerdings wurde im Sommer 2016 der *YouTuber* PewDiePie bezichtigt,
„heimlich" mit Warner Bros. zusammengearbeitet zu haben und deren Computer
Games in seinen Reviews standardmäßig gut bewertet zu haben (McCormick 2016).

SCHWESTER BESTELLT MIR HEIMLICH KLAMOTTEN FÜR 300€ bei Boohoo !! I Kisu

102.476 Aufrufe

Abb. 8 *Youtube*in Kisu kennzeichnet in Ihren Videos Produktplatzierungen (Quelle: Eigener Screenshot, *Youtube*: https://www.youtube.com/ watch?v=a9aXHOjTRWU. Abgerufen am 20.06.2018.)

10 Einnahmen verwalten

Ab dem ersten eingenommenen Euro gilt in Deutschland die Pflicht, diese Umsätze beim Finanzamt der zuständigen Stadt anzuzeigen und eventuell ein Gewerbe anzumelden. Darauf wird man weder beim Anmeldeprozess für die Monetarisierung noch beim Austausch mit Firmen bezüglich Sponsorings noch beim Anbieten von Merchandise vom amerikanischen Plattformbetreiber hingewiesen. Hier muss man selber aktiv werden und sich informieren, sonst kommt später das böse Erwachen. Ob etwaige Steuern an das Finanzamt abgeführt werden müssen, richtet sich dabei nach Höhe der Umsätze pro Jahr und etwaigen weiteren Einkommensquellen.

Jede *YouTuber*in wird somit zwangsläufig zur Unternehmerin. Eine selbstständige Tätigkeit setzt normalerweise eine gewisse Erfahrung voraus. So gilt auch der

Ausspruch: Umsatz ist nicht gleich Gewinn. Alles was ein *YouTuber* einnimmt, muss a) versteuert werden und b) müssen die Ausgaben für Equipment und Investitionen abgezogen werden. Vom eigentlichen Gewinn, der übrig bleibt, kann die Channel-Betreiberin ihr Leben oder zumindest einen Teilbereich finanzieren.

11 Fazit

Der Ausspruch „…mal einfach und schnell Geld verdienen mit *YouTube*" ist nicht realistisch. Auch hier steckt gewissenhafte Arbeit dahinter und es gilt: Ohne Fleiß kein Preis! Die Konkurrenz ist auf *YouTube* mittlerweile hoch und in der Regel verdient der durchschnittliche *YouTuber* höchstens ein Taschengeld im 3-stelligen Bereich dazu. Nur die Top-*YouTuber*innen können wirklich von der Plattform und Ihren Videos leben, müssen dann aber das *YouTube*-Dasein als 24/7-Job betreiben und zudem oft viel aus dem privaten Alltag preisgeben. Erst durch die Kombination von hohen Aufrufzahlen, Kontinuität und dem Einsatz verschiedener Einnahmequellen kann ein lohnendes Geschäft daraus werden.

Literatur

Bergert, Denis (2014): „Illegale Schleichwerbung bei *YouTube*-Stars". In: *Der Westen*, Quelle: https://www.derwesten.de/leben/digital/illegale-schleichwerbung-bei-*YouTu*-*be*-stars-id9165879.html [12.11.2017].

Hitchon 2018: Homepage. Quelle: www.hitchon.de [26.04.2018].

McCormick, Rich (2016): "PewDiePie and other *YouTuber*s took money from Warner Bros. for positive game reviews". In: *The Verge*, Quelle: https://www.theverge.com/2016/7/12/12157310/pewdiepie-*YouTuber*s-sponsored-videos-ftc-warner-bros [12.11.2017].

Juristische Besonderheiten bei *YouTube*-Produktionen

Ein Überblick zu Urheberrecht, Persönlichkeitsrecht, Musikrechten, Werbung & Produktplatzierung, Datenschutz, den Impressumspflichten und AGB bei *YouTube*

Christian Solmecke

Zusammenfassung

Rechtliche Aspekte spielen in allen Stadien der Nutzung von *YouTube* eine Rolle: Von der Produktion bis zur Veröffentlichung gibt es zahlreiche Dinge zu beachten. Dabei helfen vor allem fundierte Vorkenntnisse und ein abstraktes Grundverständnis der Materie.

Zunächst gilt es, sich mit Fragen des Urheberrechts an dem Video, den Rechten an der Hintergrundmusik oder dem Recht am eigenen Bild der Darsteller auseinanderzusetzen. Je mehr Personen an der Produktion beteiligt sind, desto mehr Nutzungsrechte und Einwilligungen muss man einholen, um später Rechtsstreitigkeiten zu vermeiden.

Auch bei der inhaltlichen Gestaltung ist man nicht vollkommen frei. Wichtig ist es bei kommerziellen Videos vor allem, das Verbot der Schleichwerbung und der damit verbundenen klaren Pflicht zur Kennzeichnung zu beachten. Auch *YouTube* selbst sieht klare Regelungen für das Hochladen werblicher Inhalte vor.

Mit diesen und weiteren Fragestellungen werden wir uns in diesem Kapitel ausführlich auseinandersetzen und dem interessierten *YouTube*-Nutzer so einen kurzen und kompakten Leitfaden an die Hand geben, an dem er sich im Wesentlichen orientieren kann. Für *YouTuberinnen* wichtig zu wissen ist aber, dass unsere Hinweise in manchen Fällen eine einzelfallgerechte Einschätzung durch einen spezialisierten Rechtsanwalt nicht entbehrlich machen.

© Springer Fachmedien Wiesbaden GmbH, ein Teil von Springer Nature 2019
H. Haarkötter und J. Wergen (Hrsg.), *Das YouTubiversum*,
https://doi.org/10.1007/978-3-658-22846-0_10

1   Das Urheberrecht an einem Video

Wer ein *YouTube*-Video selbst produziert, eine Agentur damit beauftragt oder ein fertiges Video über Stock-Videoarchive einkauft, muss immer sicherstellen, dass die Urheberrechte an dem Video gewahrt sind. Denn die Urheberin des Films hat in Bezug auf sein Werk und dessen Nutzung gewisse Rechte. Es ist wichtig, diese Rechte zu kennen. Wer das Video selbst produziert, hat selbst die Rechte an dem Werk und kann es vor Zugriffen Dritter schützen. Wer ein fremdes Video nutzt, muss gewisse Dinge beachten, um es rechtmäßig veröffentlichen zu können – und auch wissen, wann eine Veröffentlichung nicht ratsam ist.

1.1   Wie entsteht das Urheberrecht?

Ein Video bei *YouTube* darf nur hochladen, wer alle urheberrechtlichen Nutzungs-rechte an dem Werk hat. Doch wer ist überhaupt Urheber und wie entsteht der urheberrechtliche Schutz? Und welche Rechte hat ein Urheber nach dem Urhe-berrechtsgesetz (UrhG)?

Geschützt sind nur solche Videos, die ein Resultat einer persönlichen geistigen Leistung sind, also nur schöpferische, kreative Leistungen von Menschen. Urheber eines Werks – in diesem Fall eines Videos – ist, wer das Werk selbst geschaffen hat. Nach dem im Urheberrecht maßgeblichen Schöpferprinzip entsteht dieses Recht automatisch mit der Herstellung des Videos. Sind mehrere an der Produktion beteiligt, so gibt es auch mehrere sogenannte Miturheberinnen.

Das Urheberrecht muss nicht gesondert angemeldet oder in einem Register eingetragen werden, wie es etwa bei Marken oder Patenten der Fall ist. Daher ist es – entgegen der weit verbreiteten Auffassung – auch nicht nötig, ein Copyright-Zei-chen unter das Video zu platzieren. Sinnvoll ist dies für den Urheber aber dennoch, denn es kann später helfen, die eigene Urheberschaft an dem Werk zu beweisen. Außerdem kann es andere von einer ungefragten Verwendung abschrecken.

Der Schutz des Urheberrechts erstreckt sich über die gesamte Lebenszeit des Urhebers und besteht weitere 70 Jahre nach seinem Ableben fort. In dieser Zeit haben die Erben der Urheberin die Rechte an dem Werk.

1.2 Wann dürfen Dritte urheberrechtlich geschützte Videos nutzen?

Mit Schöpfung des Werkes entstehen diverse Rechte des Urhebers – sowohl ideelle als auch kommerziell verwertbare Nutzungs- bzw. Verwertungsrechte. Letztere sollen das wirtschaftliche Interesse des Urhebers an der Nutzung seines Werkes sichern. Dazu gehören beispielsweise das Recht der Vervielfältigung, der Verbreitung, der Ausstellung, der Vorführung oder auch der öffentlichen Zugänglichmachung im Internet.

Diese Nutzungsrechte können dritten Personen übertragen werden. Wer also auf die Werke anderer Personen angewiesen ist, sollte bei der Urheberin anfragen, ob er das gewünschte Video nutzen darf. Stimmt sie dem zu, muss man sich dieses Recht dann vertraglich und oftmals kostenpflichtig einräumen lassen. Man spricht in diesen Fällen auch von einer Lizenz. Mit dem Lizenzvertrag räumt die Urheberin (Lizenzgeberin) dem Verwender (Lizenznehmer) Nutzungsrechte an seinem Video ein und gestattet ihm so die wirtschaftliche Nutzung des Videos.

Grundsätzlich sollten Lizenzverträge schriftlich fixiert werden. Denn wer ein fremdes Video verwendet, muss im Streitfall beweisen, dass die Nutzung rechtmäßig erfolgt ist. Darin stehen sollte zunächst, an welchem Video die Lizenz eingeräumt werden soll und welche Nutzungsrechte an dem Werk eingeräumt werden. Diese können hinsichtlich des Gebiets, der Zeit und der Menge der Nutzung eingeschränkt werden – ist dies der Fall, sollte man das genau beschreiben. Ebenso sollte festgelegt werden, ob der Lizenznehmer nur ein einfaches Nutzungsrecht hat, sodass der Urheber daneben auch noch anderen Nutzern die Rechte an dem Werk einräumen darf. Die Alternative ist eine ausschließliche Lizenz, bei der man die Nutzungsrechte an dem Werk exklusiv erwirbt. Schließlich sollten Regelungen zur Höhe der Lizenzgebühr, zu Geheimhaltungspflichten und zu möglichen Ausübungspflichten in den Vertrag aufgenommen werden.

Doch Vorsicht: Selbst, wenn man die Nutzungsrechte an dem Werk erworben hat, ist der ideelle Teil des Urheberrechts nicht veräußerlich. Er schützt den Urheber vor einer unbefugten Bearbeitung oder sonstigen Umgestaltung seines Werkes sowohl in qualitativer als auch in quantitativer Hinsicht. Damit ist es auch der Erwerberin einer Lizenz verboten, auch nur leichte Änderungen an dem Video vorzunehmen – es sei denn, der Urheber hat die konkrete Änderung ausdrücklich gestattet.

1.3   Konsequenzen einer rechtswidrigen Nutzung durch Dritte

Videos aus dem Internet sollten keinesfalls ungeprüft übernommen werden. Wer ein Video ohne Lizenz der Urheberin bei *YouTube* öffentlich zugänglich macht, muss mit empfindlichen Konsequenzen rechnen. Denn ein solches Verhalten ist – insbesondere dann, wenn es sich um kommerzielle Nutzung handelt – grundsätzlich eine Urheberrechtsverletzung.

Diese Rechtsverletzung kann teure Abmahnungen und Klagen nach sich ziehen. Dabei kann der Urheber die Schädigerin sowohl auf Beseitigung, Unterlassung, Schadensersatz als auch auf Vernichtung oder Auskunft in Anspruch nehmen. Da die Haftung größtenteils (bis auf den Schadensersatz) verschuldensunabhängig ist, greifen diese Ansprüche sogar unabhängig davon, ob die Rechtsverletzerin Kenntnis von der Rechtswidrigkeit ihres Vorgehens hatte oder nicht.

Gerade bei aufwendig produzierten Videos kann dies enorme Kosten mit sich bringen. Denn die für die Berechnung der Gerichts- und Rechtsanwaltskosten maßgeblichen Streitwerte liegen in der Regel zwischen 50.000 Euro und 100.000 Euro. Bereits eine Abmahnung, über die nicht vor Gericht entschieden wird, kann nur für den gegnerischen Rechtsanwalt Kosten in Höhe von ca. 1.800 Euro bis ca. 2.300 Euro erzeugen. Hinzu kommen dann noch die gegebenenfalls anfallenden Kosten für die eigene Anwältin. Kommt es zu einem Gerichtsverfahren, fallen noch einmal Rechtsanwaltskosten und zusätzliche Gerichtsgebühren an. Die Kosten können dann insgesamt im fünfstelligen Bereich liegen.

1.4   Stock-Videos

Es ist aber auch möglich, fertige Videos einzukaufen. Dabei ist aber auf einige rechtliche Fallstricke zu achten. Besondere rechtliche Gefahren lauern bei der Verwendung fertiger Videos. Diese Stock-Videos kann man zum Beispiel online über Stock-Videoarchive wie etwa ClipDealer (www.clipdealer.com) oder Getty Images (www.gettyimages.de) einkaufen. Dort hat man Zugang zu einer Fülle von Videomaterial zu verschiedenen Themen.

Viele Nutzer wiegen sich in Sicherheit, weil sie ihre Bilder über Stockarchive beziehen, dabei ist gerade hier höchste Vorsicht geboten: Selbst, wenn man die Nutzungsrechte an diesen Videos erwirbt, so darf man noch lange nicht frei damit verfahren. Vielmehr geben die Nutzungsbedingungen der jeweiligen Archive ganz klar vor, wie man das Material verwenden darf. Nutzer sollten sich daher bereits vor dem Kauf die Nutzungsbedingungen der Anbieter anschauen.

Denn manche Stock-Videoarchive sehen darin vor, dass die Videos überhaupt nicht in sozialen Netzwerken wie *Facebook* oder *YouTube* veröffentlicht werden dürfen oder bieten dafür eigene Social Media-Lizenzen an. So heißt es z. B. in den Nutzungsbedingungen von Getty Images:

> „Wenn Sie die Inhalte auf einer Social-Media-Plattform oder sonstigen Website eines Dritten verwenden und die Plattform oder Website diese Inhalte zu ihren eigenen Zwecken oder in einer Weise verwendet, die den Bedingungen dieser Vereinbarung entgegensteht (oder eine solche Verwendung ankündigt), enden Ihre Lizenzrechte für diese Verwendung mit sofortiger Wirkung. Sie stimmen zu, in einem solchen Fall und nach Aufforderung durch Getty Images alle Inhalte von einer solchen Plattform oder Website zu löschen." (Getty 2017)

Der Grund hierfür ist, dass die Videoarchive sicherstellen wollen, dass ihre Videos weiterhin ausschließlich unter ihren eigenen Bedingungen genutzt werden. Die Nutzungsbedingungen der sozialen Plattformen bestimmen hingegen, dass automatisch vollumfängliche Nutzungsrechte an den eingestellten Videos auf sie übertragen werden. Alle Videos, die hochgeladen werden, sollen dann einer neuen Lizenz unterliegen.

Will man nicht auf die Nutzung der Videos in sozialen Netzwerke verzichten bzw. sich nicht der Gefahr einer Kündigung des Nutzungsrechts aussetzen, sollte man genau darauf achten, bei wem man Videos einkauft. Bei Anbietern wie dem Portal ClipDealer können Sie die Videos gegen einen Aufpreis gemeinsam mit einer Social-Media-Lizenz erwerben.

1.5 Creative Commons

Fertige Videos können außerdem unter einer sogenannten Creative-Commons-(CC-) Lizenz bezogen werden. Eine Vielzahl von Nutzern stellen Videos zu diesen Bedingungen zur Verfügung, so zum Beispiel Videoplattformen wie *YouTube*, Vimeo oder Pixabay. Daneben gibt es natürlich auch andere Plattformen, über die entsprechende Videos zur Verfügung gestellt werden – diese sind aber nicht immer leicht zu finden. Denn anders als bei Bildern sortieren Suchmaschinen wie *Google* Videos nicht nach Nutzungsrechten.

Creative Commons sind eine Alternative zu herkömmlichen Lizenzsystemen. Die Idee dahinter ist, das teils sehr komplexe Urheberrecht für die Allgemeinheit verständlicher und leichter handhabbar zu machen. Nutzerinnen müssen dann nur die Bedingungen der CC-Lizenz einhalten und müssen weder eine Verwertungsgesellschaft noch den Urheber selbst kontaktieren noch einen individuellen

Vertrag aushandeln. Allerdings ist es gerade hier wichtig, die rechtlichen Rahmenbedingungen genau einzuhalten – tut man dies nämlich nicht, kann man trotzdem abgemahnt werden.

Die Videos stehen unter einem von sechs verschiedenen CC-Lizenzmodellen und werden mit den dafür vorgesehenen Symbolen vom Urheber versehen. Nutzerinnen können anhand der Symbole erkennen, wie sie das Werk nutzen dürfen. So muss man insbesondere darauf achten, ob der Urheber mit einer Bearbeitung oder kommerziellen Nutzung seiner Videos einverstanden ist.

Die Grundlage bilden vier Module, die jeweils durch zwei Buchstaben abgekürzt werden. Diese Module können zu sechs verschiedenen Lizenzen kombiniert werden.

- **BY:** Diese Abkürzung betrifft die Angabe der Urheberbezeichnung. Die Nennung des Urhebers eines Werkes ist Teil des Urheberpersönlichkeitsrechts und daher unverzichtbar. Dieses Modul ist daher Bestandteil einer jeden CC-Lizenz und besagt, dass der Name des Urhebers immer angegeben werden muss.
- **NC:** Dieses Modul steht für *non-commercial*. Eine CC-Lizenz mit diesem Modul verbietet Ihnen die kommerzielle Nutzung des Werkes. So kann beispielsweise ein Video unter einer BY-NC-Lizenz zwar für ein privates Blog, aber nicht für den Internetauftritt eines Unternehmens verwendet werden.
- **ND:** Die Abkürzung steht für *no derivates* und bedeutet, dass die Urheberin jegliche Bearbeitung des Werks von Dritten untersagt hat. Eine Bearbeitung liegt immer dann vor, wenn das Original verändert wird. Bereits das Zuschneiden von Videos ist eine Bearbeitung. Erlaubt sind lediglich zwingende, minimale Veränderungen, wie beispielsweise das Anpassen des Formats. Ein Verzerren oder eine übertriebene und unnötige Verkleinerung oder Vergrößerung können jedoch wieder als Bearbeitung angesehen werden.
- **SA:** Diese Buchstaben stehen für *share alike*. Damit ist gemeint, dass ein Werk nur unter derselben Lizenz weitergegeben werden darf. Wenn der Urheber sein Werk zum Beispiel unter BY-NC-SA veröffentlicht, dann dürfen Dritte das Werk zwar bearbeiten. Wenn sie das veränderte Werk allerdings ihrerseits im Internet verbreiten, dann sind sie an die BY-NC-SA-Lizenz gebunden. Eine Kommerzialisierung des veränderten Werkes ist aufgrund des NC-Moduls somit nicht möglich.

In der Praxis bedeutet dies Folgendes: Ist die Nutzung des Videos für die eigenen Zwecke erlaubt, dann muss man zunächst stets die Urheberin benennen. Außerdem muss daneben die konkrete Lizenz angegeben werden und es muss auf den Lizenznamen einen Link auf dem Text des passenden Lizenzvertrags gesetzt werden. Ist dies laut den Lizenzbedingungen erlaubt, gehört hierher auch noch die Angabe, ob man das Bild verändert hat. Bei der Suche nach dem entsprechenden Lizenzvertrag wird man aber auf verschiedene Versionen stoßen. Das liegt daran, dass diese Verträge stetig weiterentwickelt und den aktuellen Bedürfnissen von Urheber und Nutzerinnen angepasst werden. Die Nutzerin muss aber nur die Bedingungen der Version des Lizenzvertrags beachten, die der Urheber für die Nutzung seines Werkes vorgesehen hat. Nur diese Version muss man auch benennen und darauf verlinken. Verwenden Sie also ein Video, das unter einer CC-BY-NC-Lizenz in der Version 2.0 des Lizenzvertrags steht, so muss die Angabe *CC BY-NC 2.0* lauten. Maßgeblich ist dann auch nur der Vertrag in der Version 2.0, auch wenn es bereits eine neuere Version 3.0 gibt. Das Ganze sieht dann am Ende zum Beispiel so aus: „Erika Mustermann, zugeschnitten und skaliert durch XY, CC-BY-SA 2.0 de"[1].

Schließlich gibt es seit dem Jahr 2009 eine neue Lizenzform namens CC0, sprich „cc zero". Diese Form soll es den Urhebern ermöglichen, im Rahmen des gesetzlich Möglichen gänzlich auf all ihre Rechte zu verzichten und die Werke damit gemeinfrei zu machen, wie es sonst nur 70 Jahre nach ihrem Tod möglich ist. Hier stellt sich die Frage, ob man überhaupt auf den Anspruch auf Anerkennung und Nennung der Urheberschaft verzichten kann. Denn als Teil des Urheberpersönlichkeitsrechts ist es in Deutschland so eng mit der Person der Urheberin verbunden, dass es nicht allumfassend aufgegeben werden kann. Daher ist auch dieses Lizenzmodell in Deutschland nicht unmittelbar umsetzbar, sondern muss so verstanden werden, dass der Urheber zustimmt, dass sein Name nicht genannt wird. Was im Detail bei der Verwendung der Werke gilt, regeln dann die jeweiligen vorgefertigten Lizenzverträge.

2   Die Urheberrechte an der Musik

Fast alle *YouTube*-Videos werden mit Musik untermalt – und diese ist selten von einem selbst produziert. Doch natürlich ist auch die Musik urheberrechtlich geschützt. Das bedeutet für den *YouTube*-Produzenten, dass man sich die Erlaubnis der Rechteinhaberin an jedem einzelnen Musikstück einholt. Dies gilt auch dann, wenn es sich nur um Hintergrundmusik handelt.

Eine Musikveröffentlichung ohne die entsprechenden Rechte daran zu haben, kann zu teuren Abmahnungen, Unterlassungs- und sogar Schadensersatzklagen führen. Betroffene Rechteinhaber können sogar erwirken, dass ein Video von

---

1   http://creativecommons.org/licenses/by-sa/2.0/de/legalcode

entsprechenden Videoplattformen gelöscht wird. Daher muss man sich unbedingt vorher um eine entsprechende Lizenz kümmern.

Doch wer hat überhaupt das Recht, die Nutzungslizenz zu erteilen? Schließlich sind an einer Musikproduktion meist eine Vielzahl von Personen beteiligt – Musiker, Komponistinnen, Songwriter, Plattenfirmen. Und häufig liegen die Verwertungsrechte an einem Musikstück überhaupt nicht mehr bei den eigentlichen Urhebern selbst. Die Künstlerinnen übertragen ihre Rechte nämlich meistens entweder auf ihre Produzenten bzw. Plattenfirmen – oder aber direkt an die Verwertungsgesellschaften. Zu diesen gehört die wohl berühmteste, die GEMA. Das ist die Abkürzung für „Gesellschaft für musikalische Aufführungs- und mechanische Vervielfältigungsrechte". Diese Verwertungsgesellschaft nimmt die Urheberrechte und Leistungsschutzrechte der Rechteinhaber wahr.

Wer nicht weiß, wer der Rechteinhaber an einem bekannten Musikstück ist, kann auf der Website der GEMA (www.gema.de) eine Onlinerecherche durchführen. Denn die GEMA gibt häufig auch dann die Rechteinhaberin an, wenn sie selbst nicht als Verwertungsgesellschaft beauftragt wurde.

2.1   Lizenzen direkt vom Rechteinhaber erwerben

Liegt das Nutzungsrecht an dem Musikstück noch bei dem Rechteinhaber selbst, so muss die Verwerterin mit ihm bzw. den Miturhebern die Verwertung in einem Lizenzvertrag über die Nutzung des Musikstücks vereinbaren.

Aus Gründen der Beweislast empfehlen wir hier eine schriftliche Fixierung. Denn nur so kann man im Streitfall beweisen, dass der Rechteinhaber die Nutzung in dem vorgenommenen Umfang auch gestattet hat. Dieser schriftliche Lizenzvertrag sollte insbesondere regeln, wie das Musikstück verwendet werden darf:

• als Ganzes oder nur in Teilen
• kommerziell oder privat
• zeitlich und örtlich begrenzt oder unbegrenzt
• gegen eine Lizenzgebühr oder kostenlos

Schließlich sollte festgelegt werden, ob der Urheber ein einfaches Nutzungsrecht überträgt, bei dem er auch anderen Lizenznehmerinnen die Nutzung des Musikstücks gestatten darf, oder ob es sich um eine ausschließliche Lizenz handeln soll, die exklusiv nur einem Nutzer eingeräumt wird.

2.2 Lizenzverträge mit der GEMA und den Plattenfirmen

Viele Künstlerinnen sind jedoch bei der GEMA gemeldet, sodass man eigentlich mit ihr die Lizenzverträge schließen und die Lizenzgebühren an sie zahlen muss. Die GEMA bietet generell entweder Gesamt- oder Einzelverträge an. Gesamtverträge sind solche, die zwischen Nutzervereinigungen und den Verwertungsgesellschaften geschlossen werden. Hier gelten dann für alle Nutzer die gleichen Tarife. Einzelverträge beziehen sich auf Nichtmitglieder. Die Lizenzgebühren für die Einzelverträge basieren auf den von den Verwertungsgesellschaften ausgestellten Tarifen. Welcher Tarif jeweils maßgeblich ist, kann man auf der Website der GEMA ermitteln.

Allerdings sind derzeit – zumindest bis 2019 – die Urheberrechte der Künstlerinnen, die bei der GEMA liegen, das geringere Problem. Geklärt werden müssen derzeit vornehmlich die Rechte der Plattenfirmen an den Musikstücken.

Zum Hintergrund: Lange Zeit waren bei *YouTube* viele rote Sperrtafeln zu sehen, die insbesondere bei Musikvideos auf einen Rechtsstreit der Plattform mit der GEMA verwiesen. Es ging um die Frage, wer die Lizenzverträge mit der GEMA schließen und dementsprechend auch die Lizenzgebühren zahlen muss: Diejenigen, die Videos hochladen oder die Plattform selbst? *YouTube* war der Ansicht, diejenigen, die Videos hochladen, müssten die Abgabe an die GEMA zahlen, da die Plattform selbst lediglich die Nutzerinhalte verbreite. Die GEMA sah wiederum die Plattformbetreiber in der Pflicht. Sie war der Ansicht, dass *YouTube* ein Musikdienst ist und damit in der Verantwortung für die dort eingestellten Inhalte steht. Denn *YouTube* mache mit dem, was seine Nutzer hochladen, einen großen Gewinn. Nach sieben Jahren haben die Parteien im November 2016 eine Einigung erzielt und einen bis 2019 befristeten Lizenzvertrag geschlossen. Letztlich wurde die Frage der rechtlichen Verpflichtung zwar nicht geklärt. Dennoch hat *YouTube* vertraglich zugesichert, Vergütungen an die GEMA zu zahlen, wenn Nutzer Videos mit Musik solcher Künstlerinnen bzw. Musikverlage einstellen, die auch bei der GEMA gemeldet sind.

Dennoch ist diese Lizenzvereinbarung kein Freibrief für Videoproduzenten, GEMA-lizensierte Musik frei verwenden zu können. Dazu bleibt weiterhin entscheidend, ob alle nötigen Rechte geklärt wurden und ob die Rechteinhaberinnen mit der konkreten Verwendung einverstanden sind. Geklärt wurden nämlich nur die Rechte, die auch von der GEMA wahrgenommen werden, insbesondere die Rechte der Urheber, also z. B. der Komponistinnen und Texter. Dies erfasst aber nicht aber die Rechte zum Bereitstellen der konkreten Aufnahme als Stream, da diese in der Regel beim Musiklabel liegen.

Daher sollte man sich weiterhin bei jedem einzelnen Musikstück erkundigen, ob alle Lizenzen sowie die konkrete Art der Verwendung durch die Vereinbarung zwischen *YouTube* und der GEMA gedeckt sind oder ob man weitere Lizenzverträge schließen muss. Sonst drohen auch hier unter anderem Abmahnungen oder eine Sperrung des *YouTube*-Accounts.

2.3   Musik aus Stock-Archiven

Ebenso wie Videos lässt sich aber auch Musik in Stock-Archiven finden. In einem solchen Fall bieten Onlineportale wie Free Stock Music (www.freestockmusic.com) oder Getty Images (www.gettyimages.de) eine Alternative. Je nach gewünschter Musikrichtung werden dort verschiedene Musikstücke angeboten, die man für das eigene Video verwenden darf.

Entsprechend der Nutzungsbedingungen solcher Portale muss man hier lediglich eine einmalige, vom Urheber des Werkes festgelegte Nutzungsgebühr erwerben. Dafür erhält man ein nicht exklusives, nicht übertragbares, weltweites Nutzungsrecht zu den vorgegebenen Nutzungsarten. Normalerweise kann man die Stücke dann zeitlich unbegrenzt in allen Medien auch zu kommerziellen Zwecken verwenden. Hinsichtlich der kommerziellen Verwendung gilt dies aber nur so lange, wie die Musik Teil einer neuen Produktion ist, also beispielsweise als Hintergrundmusik in einem Video läuft. Nicht zulässig ist es hingegen, die Musik als reines Musikstück weiter zu verwerten.

Es kann zwar in der Praxis passieren, dass Videos von Unternehmen von *YouTube* automatisch gesperrt werden. In diesem Fall sollte man einfach an die Plattform schreiben und die Freigabe des Videos verlangen. Denn die Veröffentlichung auf *YouTube* ist vor allem bei dem Anbieter stockmusic.net ausdrücklich erlaubt. Abmahnungen drohen dann nicht.

3   Persönlichkeitsrechte der gefilmten Personen

Sobald in Videos Aufnahmen von Personen angefertigt werden, müssen auch deren Persönlichkeitsrechte gewahrt sein. Insbesondere auf das Recht am eigenen Bild muss unbedingt geachtet werden. Danach gilt grundsätzlich, dass jeder das Recht hat, über die Verwendung seines Bildes frei zu bestimmen. Niemand muss danach dulden, dass ohne seine Einwilligung Videoaufnahmen verbreitet oder öffentlich zur Schau gestellt werden.

3.1 Grundsatz: Keine Veröffentlichung ohne Einwilligung

Sollen Menschen zum Teil des eigenen Videos werden, so ist dies grundsätzlich nur rechtlich zulässig, wenn man zuvor deren Einwilligung einholt. Das Veröffentlichen der Videos ohne die Einwilligung der Personen, die darauf zu sehen sind, ist eine Persönlichkeitsrechtsverletzung. Betroffene können sowohl fordern, dass das Video nicht mehr gezeigt werden darf, als auch eine Geldentschädigung verlangen.

Auch, wenn es sich bei den im Video zu sehenden Personen um die eigenen Mitarbeiter handelt, muss grundsätzlich deren Einwilligung vorliegen. Denn das Persönlichkeitsrecht gilt unabhängig davon, in welchem Verhältnis die Person zum Filmenden steht. Gerade im Anstellungsverhältnis ist es aber möglich, sich das Einverständnis schon im Arbeitsvertrag einräumen zu lassen. Hier kann man eine wirksame Klausel in den Arbeitsvertrag aufnehmen, sofern aus ihr klar ersichtlich wird, dass die Einwilligung nur zeitlich und räumlich unbegrenzt gilt. Eine solche Einwilligung ist auch dann noch gültig, wenn die Angestellte nicht mehr im Unternehmen tätig ist. Dass eine einmal erteilte Einwilligung nicht mehr widerrufen werden kann, hat das Bundesarbeitsgericht bereits 2015 entschieden. Daher können mit dieser Mitarbeiterin gedrehte Image-Videos auch nach dessen Ausscheiden weiter verwendet werden.

3.2 Ausnahmen: Darsteller als Beiwerk oder bei Veranstaltungen

Die für *YouTube*-Videos wichtigsten Ausnahmen des Rechts am eigenen Bild erfassen solche Situationen, in denen zwar Menschen auf dem Video zu sehen sind, diese aber derart nebensächlich sind, dass ihre Einwilligung nicht erforderlich ist.

Eine Einwilligung ist zum einen nicht erforderlich, wenn die gefilmte Person nicht im Fokus der Aufnahmen steht, sondern lediglich ein „Beiwerk" ist. Dies ist der Fall, wenn sie entsprechend dem Gesamteindruck des Videos nur bei Gelegenheit erscheint und nicht aus der Anonymität hervorgehoben wird. Dies sind beispielsweise zufällig vorbeilaufende Personen, wenn gerade eine andere Szene im Vordergrund steht. Entscheidend ist, dass es erkennbar nicht um die Person als Motiv ging, sondern sie aus Versehen oder Zufall neben oder innerhalb der eigentlichen Handlung abgebildet wurde. Ob eine Person als Darsteller oder lediglich als Beiwerk einzuordnen ist, muss aber letztlich im Einzelfall anhand der konkreten Gestaltung des Videos beurteilt werden.

Eine weitere für *YouTube*-Videos wichtige Ausnahme sieht das Recht am eigenen Bild für Versammlungen, Aufzüge und ähnliche Vorgänge vor. Darunter fallen etwa öffentliche Veranstaltungen wie Demonstrationen, Mitgliederversammlungen, Kultur- bzw. Sportveranstaltungen oder ähnliche, nicht rein private Zusammenkünfte von vielen Menschen. Dieser Begriff ist recht weit zu verstehen. Es geht darum, dass so viele Menschen auf einem öffentlichen Ereignis zu sehen sind, dass der einzelne nicht mehr ins Gewicht fällt. Anders ist dies daher zu beurteilen, wenn während des Videodrehs auf einer solchen Veranstaltung gezielt auf eine Person gezoomt wird und sie dadurch in den Vordergrund rückt.

4   Produktplatzierung vs. Schleichwerbung in Videos

Wer für das eigene Unternehmen Videos produziert oder produzieren lässt, möchte in der Regel auch für etwas Bestimmtes werben. Werbung wird im Gesetz definiert als:

> „jede Äußerung (im Geschäftsverkehr), die entweder gegen Entgelt oder eine ähnliche Gegenleistung oder als Eigenwerbung gesendet wird, mit dem Ziel, den Absatz von Waren oder die Erbringung von Dienstleistungen (...) gegen Entgelt zu fördern." (§ 3 Abs. 2 Nr. 7 Rundfunkstaatsvertrag (RStV)

Wann tatsächlich von einer Präsentation zu Werbezwecken auszugehen ist, muss im Einzelfall entschieden werden.

Werbung muss vom übrigen redaktionellen Inhalt eindeutig getrennt sein. Dieser Grundsatz der Trennung von Werbung und redaktionellen Inhalten ergibt sich sowohl aus dem Rundfunkrecht, dem Wettbewerbsrecht als auch dem Recht der Telemedien. Ansonsten muss der Werbecharakter eines Videos unabhängig von seiner Qualität ausdrücklich gekennzeichnet und für den durchschnittlichen Adressaten erkennbar sein. Andernfalls liegt ein Fall der illegalen Schleichwerbung vor und kann Abmahnungen, gerichtliche Verfahren und sogar Bußgelder nach sich ziehen.

Eine Kennzeichnungspflicht besteht allerdings dann nicht, wenn man das Video allein auf der eigenen Website veröffentlicht. Denn die dortige Besucherin ist sich der Werbewirkung der eingeblendeten Videos bewusst und muss nicht noch einmal ausdrücklich darauf hingewiesen werden.

Neben Werbevideos kann man natürlich geschickt auch Produkte Dritter in das eigene Video einbauen, ohne es werblich anzupreisen oder sonst zum Kauf aufzufordern. So platzieren zum Beispiel Beauty-Bloggerinnen Produkte von Kosmetikherstellern, indem sie diese für Schönheitstipps verwenden. Das Stichwort lautet dabei Produktplatzierung. Dies ist innerhalb gewisser Grenzen zulässig – doch ohne entsprechende Kennzeichnung ebenfalls als illegale Schleichwerbung zu qualifizieren. Nach § 2 Abs. 2 Nr. 11 RStV spricht man von einer Produktplatzierung bei der gekennzeichneten

> „Erwähnung oder Darstellung von Waren, Dienstleistungen, Namen, Marken, Tätigkeiten eines Herstellers von Waren oder eines Erbringers von Dienstleistungen in Sendungen gegen Entgelt oder eine ähnliche Gegenleistung mit dem Ziel der Absatzförderung. Die kostenlose Bereitstellung von Waren oder Dienstleistungen ist Produktplatzierung, sofern die betreffende Ware oder Dienstleistung von bedeutendem Wert ist". (§ 2 Abs. 2 Nr. 11 RStV)

Es ist zwar rechtlich nicht abschließend geklärt, ob die strengen Regeln des RStV auch für *YouTuber* gelten – dafür müssten sie als „fernsehähnlich" eingestuft werden. Sicherheitshalber sollte man diese Regeln aber beachten, zumal auch die Empfehlungen der Landesmedienanstalten von der Anwendbarkeit dieser Regeln ausgehen.

Von Produktplatzierungen zu unterscheiden sind die sogenannten Produkthilfen. Diese werden im Gegensatz zur Produktplatzierung unentgeltlich gewährt und sind grundsätzlich nicht kennzeichnungspflichtig. Ausnahmen bestehen allerdings, wenn die Zuwendung selbst einen hohen finanziellen Wert hat. Davon ist auszugehen, wenn das verschenkte Produkt mehr als 1 Prozent der Produktionskosten ausmacht oder mehr als 1.000 Euro wert ist.

Schließlich müssen Werbevideos oder Produktplatzierungen deutlich gekennzeichnet werden. Hierzu reichen englische Begriffe, die irgendwo in der Videobeschreibung versteckt werden, nicht aus! Werbevideos müssen als „#Werbung", „#Anzeige" oder „Dauerwerbesendung" bezeichnet werden, Produktplatzierungen ebenfalls als solche bezeichnet werden. Hierauf muss man mündlich und/oder schriftlich im Video selbst hinweisen. Zusätzlich (nicht alternativ!) muss der Hinweis an prominenter Stelle in der Videobeschreibung auftauchen.

Weitere Hinweise zu werberechtlichen Regelungen im Internet findet man auf unserer Homepage unter: https://www.wbs-law.de/internetrecht/influencer-marketing-und-schleichwerbung-wann-wie-und-wo-muss-man-kennzeichnen-73891/#4 sowie in einem Flyer der Medienanstalten unter https://www.die-medienanstalten.de/fileadmin/user_upload/die_medienanstalten/Themen/Werbeaufsicht/FAQ-Flyer_Kennzeichnung_Werbung_Social_Media.pdf.

5 Datenschutzbestimmungen

Ein weiteres wichtiges Regelwerk sind die Datenschutzbestimmungen von *YouTube* bzw. von *Google*, zu dessen Konzern *YouTube* ja gehört. Ebenso wie den Nutzungsbedingungen der Plattform stimmt der Nutzer auch diesen Bestimmungen bei der Registrierung zu. Dabei geht es darum, wie die Plattform mit den Nutzerdaten umgeht. Die Datenschutzgrundverordnung (DSGVO) befasst sich mit den sogenannten personenbezogenen Daten. Personenbezogene Daten sind solche Daten, die einer bestimmten Person zugeordnet werden können. Dazu gehören unter anderem Name, Adresse, Telefonnummer, E-Mail-Adresse und auch Informationen, die erst durch die Verknüpfung mit anderen Datenquellen einen Bezug zu einer konkreten Person ermöglichen – so nach überwiegender Ansicht auch die IP-Adresse. Plattformen wie *YouTube* dürfen Daten nur erheben, wenn der Nutzer darin einwilligt oder wenn es das Gesetz ausdrücklich erlaubt. Eine Erhebung von Daten gegen den Willen der Nutzerin oder ohne deren Kenntnis ist nicht zulässig. Nun haben Plattformen wie *YouTube* aber ein hohes Interesse an gewissen Daten und versuchen, mehr oder weniger eindeutig für die Nutzer ersichtlich, an die entsprechenden Daten heranzukommen.

Bevor man sich bei *YouTube* bzw. *Google* registriert, muss man in eine sogenannte Datenschutzerklärung einwilligen. Darin werden die Umstände der Verarbeitung von personenbezogenen Daten ausführlich beschrieben, welche Daten erhoben werden und warum. Stimmt die Nutzerin der Datenschutzerklärung zu und loggt sich mit seinem *Google*-Account ein, darf *YouTube* mit ihren Daten verfahren, wie in der Datenschutzerklärung beschrieben.

Bevor man sich auf der Plattform registriert, sollte jeder Nutzer daher überprüfen, welche personenbezogenen Daten durch die Plattform erhoben und weiterverarbeitet werden. Zwar genügen für eine Registrierung ein Name und eine E-Mail-Adresse, dennoch sollte man nicht unterschätzen, dass die Plattformen doch mehr Daten übermitteln, als man auf den ersten Blick denkt. Dies betrifft insbesondere die Auswertung des Nutzerverhaltens. Zwar betont die Plattform stets, dass es sich bei den erhobenen Daten keinesfalls um personenbezogene Daten handelt. Jedoch wird auch die IP-Adresse erhoben, die unter Umständen als personenbezogenes Datum anerkannt ist.

Denn *YouTube* hat ein Interesse an Angaben dazu, welche Videos sich eine registrierte Nutzerin angesehen hat, welche Kanäle sie abonniert und welche Nutzer sie kontaktiert hat. Nutzerdaten spielen eine Rolle bei der Schaltung von Werbeanzeigen. *YouTube* beispielsweise verwendet etwa Systeme wie den DoubleClick-Cookie, um Werbung zu schalten, die auf die Nutzerinnen persönlich zugeschnitten ist. Das System des Cookies ist einfach: Wenn eine Anzeige in einem Browser geschaltet werden soll, kann mithilfe von DoubleClick anhand der Cookie-ID des Browsers überprüft werden, welche DoubleClick-Anzeigen in diesem speziellen Browser bereits erschienen sind. Auf diese Weise kann zum Beispiel auch vermieden werden, dass für den Nutzer Anzeigen geschaltet werden, die er bereits gesehen hat. Nutzerinnen können den DoubleClick-Cookie aber auch deaktivieren, sodass dieser nicht mehr als Grundlage zur Schaltung von Anzeigen verwendet werden kann.

6 Die AGB und Community Guidelines von *Youtube*

YouTube lässt Nutzer nicht nur in Datenschutz- sondern auch in die Nutzungsbedingungen (AGB) und Community Guidelines einwilligen. Mit diesen sollte man sich ebenfalls bereits vor der Nutzung von *YouTube* beschäftigen.

6.1 Die Nutzungsbedingungen

Die AGB bestimmen das rechtliche Verhältnis zwischen der Plattform und dem Nutzer und sind das maßgebliche Regelwerk, dem man mit der Registrierung auf der Plattform zustimmt. „Zustimmen" bedeutet aber auch, dass man sich nach dem Onlinestellen des Videos an die Regeln der Plattform halten muss. Wer gegen die Nutzungsbedingungen verstößt, muss damit rechnen, dass die Plattform den eigenen Videokanal sperrt oder den Vertrag ganz kündigt. Dies ist insbesondere dann fatal, wenn man über Jahre hinweg einen Kanal aufgebaut hat und viele Nutzerinnen die Videos mitverfolgen.

6.1.1 Zulässigkeit von Werbung auf *Youtube*

Die AGB von *YouTube* sind nicht eindeutig, was die Zulässigkeit von Werbemaßnahmen anbelangt. Doch an einer Stelle der Nutzungsbedingungen regelt *YouTube* die Zulässigkeit der Verwendung der Plattform zu kommerziellen Zwecken im Allgemeinen. Danach soll *YouTube* grundsätzlich nicht zu kommerziellen Zwecken genutzt werden, insbesondere „nicht für die Anbahnung von Geschäften im Zusammenhang mit Handel oder einem gewerblichen Unternehmen". (*Youtube* 2017: Nutzungsbedingungen). Das Onlinestellen von Videos mit Werbecharakter stellt eine solche kommerzielle Nutzung dar, da dies in Verbindung mit der gewerblichen Tätigkeit steht und letztlich dem Absatz der eigenen Waren oder Dienstleistungen dient.

Von dieser Regelung werden nicht nur die Website selbst und deren Dienste umfasst, sondern auch die Kommentare und E-Mail-Funktionen der Website.

Eine Ausnahme gilt nur dann, wenn man im Voraus die Zustimmung dazu durch *YouTube* eingeholt hat. Bevor man also etwa Werbevideos auf *YouTube* schaltet, sollten man mit der Plattform Kontakt aufnehmen und sich dies absegnen lassen.

6.1.2 Umfassende Rechteeinräumung

Weiterhin sollten man sich bei der Nutzung einer Videoplattform darüber im Klaren sein, dass die Plattform sich ihre kostenlosen Dienste mit der umfassenden Rechteeinräumung an dem eingestellten Material bezahlen lässt. *YouTube* lässt sich eine weltweite, nicht exklusive und gebührenfreie Lizenz unter anderem zur Nutzung, zur Reproduktion, zum Vertrieb und zur Bearbeitung der Videos einräumen – gleichgültig in welchem Medienformat und über welchen Verbreitungsweg. Außerdem behält sich *YouTube* selbst auch das Recht zum Weitervertrieb des Videos und dessen Verwendung zu Werbezwecken vor.

Die umfassende Lizenz beinhaltet zudem das Recht zur Unterlizenzierung an jede Nutzerin der Plattform. Das heißt, mit dem Onlinestellen eines Videos räumt man nicht nur *YouTube* selbst, sondern auch den Millionen von Nutzern weltweit ein Nutzungsrecht an dem Material ein. Die Nutzerinnen werden – anders als *YouTube* – allerdings auf eine Verwendung im Zusammenhang mit der Plattform beschränkt. Wer verhindern möchte, dass Fremde das eigene Video bei sich einbetten, sollte in den erweiterten Einstellungen in der Rubrik Verbreitungsoptionen das Häkchen in dem Kasten zu „Einbetten Zulassen" nicht setzen.

Handelt es sich bei einem Video um eines, das man selbst produziert hat, muss man selbst entscheiden, ob man mit dieser Art der Rechteeinräumung einverstanden ist. Problematisch ist eine solche Rechteeinräumung hingegen, wenn man selbst an den Inhalten nur eine Lizenz erworben hat, die eine Unterlizenzierung verbietet, wie es beispielsweise bei den Videos aus Stock-Archiven der Fall ist.

Diese ganzen Rechte erlöschen erst, wenn das Video von *YouTube* wieder entfernt wird. Danach können also weder *YouTube* noch andere Nutzer das gelöschte Video ohne Zustimmung nutzen.

6.2 Community Guidelines

Neben den Nutzungsbedingungen hält *YouTube* auch Community Guidelines bereit. Dabei handelt es sich um die „Spielregeln", also generelle Verhaltensregeln, die Nutzer bei der Teilnahme an der Plattform einhalten müssen.

Dazu gehört beispielsweise das Verbot, gewaltverherrlichende, strafbare oder persönlichkeitsrechtsverletzende Inhalte auf der Plattform zu veröffentlichen.

Zudem legen die Community Guidelines besonderen Wert auf die Achtung des Urheberrechts. So heißt es bei *YouTube*:

> „Ohne ausdrückliche Genehmigung solltest du keine Videos hochladen, die du nicht selbst erstellt hast, und kein Material in deinen Videos einsetzen, dessen Urheberrechte einer anderen Person gehören – z. B. Musiktitel, Ausschnitte aus urheberrechtlich geschützten Programmen oder Videos, die von anderen Nutzern erstellt wurden" (*Youtube* 2017: Richtlinien und Sicherheit).

Bei Verstößen kann die Plattform ein Video oder gleich den ganzen Kanal sperren. Halten Nutzerinnen sich nicht an diese »Spielregeln«, so kann dies von anderen Nutzern gemeldet werden. Ist die Meldung berechtigt, löscht die Plattform den beanstandeten Inhalt und verwarnt die Kontoinhaberin. Bei drei bestehenden Verwarnungen kündigt *YouTube* dann das Konto.

7 Die Impressumspflicht

Die Impressumspflicht spielt nicht nur auf Websites, sondern auch im Rahmen von Videos eine Rolle, wenn man dort einen eigenen Kanal betreibt. Durch das Impressum, auch Anbieterkennzeichnung genannt, soll der Nutzer auf Informationen zu der Person oder dem Unternehmen, die oder das den Dienst geschäftsmäßig betreibt, zugreifen können.

7.1 Inhalt des Impressums

Wenn einen selbst die Impressumpflicht trifft, so muss man nach § 5 Telemediengesetz (TMG) gewisse Pflichtangaben nennen und dabei auch gewisse „Stolperfallen" beachten:

▶ *Den Namen und die Anschrift, unter der die Dienstanbieter niedergelassen sind, bei juristischen Personen zusätzlich die Rechtsform, den Vertretungsberechtigten und, sofern Angaben über das Kapital der Gesellschaft gemacht werden, das Stamm- oder Grundkapital sowie, wenn nicht alle in Geld zu leistenden Einlagen eingezahlt sind, der Gesamtbetrag der ausstehenden Einlagen*

Hier wird z. B. häufig ein Postfach anstelle einer geographischen Anschrift verwendet, was aber nicht ausreicht.

▶ *Angaben, die eine schnelle elektronische Kontaktaufnahme und unmittelbare Kommunikation mit der Dienstanbieterin ermöglichen, einschließlich der Adresse der elektronischen Post*

Die Telefonnummer darf keine Mehrwertnummer sein – bestehende Kunden müssen eine Möglichkeit haben, außerhalb der kostenpflichtigen Hotline für Bestellungen anzurufen. Die Telefonnummer darf nur dann durch ein Kontaktformular ersetzt werden, wenn darauf auch innerhalb von 30-60 Minuten geantwortet wird. Die eMail-Adresse darf nicht lediglich eine automatisierte Antwort versenden.

▶ *Soweit der Dienst im Rahmen einer Tätigkeit angeboten oder erbracht wird, die der behördlichen Zulassung bedarf, Angaben zur zuständigen Aufsichtsbehörde*

▶ *das Handelsregister, Vereinsregister, Partnerschaftsregister oder Genossenschaftsregister, in das die Dienstanbieter eingetragen sind, und die entsprechende Registernummer*

Handelt es sich bei dem Angebot zudem um einen journalistisch-redaktionell gestalteten Inhalt, so muss man zusätzlich eine Verantwortliche dafür benennen. Davon kann bei presseähnlichen Angeboten ausgegangen werden. Das sind solche, die das Ziel haben, einen Beitrag zur öffentlichen Meinungsbildung und Information zu leisten. Zu dieser verantwortlichen Person muss man Namen und Anschrift bereithalten. Dabei muss man beachten, dass als Verantwortlicher nur benannt werden darf, wer:

• seinen ständigen Aufenthalt im Inland hat,
• nicht infolge Richterspruchs die Fähigkeit zur Bekleidung öffentlicher Ämter verloren hat,
• voll geschäftsfähig ist und
• unbeschränkt strafrechtlich verfolgt werden kann.

Ein fehlendes oder falsches Impressum kann nach dem Wettbewerbsrecht eine kostspielige Abmahnung nach sich ziehen. Abmahnfähig sind auch veraltete Angaben in einem Impressum. Wer demnach seine Anschrift, die Gesellschaftsform oder eine andere Zeile im Impressum ändert, muss sicherstellen, dass diese Infos auch in den Impressumsangaben seines Videokanals aktualisiert werden.

7.2 Platzierung des Impressums

Ein rechtskonformes Impressum setzt zudem voraus, dass diese Informationen leicht erkennbar und schnell zugänglich sind. Das Impressum ist dann „leicht erkennbar", wenn es an gut wahrnehmbarer Stelle steht und ohne langes Suchen auffindbar ist. Der Bundesgerichtshof erkennt eine Erreichbarkeit des Impressums über höchstens zwei Klicks für ausreichend an.

Wir empfehlen, eine eigene Rubrik Impressum zu erstellen und auf die eigene Website zu verlinken. Ausreichend ist aber auch die Beschriftung mit „Kontakt" oder „über mich". Die Beschreibung „Info" reicht hingegen nicht aus.

8 Fazit

Dieser erste Überblick über die zahlreichen rechtlichen Aspekte bei der Nutzung von *YouTube* sollten Nutzer auch in Zukunft für rechtliche Stolpersteine sensibilisieren. Natürlich kann in diesem Kapitel nicht jedes rechtliche Problem im Detail besprochen werden. Wir hoffen jedoch, der Leserin ein Grundgerüst dafür vermittelt zu haben, was erlaubt ist und was nicht. Falls man als Nutzer dennoch einmal auf größere Probleme stoßen sollte, ist es immer empfehlenswert, rechtliche Hilfe in Anspruch zu nehmen. Hier ist Vorsorge oftmals besser und kostengünstiger als Nachsorge.

Literatur

YouTube (2017): Richtlinien und Sicherheit. Quelle: https://www.YouTube.com/yt/policyandsafety/de/communityguidelines.html

Youtube (2017): Nutzungsbedingungen. Quelle: https://www.youtube.com/static?gl=DE&template=terms&hl=de

IV
Ausblick: Social Video auf anderen Plattformen

Beyond *YouTube*
Bewegtbild von Influencern als Social Video auf *Instagram* und *Twitter*[1]

Martin Welker[2]

Zusammenfassung

Das politische Informationsverhalten der deutschen Bevölkerung hat sich in den vergangenen Jahren massiv verändert. Bereits jeder Fünfte informierte sich 2017 per soziale Netzwerke über Politik. Damit hat das Internet im Meinungsbildungsgewicht aller Medien erneut zugenommen. Beliebt sind bei den Nutzern bewegte Bilder mit bekannten Persönlichkeiten. Doch was bekommen die Nutzer in diesem Zusammenhang geboten? Die nachfolgende experimentelle Studie untersuchte im Vorfeld der Bundestagswahl 2017 politische Bewegtbildinhalte auf drei beliebten Plattformen: *YouTube, Instagram* und *Twitter*. Damit sollte eine Forschungslücke geschlossen werden: Was an politischen Bewegtbildinhalten auf diesen Plattformen von sogenannten Influencern angeboten wird, war bislang weitgehend unklar. Die Analyse von mehreren Dutzend Subangeboten (Accounts) auf unterschiedlichen Plattformen zeigt, dass die politischen Angebote recht heterogen sind und etablierte Prominente sowie junge Influencer um die Aufmerksamkeit der Nutzer buhlen.

---

1   Die im Beitrag verwendeten Geschlechterformen inkludieren jeweils weibliche und männliche Akteure.

2   Unter Mitarbeit von Anna-Sofia Angelis, Vanessa Berweiler, Katharina Marie Billigmann, Stefan Ehrhardt, Bastian Frings, Kilian Kraus, Melanie Striese: BA-Absolventinnen und Absolventen der HMKW im Fach Journalismus und Unternehmenskommunikation; Kursteilnehmer des SoSe 2017 in alphabetischer Reihenfolge. Alle Genannten haben sich an der Konzeption, Datenerhebung und Auswertung beteiligt. Außerdem wurden die Ergebnisse verschriftlicht.

© Springer Fachmedien Wiesbaden GmbH, ein Teil von Springer Nature 2019
H. Haarkötter und J. Wergen (Hrsg.), *Das YouTubiversum*,
https://doi.org/10.1007/978-3-658-22846-0_11

1   Einleitung und Definitionen

Die folgende Untersuchung war als deskriptive Studie angelegt und wurde in einem seminaristischen Kontext im Sommer 2017 durchgeführt. Der Zeitpunkt der Analyse lag recht günstig vor der Bundestagswahl im September 2017, um vor diesem wichtigen Zeitpunkt einen Status Quo bezüglich Bewegtbild-basierter Information auf den Plattformen *Instagram* und *Twitter* sowie als Vergleichsplattform *YouTube* ausmachen zu können. Im Mittelpunkt der Untersuchung standen Bewegtbilder, die von sogenannten Influencern (Definitionen siehe unten), prominenten Persönlichkeiten aus unterschiedlichen gesellschaftlichen Bereichen, angeboten wurden. Dazu wurde eine Analyse von mehreren Dutzend Subangeboten (Accounts) dieser Nutzer durchgeführt.

Die Triftigkeit der Untersuchung ergab sich aus der Tatsache, dass sich im ersten Quartal 2017 bereits jeder fünfte Deutsche per soziale Netzwerke über das innenpolitische Geschehen in Deutschland informierte (YouGov 2017: 3/5/12). Rund 30 Prozent der über 18-Jährigen Deutschen informierten sich über soziale Netzwerke über das aktuelle politische Geschehen (Deutschland und die Welt). Mit 13 Prozent der Nutzer steht *Facebook* dabei an erster Stelle, gefolgt von *Twitter* und WhatsApp. *Instagram* lagen an Position 5. Am aktivsten waren Anfang 2017 die Anhänger der Partei AFD (YouGov 2017: 3/16[3]). Die Website einer Zeitung war für mehr als jeden dritten Deutschen eine Informationsquelle für Politik (dies.: 5). Damit hat das Internet im Meinungsbildungsgewicht aller Medien aktuell weiter zugenommen (DLM 2017: 8).[4] Online-Plattformen werden für die informierende Nutzung der Deutschen zunehmend wichtig (dies.: 9), das gilt insbesondere für Jüngere (dies.: 10). Bei den 14-29-Jährigen liegt der Anteil der Nutzer, bei denen das Internet für die Meinungsbildung eine Rolle spielt, bereits über 50 Prozent (dies.: 30). 18 bis 34-Jährige nutzten soziale Netzwerke sogar vermehrt als Hauptquelle für politische Informationen (YouGov 2017: 9), nämlich zu 13 Prozent in dieser Altersklasse. Nutzer mit höherer formaler Bildung suchen dabei häufiger online nach politischer Information als andere Personen (YouGov 2017: 8). Beliebt sind bei den Nutzern besonders bewegte Bilder im Zusammenhang mit bekannten Persönlichkeiten.

Denn Onlinevideos werden zunehmend über soziale Netzwerke genutzt. Gut 34 Prozent der regelmäßigen Video-on-Demand-Nutzer gaben 2016 an, Bewegtbilder

---

3   Online-Befragung vom Februar 2017, N=1035 (dies.: 4).
4   Meinungsbildungsgewicht der Medien, Stand 1. HJ 2017: So hatte das Fernsehen das größte Meinungsbildungsgewicht – vor dem Internet, den Tageszeitungen, Radio und den Zeitschriften.

auch über soziale Netzwerke zu konsumieren, das waren knapp 7,8 Millionen
Personen über 14 Jahre (ALM 2016: 49). Professionelle Videoinhalte, die über
soziale Netzwerke laufen, erreichten demnach einen Anteil von rund 11 Prozent
der deutschen Bevölkerung über 14 Jahre (ebd.). Gut 1,8 Millionen gaben an, täglich bzw. fast täglich über *Facebook* und ähnliche Plattformen auf professionelle
Videoinhalte zuzugreifen (ebd.).

Obwohl digitale Medien für die Meinungsbildung zunehmend an Bedeutung
gewinnen, sind klassische Medien wie Fernsehen, Hörfunk und die Zeitung aber
nach wie vor bedeutende Quellen insbesondere für politische Informationen
(YouGov 2017: 3/5). Zudem gab rund jeder dritte Deutsche im ersten Quartal 2017
an, häufig Gespräche mit Bekannten und Freunden über deutsche Innenpolitik zu
führen und damit interpersonale Kommunikation für die Suche nach politischen
Informationen zu nutzen (YouGov 2017: 3). Diese Mischung (klassische Massenmedien und interpersonale Gespräche) erinnert an die Voraussetzungen für Modelle
von Kommunikation, die über sogenannte Meinungsführer laufen.

Das Konzept der Meinungsführer (engl. opinion leaders) entstammt der empirischen Medienwirkungsforschung in den USA der 40er und 50er Jahre im Rahmen
von Präferenzforschung bei politischen Wahlen. Es markiert gleichzeitig die Anfänge
der systematischen Kommunikationswissenschaft (vgl. Katz, Lazarsfeld & Roper
1955). Zunächst untersuchten die Forscher Word-of-mouth-Effekte, d. h. Wirkun-
gen von Botschaften, die über personale Kommunikation vermittelt wurden (siehe
auch Noelle-Neumann 2002: 66/67). Im sogenannten „Two-Step-Flow"-Modell (vgl.
Katz, Lazarsfeld & Roper 1955; Katz 1957: 61 ff.) fließen zunächst massenmedial
vermittelte Informationen über die kommunikativ aktiveren Meinungsführer zu
den eher passiveren Teilen der Bevölkerung und entfalten so – über einen angeblichen Verstärkereffekt (Noelle-Neumann 2002: 67) – ihre Wirkung. Unabhängig
von der Tatsache, dass das Modell bereits eine Dekade nach seiner Entdeckung
modifiziert bzw. in seiner Wirkungsstärke deutlich eingeschränkt wurde (Katz
1957; Klapper 1960), blieb dagegen lange unumstritten, dass persönliche Netzwerke
und demnach die Eigenschaften des eigenen sozialen Umfeldes wirkungsrelevant
waren. Diese Netzwerke konnten nach ihrem jeweiligen sozialen Zusammenhalt
(engl. social cohesion) klassifiziert werden (Carmines & Huckfeldt 1998: 237). Je
nachdem, in welchem sozialen Gruppenumfeld sich die Mediennutzerin bewegte,
konnten starke oder schwache soziale Bindungen (engl. strong ties / weak ties)
nachgewiesen werden (dies.: 238). Erweiterte Mikrotheorien diskutierten dann

starke oder schwache Bindungen als Erklärung für die Wirkung sozial vermittelter Kommunikation.[5]

Seit einigen Jahren ist nun nicht mehr so häufig vom „Opinion Leader", sondern vermehrt von „Influencials" oder schlicht von „Influencern" die Rede (vgl. Bakshy et al. 2011). Nach wie vor geht es den Forschern im Kern um das Problem der Beschreibung und Erklärung des Prozesses der Verbreitung und insbesondere Wirkung von Information im Zuge von vermittelter Kommunikation. Anders als bei der politikwissenschaftlichen Wahlforschung der 1940er bis 90er Jahre (siehe oben) werden nunmehr Personen untersucht, deren Netzwerke digital aufgebaut sind. Diese computervermittelten sozialen Netzwerke sind Hybride, die individuale wie auch massenmediale Kommunikation zulassen, in jedem Fall handelt es sich aber um medienvermittelte Kommunikation. Anders als bei Offline-Beziehungen gibt es keine unmittelbare, direkte Kommunikation unter Anwesenden. Diese Veränderung in der politischen Kommunikation nennt Blumler (2013) in Anlehnung an eine frühere zwei- und dreistellige Einteilung nun „the fourth age of political communication". So schreibt Blumler (2013: o. S.):

"Hence, what we used to call interpersonal communication in politics – which mainly took place in the family, among friends and with workmates – has been completely transformed. All this has unleashed an incredibly diverse range of globally expansive and temporally synchronous communicative networks, enlarging opportunities for linkage between dispersed social actors."

Diese Netzwerke können auf verschiedenen Plattformen etabliert werden (bspw. *Twitter* oder *Instagram*) und nach Personenzahl eine beträchtliche Größe erreichen. Sie sind beobachtbar und damit quantifizierbar, anders als die früheren Offline-Personennetzwerke. Im Mittelpunkt von Analysen stehen oftmals prominente Personen und die Art und Struktur ihrer digitalen Netzwerke und Botschaften. Von Interesse ist insbesondere

"the extent to which people are likely to be affected by decisions of their friends and colleagues, or the extent to which 'word-of-mouth' effects will take hold. Such network diffusion processes have a long history of study in the social sciences" (Kempe, Kleinberg & Tardos 2015: 105/106).

---

5   Die politische Soziologie hat sich insbesondere im Kontext der Wahlforschung über die Jahrzehnte mit zwei wechselseitig relevanten Einflussgrößen beschäftigt: der in der Umgebung des Individuums angebotenen bzw. rezipierten Information und den Präferenzen des Individuums (Carmines & Huckfeldt 1998: 241).

Das Erkenntnisinteresse ist geblieben, der Forschungsgegenstand hat hingegen gewechselt.

"In recent years, interest among researchers and marketers alike has increasingly focused on whether or not diffusion can be maximized by seeding a piece of information or a new product with certain special individuals, often called 'influentials' [...] or simply 'influencers'" (Bakshy et al. 2011: o. S. [1]).

Diese „Influencer" sind demnach Personen, die über ein größeres Netzwerk verfügen und deren Botschaften – auch über Zweit- und Drittrundeneffekte – von einer großen Zahl anderer Nutzerinnen wahrgenommen werden (vgl. Gladwell 2000).

"In general, influencers are loosely defined as individuals who disproportionately impact the spread of information or some related behavior of interest" (Bakshy et al. 2011: o. S. [2]).

Für die Definition des Begriffes „Influencer" und für die Operationalisierung des Ausmaßes von Einfluss werden Kennzahlen aus der Online-Marktforschung bzw. des Online-Marketings genutzt, wie die Zahl der Follower eines Nutzers, die Zahl der Retweets, die Zahl der Erwähnungen (engl. mentions) oder auch Googles Page-Rank (vgl. Kwak et al.; Cha et al. nach Bakshy et al. 2011: o. S. [2]). Forschungsleitend ist demnach das praktisch-ökonomische Interesse, wie die Verbreitung von Botschaften (engl. Diffusion) und deren Wirkung maximiert werden kann. Unter diesem Aspekt werden Studien in digitalen Netzen durchgeführt.

"If we want to understand the extent to which such ideas are adopted, it can be important to understand how the dynamics of adoption are likely to unfold within the underlying social network" (Kempe, Kleinberg & Tardos 2003: 1).

Dabei stehen – siehe oben – digitale soziale Netzwerke mit ihren medienvermittelten Informationen im Mittelpunkt. Publizisten haben über Bewegtbilder die Möglichkeit, ihre Inhalte auf ganz verschiedene Weisen zu vermitteln. Video, respektive Bewegtbild, bietet kreative Freiheiten und sichert Aufmerksamkeit bei den Nutzern. Entsprechend spielen digitale Videos inzwischen auch für die politische Meinungsäußerung und -bildung eine wichtige Rolle in den sozialen Netzwerken.

Während der Begriff „Bewegtbild" auf Online-Angeboten in der Vergangenheit überwiegend auf Videos kürzerer oder längerer Machart bezogen wurde (Derer 2010: 13), zeigt insbesondere die Plattform *Instagram*, dass mehr und mehr bewegte Hybridformen möglich geworden sind (siehe unten, Beschreibung der Plattform und der erfassten Variablen). Als Bewegtbild soll deshalb definiert werden, was als Abriss bewegter Bilder – entweder in Form von Videos oder in Form animierter

Bilderabfolgen – gesehen werden kann. Dabei können Bewegtbildabrisse in Form von Animationen und wenigen Sekunden Länge zeitlich recht knapp ausfallen, in Form von Videos mit Längen über eine Stunde können diese aber auch ausgedehnte Formen annehmen. Als „politisch" soll in dieser Analyse gelten, was inhaltlich einen Bezug zum aktuellen nationalen oder internationalen politischen Geschehen aufweist. Diese weite Definition wurde gewählt, um möglichst keine Beiträge auszuschließen. Andererseits wurden Beiträge aus den Angeboten bekannter Persönlichkeiten nur dann ausgewählt, wenn sie einen Politikbezug aufwiesen.

Da die Bewegtbildinhalte von den Angeboten bekannter Persönlichkeiten stammen, die als „Influencer" klassifiziert werden, muss dieser Begriff ebenfalls definiert werden: Influencer sind Personen, die eine große öffentliche Bekanntheit und Präsenz besitzen, die sich im Falle von Sozialen Medien darin zeigt, dass eine substantielle Zahl von Nutzern dem jeweiligen Angebot folgt. Einige dieser Influencer haben ihre öffentliche Präsenz besonderen Fähigkeiten oder Eigenschaften und in der Folge einer breiteren TV-Berichterstattung zu verdanken (bspw. Michael Ballack oder Heidi Klum). Andere Influencer verdanken ihre Popularität ihrer publizistisch-journalistischen Produktion und könnten demnach auch als Publizisten oder sogar Journalisten bezeichnet werden. Der Influencer unterscheidet sich vom klassischen Meinungsführer insofern, als er medial präsent ist und über das jeweils spezifische Medium seine potenziellen Influencees (Beeinflusste) rekrutiert. Influencer können demnach auch klassische Prominente sein, falls diese die obigen Bedingungen erfüllen. Im Umkehrschluss gilt allerdings, dass nicht jeder Prominente ein Influencer ist, bzw. dass auch Nicht-Prominente zu Influencern werden können. Bei den als *„Youtubern"* klassifizierten Personen ist Letzteres der Fall.

Kommunikation von Influencern spielt sich im Spannungsfeld von Öffentlichkeit und Privatheit ab. Beate Rössler (2001: 255) unterscheidet drei Sphären des Privaten: lokale Privatheit, das Leben innerhalb privater Räume, also die deszisionale Privatheit (ebd.: 144) bezüglich Entscheidungen, Handlungen und Lebensweisen sowie die informationelle Privatheit: Was darf ein anderer Mensch über mich wissen und was nicht (siehe auch Henning & Schulz 2014: 22). Allerdings wird oftmals nicht ganz klar, ob der Influencer persönlich öffentliche Kommunikation betreibt, oder ob eine Agentur professionell im Hintergrund arbeitet. Im Falle des durch politische Beiträge bekannt gewordenen Publizisten Le Floid ist persönliche Aktivität anzunehmen, bei Prominenten wie Heidi Klum konnte die Frage für diese Untersuchung nicht geklärt werden. Vorsichtig muss deshalb konstatiert werden, dass die in der vorliegenden Arbeit untersuchten Inhalte oftmals im Hybridbereich zwischen Journalismus und PR zu verorten sind: Es handelt sich vermutlich um einen Mix aus eigen- und auftragsproduzierten Inhalten, aus Publizistik und Marketing.

Die folgende Inhaltsanalyse kann dem Bereich der Computer-Mediated bzw. Digital Political Communication (CMPC) zugerechnet werden, „die zu den Schwerpunkten der internationalen Online-Forschung" zählt (Schweitzer 2008: 44). Dieses Untersuchungsfeld setzt sich mit den Konsequenzen der digitalen Kommunikation für den politischen Prozess auseinander (ebd.). Schweitzer beklagte allerdings schon im Jahr 2008 ein „unübersichtliches Nebeneinander an widerstreitenden Verfahrensweisen zur Erfassung von politischen Internetauftritten" (45), „welches alle Stufen des inhaltsanalytischen Erhebungsprozesses mit einschließt und den Vergleich der bisherigen Befunde erheblich beeinträchtigt" (ebd.). In ihrer vorgeschlagenen Klassifikation für die Analyse politischer Webseiten (49) ist das Material der folgenden Studie als personenzentriert, national und episodisch einzuordnen. So haben Social Media-Angebote den politischen Kommunikationsprozess seit 2008 und im Vergleich zu statischen Webseiten noch einmal deutlich beschleunigt.

Auf den folgenden Seiten soll also die Frage beantwortet werden: Auf welche Art und Weise werden politische Bewegtbildinhalte von Influencern über deren Angebote (Accounts) auf bestimmten Social Media-Plattformen kommuniziert? Von welcher formalen und inhaltlichen Art sind diese Inhalte? Auf welche Resonanz stoßen sie? Zur Beantwortung dieser Fragen wurde eine Inhaltsanalyse durchgeführt, deren methodische Anlage und Umfang nun im nächsten Abschnitt erläutert wird.

2   Methodik

2.1   Anlage der Untersuchung

Im Rahmen der vorliegenden seminaristisch-experimentellen Studie wurde eine Auswahl von Influencern analysiert, welche mindestens 100.000 bis zu einer Million Abonnenten bzw. Follower auf den jeweiligen Kanälen zählen sollten. Im Fokus stand die Frage von welcher inhaltlichen Art die Bewegtbildinhalte waren, die einen politischen Bezug aufwiesen. Im Zusammenhang damit wurden formale Fragen anhand bestimmter Kriterien untersucht, u. a. der Aufbau, die Länge und Qualität des Materials.

Die Untersuchung basierte auf einem mehrstufigen Auswahlverfahren. Zunächst wurden drei Plattformen ausgewählt: *YouTube*, *Instagram* und *Twitter*. Die erste Plattform diente quasi als Vergleichsangebot, da auf dieser populären Videoplattform am ehesten mit politischen Videos zu rechnen war. Die beiden anderen Plattformen boten für den deutschen Sprachraum bislang noch wenig systematische Erkenntnisse, was Form und Inhalt von politischen Bewegtbildern betraf. Zunächst wurden Influencer theoretisch gesampelt, d. h. bewusst nach bestimmten Kriterien ausgewählt. Erstens sollte das Angebot eine gewisse Reichweite besitzen, zudem sollten die Influencer aus verschiedenen gesellschaftlichen Bereichen stammen (Journalismus, Kultur, Sport). Da keine politischen Botschaften von Berufspolitikern oder politischen Parteien untersucht werden sollten, wurden deren Angebote von der Analyse bewusst ausgenommen. Flemming und Marcinkowski (2016: 196/197) haben darauf hingewiesen, dass nur ein geringer Teil jugendlicher Nutzer an Wahlkampfbotschaften von Parteien und Politikern Interesse zeigen. Wir wollten dieser Tatsache Rechnung tragen und analysieren, welche politischen Botschaften von den viel beliebteren Influencern geliefert werden. Bei der Wahl der Influencer wurde deshalb darauf geachtet, dass binnen Jahresfrist (Mitte 2016 bis 2017) mindestens einmal politische Bewegtbilder gepostet wurden.

Warum sich *Instagram* als Untersuchungsobjekt für die vorliegende Analyse eignet, hat drei wesentliche Gründe. Zum einen war eine wachsende aktive jugendliche Nutzerschaft (Mitte 2017) und damit ein theoretisches Potential zur Meinungsbildung zu verzeichnen. Zum anderen gilt *Instagram* nicht mehr als reine Foto-Applikation, sondern hat sich als Plattform etabliert, in der Unternehmen und Personen ihre (Verkaufs-)Anliegen mit Hilfe von Bewegtbildern transportieren (Faßmann & Moss 2016: 14). Drittens gab es bislang kaum Untersuchungen über politische Inhalte auf dieser Plattform. Auch bei *Twitter* ist der visuelle Anteil an den jeweiligen Postings seit dem Start der Plattform schrittweise gestiegen. Inzwischen werden nicht nur Bilder, sondern auch Videos bzw. Bewegtbildsequenzen an die Tweets angehängt. Als nachrichtenbasierte Plattform interessierte hier insbesondere, welchen Anteil politisches Bewegtbild an den Tweets der jeweiligen Influencer einnahm.

Im Falle von *YouTube* war der politische Anteil der Posts im Angebot von Tilo Jung mit seinem politischen Format *jung&naiv* gar nicht zu übersehen. Auch bei *KenFM* mit seinen Politik-Talks fiel das politische Bewegtbild sofort ins Auge. Des Weiteren wurden die Kanäle von *LeFloid, SpaceRadio, Rayk Anders* und *MrWissen2Go* analysiert.

2.2   Plattformen

Nachfolgend werden kurz die drei Plattformen mit ihren Hauptfunktionen beschrieben, auf denen die Angebote der einzelnen Influencer analysiert wurden. Anschließend wird dann der Begriff „Bewegtbild" genauer gefasst und definiert, anhand der Erläuterungen zu den spezifisch erfassten Variablen.

2.2.1 *Youtube*

YouTube ist eine Videoplattform im Internet, auf der Nutzerinnen kostenlos Bewegtbildinhalte veröffentlichen und konsumieren können. *YouTube* gehört seit dem Jahr 2006 zum Firmenverbund von *Google* und finanziert sich zum großen Teil über Werbeeinnahmen. Die Nutzer können miteinander interagieren, etwa durch das Bewerten und Kommentieren von Videos oder das Publizieren von Videoantworten, wodurch *YouTube* neben *Facebook*, *Twitter* und *Instagram* zu einem bedeutenden Social-Media-Netzwerk gewachsen ist.

2.2.2 *Instagram*

Instagram ist eine kostenfreie Foto- und Video-Applikation und Plattform, die 2010 von Kevin Systrom und Mike Krieger entwickelt wurde (Kobilke 2014: 13). Nach dem Start der Applikation wurde das Unternehmen von *Facebook* für eine Milliarde US Dollar aufgekauft (Kobilke 2014: 15). Nach einer Anmeldung können Nutzer ihre Fotos und Videos mit Filtern und Kreativwerkzeugen bearbeiten und auf der Plattform im Internet veröffentlichen (Faßmann/Moss 2016: 14). *Instagram* gibt seinen Nutzern die Möglichkeit, Fotos und Videos zu kommentieren, zu liken und sich gegenseitig zu folgen. Das Hauptmerkmal der Applikation liegt nach wie vor auf der Verbreitung von Bildinhalten, weswegen die jeweilige Bildunterschrift auf eine gewisse Zeichenzahl begrenzt ist und auch der Einsatz der sogenannten Hashtags nicht unbegrenzt möglich ist (Faßmann/ Moss 2016: 14). Hashtags bilden sich aus Schlagworten, die mit den Zeichen „#" versehen werden, um die einzelnen Beiträge über die Suchfunktion mit Hilfe dieser Schlagworte finden zu können (Faßmann/Moss 2016: 14).

Unter einem Beitrag sind alle Veröffentlichungen auf der Plattform zusammengefasst, dabei kann es sich um Storyfragmente oder Posts handeln. Alle Beiträge können in unterschiedlicher Form aufbereitet sein: Als Text, (Bewegt-)bild oder eine Kombination aus allen Möglichkeiten. Ein besonderes Feature der Plattform ist der sogenannte „Boomerang". Hierbei wird ein Kurzclip aufgenommen und immer wieder vorwärts und rückwärts in der Loop-Funktion abgespielt. Boomerangs enthalten grundsätzlich keine Tonspur und heben sich dadurch zusätzlich vom gewöhnlichen Bewegtbild ab.

Ein weiteres Element ist die Personentag-Funktion. Hierbei wird mithilfe eines „@Accountname" eine Person oder ein Unternehmen markiert. Dadurch werden die Follower des Taggenden auf das *Instagram*-Profil des Getaggten verwiesen. Darüber hinaus kann die Swipe-Funktion (deutsch: wischen) verwendet werden um auf externe Seiten hinzuweisen. Diese kann, muss aber nicht, zu Werbezwecken verwendet werden. Zusätzlich gibt es die Möglichkeit, veröffentlichte Posts mit Schlagwörtern, den sogenannten „Hashtags" zu markieren. Über eine Suchfunktion kann gezielt nach einzelnen Hashtags gesucht werden. Somit lassen sich Posts anhand der Schlagwörter wiederfinden.

2.2.3 Twitter

Twitter wurde im Jahr 2006 in Kalifornien von Jack Dorsey, Evan Williams und Biz Stone gegründet (Beaumont 2008). Der Microblogging-Dienst, bei dem die Nutzer Tweets verfassen, die andere Nutzer abonnieren, umfasste bis 2018 max. 140 Zeichen. Nutzer können sich gegenseitig folgen und von anderen gefolgt werden. Die Beiträge stehen in Listenform und sind chronologisch angeordnet. Die Absenderin kann selbst entscheiden, ob der Eintrag für alle oder nur für eine Gruppe von Freunden sichtbar ist. Retweets können für eine virale Verbreitung von Inhalten sorgen. Andere Nutzer greifen einen (fremden) Tweet auf und leiten diesen an ihre Followerschaft mit Vermerk auf den Urheber weiter (vgl. Bürger & Dang-Anh 2014: 285 f.).

2.3   Influencer und deren Angebote (Accounts)

2.3.1 *Youtube*

Bei den sechs untersuchten Influencern handelt es sich ausschließlich um Personen, die aktiv und regelmäßig auf *YouTube* Videos veröffentlichen. Diese Publizisten werden nach ihren jeweiligen Nutzerprofilen auf *YouTube* benannt, also den Namen ihrer sogenannten *YouTube*-Kanäle. Als wichtigste Auswahlkriterien für die Inhaltsanalyse dienten die Anzahl der Abonnenten ihrer Kanäle und die Themen, mit denen sie sich gewöhnlich in ihren Videos beschäftigen. Alle hier untersuchten *YouTuber* hatten mindestens 100.000 Abonnenten, mit einer Ausnahme, dessen Videos allerdings dennoch vergleichsweise hohe Abrufzahlen aufweist. Ferner wurde bei der Auswahl der Influencer gezielt darauf geachtet, dass sie in den vergangenen Wochen zumindest gelegentlich politische Inhalte in ihren Videos kommunizierten. Nachfolgend eine Auflistung und kurze Beschreibung der analysierten Influencer.

Tab. 1 Tabellarische Übersicht der auf *YouTube* analysierten Angebote in alphabetischer Reihenfolge

Influencer	Beruf	Abonnentinnen*	Themen
KenFM	Journalist	Über 150.000	Ungewöhnliche Nachrichten, Politiker
Le Floid	Student	Über 3 Mio.	Aktuelle Nachrichten
MrWissen2Go	Journalist, Autor, Moderator	Über 400.000	aktuelle Nachrichten, Alltagsfragen, historische Themen
Rayk Anders	Journalist	Über 80.000	politische Nachrichten
Space Frogs (Radio)	Gestaltungstechnische Assistenten	Über 1 Mio.	Alltagsfragen und Comedy-Sketche
Tilo Jung	Journalist	Über 100.000	Bundespressekonferenzen, Interviews Politiker

Quelle: eig. Darstellung; * = Stand: Sommer 2017

- Florian Mundt alias *LeFloid* betreibt einen der zehn meist abonnierten *YouTube*-Kanäle Deutschlands. Hauptsächlich berichtet und kommentiert er in seinen Videos über aktuelle Nachrichten, die oft politischer Natur, gerne jedoch auch Skurriles aus aller Welt sein können. Das verleiht Mundt ein Gewicht an potenzieller politischer Meinungsbildung insbesondere bei Jugendlichen.[6]
- Das Comedyduo *Space Frogs*, bestehend aus Fabian Rieck alias Rick und Steven Schuto alias Steve, nutzt den Kanal *SpaceRadio* für verschiedene VLog-Formate, wobei sie zum Beispiel alltägliche Dinge humoristisch aufs Korn nehmen. Ursprünglich nur ein Zweitkanal, hat SpaceRadio inzwischen mehr Abonnenten, als der Hauptkanal des Duos und gewinnt durch häufige Platzierung unter den Top-Trends von *YouTube* an Popularität. In ihrer Selbstwahrnehmung sind die *Space Frogs* Unterhalter. Dennoch kommentieren sie gelegentlich auf komödiantische Art aktuelle gesellschaftliche oder auch politische Diskussionen (Schuto 2016).
- Der Moderator und Journalist *Mirko Drotschmann* publiziert auf seinem Kanal *MisterWissen2go* informative Videobeiträge (VLogs) über politische, historische

6 Größere mediale Aufmerksamkeit gewann Mundt am 11. Juli 2015 durch ein Interview mit Bundeskanzlerin Angela Merkel, welches ihn in der öffentlichen Wahrnehmung als journalistischen Vertreter der neuen Medien zeigte. Er selbst will seine Videos jedoch vor allem als Unterhaltung verstanden wissen, welche die Rezipienten zum politischen Meinungsaustausch und Diskussionen anregt (Gespräch mit Markus Lanz. Online https://www.YouTube.com/watch?v=TCeocT0RrpY).

oder alltägliche Themen. Dabei äußert er nur selten seine eigene Meinung, sondern legt den Fokus darauf, Fakten zusammenzutragen, „die aber so erklärt sind, dass man sie auch versteht" (Drotschmann 2014).

- Ken Jebsen betreibt als freier Journalist das Online-Portal *KenFM* und veröffentlicht auf dem gleichnamigen *YouTube*-Kanal Interviews. *KenFM* versteht sich als unabhängiges Presseportal. Vor allem in Meinungsformaten vertritt Jebsen zum Teil äußerst umstrittene Thesen und zitiert tendenziöse Quellen, wie das vom russischen Staat finanzierte Webportal RT Deutsch.

- Bekannt unter dem Namen *Jung & Naiv – Politik für Desinteressierte* veröffentlicht der freie Journalist und Blogger *Tilo Jung* regelmäßig Interviews. Oft stellt er seine Fragen auch bei Bundespressekonferenzen und publiziert diese auf seinem Kanal komplett oder als Mitschnitte. Der Kern seiner Videos liegt darin, dass die Netzgemeinde ihm Fragen schicken soll, die er dann an die Politiker oder Stellvertreter weitergeben kann. Im Jahr 2014 wurde dieses Format mit dem Grimme Online Award ausgezeichnet.

- Ursprünglich unter dem Namen *Armes Deutschland* äußert der freie Journalist *Rayk Anders* (vgl. 2017: o.S.) wöchentlich seine Meinung zu politischen Begebenheiten. Als *Headlinez* wird dieses Format seit 2016 auch in das Angebot der öffentlich-rechtlichen Onlineplattform *funk* eingespeist.

2.3.2 *Instagram*

Auf dieser Plattform wurden Profile ausgewählt, die – im Sinne der oben genannten Definition – reichweitenstarke Instagrammerinnen umfassen. Insbesondere Persönlichkeiten des öffentlichen Lebens, aus verschiedenen gesellschaftlichen Bereichen, wurden bewusst gewählt. Damit sollte sichergestellt werden, dass alle gesellschaftsrelevanten Bereiche, die auf dieser Plattform zu finden sind, weitestgehend abgedeckt werden.

Nachfolgend eine Auflistung und kurze Beschreibung der analysierten Instagrammer.

Tab. 2 Tabellarische Übersicht der auf *Instagram* analysierten Angebote in alphabetischer Reihenfolge

*Instagram*mer	Beruf	Abonnenten*	Themen
Ballack, Michael michaelballackofficial (40 Jahre)	Ex-Fußballer	472.500	Experte für Fußball-Berichterstattung
Blume, Felix Antoine „Kollegah" kollegahderbossofficial (32 Jahre)	Rapper	1.2 Mio	Student an der Uni Köln Fitnessprogramm „Bosstransformation"
Giesinger, Stefanie stefaniegiesinger (20 Jahre)	Model	2.8 Mio	Mode, Lifestyle
Heinecke, Bianca Bibis Beauty Palace (24 Jahre)	Kolumnistin, Sängerin	5.3 Mio	ihre erste Single „How it is" – Rekord: 40,5 Mio. Aufrufe, 357.000 Likes, 2 Mio. Dislikes
Kroos, Toni toni.kr8s (27 Jahre)	Sportler	12.9 Mio	Fußballexperte
Landruth, Lena Meyer lenas_view (26 Jahre)	Sängerin	1,7 Mio	kurz vor der Veröffentlichung ihres neuen Albums
M'Barek, Elyas elyjahwoop (35 Jahre)	Schauspieler	2 Mio	aktuell für den Film „fack ju Göthe 3"
Mockridge, Luke thereallukemockridge (28 Jahre)	Comedian	456.000	aktuell auf deutschland-weiter Comedy-Tour „luckyman"
Schweiger, Emma emma.schweiger (14 Jahre)	Schauspielerin	221.700	Tochter von Til Schweiger; Dreharbeiten für „Connie & Co. 2"

Quelle: eig. Darstellung; * = Stand: Sommer 2017

Insgesamt war festzustellen, dass auf dieser Plattform weniger formatbezogen wie bei *YouTube*, sondern vielmehr personenbezogen produziert wird. Diese Beobachtung spiegelt sich in den Ergebnissen unserer Untersuchung wider.

2.3.3 *Twitter*

Zunächst wurden – wie auch auf den anderen Plattformen – Influencer als Personen mit einer substanziellen Zahl von Followern ausgewählt. Dann wurden die Angebote ausgewählt. Konkret handelt es sich dabei um die *Twitter*-Kanäle von *Jan Böhmermann, PietSmiet, Klaas Heufer-Umlauf* und *Mirko Drotschmann*, besser bekannt als „*MrWissen2Go*". Außerdem wurden die Angebote von *Heidi Klum, Joko Winterscheidt, Ken Jebsen alias KenFM und Frank Buschmann* analysiert. Gründe für die Auswahl dieser Personen sind zum einen ihre öffentliche Bedeutung und zum anderen die Einstufung als Influencer.

Tab. 3 Tabellarische Übersicht der auf *Twitter* analysierten Angebote in alphabetischer Reihenfolge

Influencer *Twitter*	Beruf	Abonnenten*	Themen
Böhmermann, Jan	Satiriker, Journalist	1,5 Mio.	Politik, Unterhaltung
Buschmann, Frank	Sport-Moderator	150.000	Sport
Jebsen, Ken (KenFM)	Freier Journalist	18.000	Politik, Unterhaltung
Klaas Heufer-Umlauf	Produzent, Moderator	1,6 Mio.	Politik, Unterhaltung
Klum, Heidi	Model, Moderatorin, Produzentin	4,5 Mio.	GNTM, Mode, Lifestyle
Mirko Drotschmann („MrWissen2Go")	Journalist, Vlogger	10.000	Wissen
PietSmiet	*YouTuber*	260.000	Politik, Unterhaltung
Winterscheidt, Joko	Moderator, Entertainer	2 Mio.	Unterhaltung

Quelle: eig. Darstellung; * Stand: Sommer 2017

Die Analyseeinheit war jeweils ein ganzer Tweet, d.h. textuelle als auch bildliche Inhalte wurden berücksichtigt. Außerdem wurden das Datum des Beitrages sowie die Länge des Bewegtbildes oder GIFs erfasst. Ein wichtiger Faktor waren Hashtags, Likes, Kommentare und Teilungen, die als Teil des Tweets betrachtet und ebenfalls analysiert wurden.

2.3.4 Analysezeitraum

Der Analysezeitraum für die Angebote auf *YouTube* betrug drei Wochen. Da Videobeiträge normalerweise aufwändiger zu produzieren sind, wurde für diese Plattform ein etwas längerer Zeitraum definiert. Erfasst wurden jeweils die Beiträge der vergangenen drei bis vier Tage, je nachdem ob der Starttag auf einen Sonn- oder Feiertag fiel. Der erste Starttag des Codierzeitraums war Sonntag, der 14.05.2017. Der erste Erfassungszeitraum begann damit am Donnerstag, den 11.05.2017. Weitere Codiertage waren in der Folge Mittwoch, 17.05.2017 (drei Tage zurück); Samstag, 20.05.2017 (drei Tage); Mittwoch, 24.05.2017 (vier Tage); Sonntag, 28.05.2017 (vier Tage) und abschließend Mittwoch, 31.05.2017 (drei Tage). Aufgrund der großen Videoanzahl zweier *YouTuber* (*KenFM und Tilo Jung*), wurde der Erfassungszeitraum für deren Kanäle auf 14 bzw. zehn Codiertage begrenzt. Der Untersuchungszeitraum für *KenFM* endete folglich am 24.05.2017; der Zeitraum für *Tilo Jung* bereits am 20.05.2017.

Für *Instagram* wurde eine fortlaufende Woche als Analyseneinheit gewählt (23. bis 29. Mai 2017). Dadurch war es möglich, zusammenhängende Inhalte auch als solche analysieren zu können. Es gab Ausschluss über Handlungen und inhaltlich zusammenhängende „Geschichten".

Der Untersuchungszeitraum bei *Twitter* umfasst eine künstliche Woche im Mai und Juni 2017. Hierzu werden die einzelnen Wochentage aus verschiedenen Wochen zu einer gesamten Woche zusammengefügt. Auf diese Art und Weise wurde ein Bild der Aktivitäten der jeweiligen Verfasser geliefert.

2.4 Codierte Variablen[7]

Eine Schwierigkeit bei den hier analysierten Angeboten, insbesondere im Falle von *Instagram*, war evident: Die Vielfalt der zu analysierenden digitalen Artefakte. Rössler hatte bereits im Jahr 2008 (33) darauf hingewiesen:

> „Die Inhaltsanalyse hat keinen Einfluss auf die symbolischen Wirklichkeiten, die sie untersucht. Ihre Instrumentenentwicklung gleicht deshalb gerade auf dem Gebiet neuer digitaler Kommunikationsangebote dem Rennen zwischen dem Hasen und dem Igel, in dem die Forschung zwangsläufig der Vielfalt an medialen Artefakten hinterherläuft, die von Kommunikatoren in schneller Folge entwickelt und eingesetzt werden."

---

7   Die Codepläne können online eingesehen werden. Siehe die Adresse am Ende des Textes.

Insofern haben wir uns hier mit Igeln befasst, die wir hasengleich inhaltsanalytisch unter Kontrolle zu bekommen versuchten, deren digitale Artefakte in Bezug auf Bewegtbilder aber stets signalisierten: „Bin schon da."

2.4.1 *YouTube*

Jedes Video wurde formal und inhaltlich untersucht. Das Codierungsschema beinhaltete sowohl qualitative, als auch quantitative Variablen. Als Analyseeinheit wurde jeweils ein komplettes Video inklusive dessen Begleitdaten definiert. Diese beinhalteten neben der jeweils zugeordneten Nummer des Publizisten den Titel des Videos, die Videodauer in Sekunden, das Datum der Veröffentlichung und die Zahl der Aufrufe. Ferner wurden zur besseren Vergleichbarkeit der *YouTuber* die Anzahl der positiven und negativen Bewertungen sowie die Anzahl der Kommentare unter jedem Video gezählt.

Im Rahmen der qualitativen Inhaltsanalyse wurde jeder Videobeitrag einem Genre zugeordnet. Die ausgewählten Genres waren Nachrichten, Dokumentation, Feature, Kommentar, Glosse, Werbung/PR und Interview. Videos außerhalb dieser genannten Genres wurden unter „Sonstiges" gefasst. Abseits der Videoinhalte wurde auch der Begleittext in der Videobeschreibung in Hinblick auf seine Qualität bewertet. Als „geringe Qualität" wurden Videobeschreibungen definiert, die nur Verlinkungen zu PR-Zwecken oder bestenfalls nicht mehr als einen Begleitsatz zum Video beinhalteten. Videobeschreibungen mit „hoher Qualität" beinhalteten mindestens einen mehrzeiligen Text zum Video und im Idealfall Quellenverlinkungen.

Für die Art der verwendeten Quellen wurde eine eigene Kategorie gebildet, die aufzeigen sollte, ob und wie die publizierten Inhalte belegt wurden. Unterschieden wurde dabei zwischen Zitaten, Verlinkungen in der Videobeschreibung, Grafikeinblendungen im Video wie zum Beispiel Statistiken und Auftritte anderer Personen im Video. Andere Arten von Quellen fallen auch hier wieder unter Sonstiges.

Gezählt wurden die behandelten Themen und Inhalte in einem Video inklusive deren prozentuale Dauer, um herauszufinden, welche thematischen Schwerpunkte in der Regel gesetzt wurden. Kategorisiert wird nach den Themen Politik, Wirtschaft, Kultur, Sport und Sonstige, die keinem dieser Themen zugeordnet werden können. Außerdem wurde im Bereich Politik noch zwischen nationaler und internationaler Ebene unterschieden. Darüber hinaus wurde gezählt, wie viel Minuten sonstige Inhalte einnehmen. Darunter fallen zum Beispiel das Intro eines Videos oder die Bewerbung ähnlicher Videos am Ende, die sogenannte Endcard. Als Indikator für den Unterhaltungsfaktor eines Videos wurden außerdem alle Einblendungen von Grafiken und Videos sowie die Anzahl der Witze gezählt. Daraus resultiert jeweils eine Grafik-, Video- und Gagdichte, also die durchschnittliche Verwendung dieser Stilmittel pro Minute.

2.4.2 *Instagram*

Das Besondere an der Plattform *Instagram* ist, dass sogenannte Stories veröffentlicht werden können. Hierbei handelt es sich um 24 Stunden lang abrufbare Inhalte, die entweder in Form von Bewegtbild, Standbild oder Text veröffentlicht werden können. Nach 24 Stunden verschwinden die jeweiligen Story-Fragmente automatisch. Dies war der Grund keine künstliche Woche, sondern eine fortlaufende Woche als Analyseeinheit zu wählen. Dadurch war es möglich, zusammenhängende Posts auch als solche analysieren zu können. Es gab Ausschluss über Handlungen und inhaltlich zusammenhängende „Geschichten".

Als Erstes wurde die Art des Beitrags bestimmt, ob es sich um einen Teil der Story oder einen „regulär" geposteten Beitrag handelt. Die Story ist dabei nicht als Ganzes, sondern als jedes einzelne Element untersucht worden. Im Codierbogen wurde zwischen Story-Fragment und Post unterschieden. Das Kernstück der Analyse ist die inhaltliche Klassifikation der veröffentlichten Beiträge. Im Codierbogen wurden die Ressorts Politik, Wirtschaft, Kultur, Sport, Unterhaltung, PR/ Promotion und Sonstiges verwendet. Formal wurde festgehalten, ob die Beiträge mit Ton versehen sind und wie lang sie sind. Ferner wurden Tags und Swipes codiert. Inhaltlich stehen diese meistens im Zusammenhang mit dem Ressort „PR/ Promotion", da sie oftmals Bestandteil von Kooperationen zwischen den Influencern und den jeweiligen Unternehmen sind.

2.4.3 *Twitter*

Das Codierschema bestand aus vier Blöcken. Der erste Block umfasste formale Daten, wie die Nummerierung der Codierung, Name des Codierers, Codierstart und -ende, sowie das Codierdatum. Im zweiten Block wurde die Art des Tweets erfasst, in den Kombinationen Text, Bild, Bild und Text, Bewegtbild, Bewegtbild und Text, GIF, GIF und Text – sowie festgestellt, ob es sich bei dem Beitrag um einen Retweet handelt oder nicht. Der dritte Block behandelte unter anderem die inhaltlichen Aspekte des einzelnen Tweets. Erfasst werden das Datum des Beitrages sowie das Genre. Die verfügbaren Möglichkeiten sind hierbei Nachricht, Dokumentation, Feature, Kommentar, Glosse, Werbung, PR, Interview und Sonstiges. Zusätzlich wird erfasst, ob es sich um einen journalistischen oder nicht-journalistischen Tweet handelt sowie die Länge bei einem Bewegtbild oder GIF, falls vorhanden. Inhaltlich thematische Variablen sind Politik, Wirtschaft, Kultur, Sport, Unterhaltung und Sonstiges. Anschließend wird die Anzahl der Hashtags erfasst, von denen die ersten drei wörtlich dokumentiert werden. In der letzten Kategorie dieses Blocks wird erfasst, ob der Verfasser des Beitrages eine Quelle angegeben hat und ob es sich dabei um einen Link, ein Zitat, eine Person oder sonstiges handelt. Der letzte Block des Codierschemas dient der genauen Angabe von Likes, Teilungen und Kommentaren zum Codierungszeitpunkt. Diese Angaben werden in absoluten Zahlen gemacht.

3   Ausgewählte Ergebnisse der Analyse

3.1   *Youtube*

Insgesamt wurden auf *YouTube* 49 Videos erfasst und codiert.

Mit 23 Videos nahmen die Postings des Kanals von *Tilo Jung* fast die Hälfte der insgesamt codierten Videos im Erfassungszeitraum ein. Insgesamt produzierte *Tilo Jung* 17 Stunden Videomaterial. Dies entspricht mehr als zwei Dritteln des gesamten codierten Videomaterials. Der Grund liegt darin, dass die Beiträge von *Tilo Jung* von dokumentarischer Art sind und eine lange Spieldauer aufweisen.

Tab. 4   Anzahl codierter Videos auf *YouTube*

YouTuber	Anzahl codierter Videos	Anteil in Prozent
Le Floid	7	14,2
Space Frogs (Radio)	4	8,1
MrWissen2Go	3	6,1
Tilo Jung	23	46,9
KenFM	8	16,3
Rayk Anders	4	8,1
Summe	49	100

Quelle: eig. Darstellung

Generell galt für unseren Betrachtungszeitraum, dass Kanäle mit vielen Abonnenten auch eine hohe Zahl von Aufrufen der entsprechenden Videos generierten. Die mit Abstand höchste durchschnittliche Zahl von Videoaufrufen erzeugte *LeFloid* mit durchschnittlich mehr als 530.000 Aufrufen pro Video. Das entsprach im Schnitt mehr als doppelt so vielen Aufrufen, wie der hier zweitplatzierte Kanal *Space Radio* vorweisen konnte, dessen Videos im Durchschnitt 240.000 mal gesehen wurden. Gleichzeitig gehen mit einer hohen Anzahl an Aufrufen auch größere Mengen an Kommentaren und Bewertungen einher. So hatte *LeFloid* im Schnitt die höchste Anzahl an Bewertungen (54.818), gefolgt von Space Radio (22.614). Ferner wurden die Videos dieser beiden Kanäle von den Nutzern jeweils stark diskutiert. *LeFloid* provozierte unter seinen Videos durchschnittlich über 4.200 Kommentare, bei *Space Radio* waren es immer noch mehr als 1.600.

Zu der vergleichsweise geringen Zahl von Aufrufen von durchschnittlich 9.327 Klicks bei *KenFMs* Videos und 9.677 Klicks bei denen von *Tilo Jung* gesellte sich auch eine eher geringe durchschnittliche Anzahl von Kommentaren (82 bei *KenFM* und 186 bei *Tilo Jung*). Allerdings: *Tilo Jung* erreichte mit seinen Beiträgen trotz geringerer Abonnentinnenzahlen insgesamt mehr Menschen als *KenFM*. Anzahl von Abonnentinnen der Kanäle und Nutzerzahlen der jeweiligen Videos müssen also nicht zwangsläufig linear zusammenhängen.

Obwohl der Kanal von *Rayk Anders* von allen hier codierten Kanälen absolut gesehen die mit Abstand geringste Anzahl an Abonnenten hat, erreichen seine Videos mit fast 25.000 Aufrufen beinahe die gleiche durchschnittliche Nutzungsreichweite wie jene des Kanals von *MisterWissen2go* mit knapp 27.000 Aufrufen, obwohl dieser mehr als fünfmal so viele Abonnenten hat. Kommentiert und bewertet werden *Rayk Anders* Videos im Durchschnitt sogar häufiger als die von *MisterWissen2go*. 994 Kommentaren pro Video (*Rayk Anders*) stehen hier einer etwas geringeren Zahl von 843 Kommentaren (*MrWissen2go*) gegenüber. Die die Zahl der Bewertungen fallen mit 3.049 Likes und Dislikes (*Rayk Anders*) höher aus gegenüber den 2.870 von *MrWissen2go*.

Beim Blick auf die Verteilung der negativen und positiven Bewertungen wird deutlich, dass alle Videos grundsätzlich eher positiv aufgenommen werden. Der Grund dafür liegt wohl darin, dass die Videos überwiegend von den Abonnenten der jeweiligen Kanäle bewertet werden, wobei davon auszugehen ist, dass Abonnements grundsätzlich auf Sympathie für die jeweiligen Inhalte und deren Urheber beruhen. Deshalb erzeugen die meisten Videos bei den Nutzern wohl eine positive Tendenz.

Eine Ausnahme gibt es allerdings auch für diese Vermutung: der Kanal von *Rayk Anders*. Während bei allen anderen Kanälen die jeweiligen Videos durchschnittlich höchstens zu zehn Prozent negativ bewertet wurden, fiel der Kanal von *Rayk Anders* aus dem Rahmen. Im Schnitt wurden rund 20 Prozent seiner Videos mit negativen Bewertungen versehen. Das lässt auf – möglicherweise gewollte – kontroverse Inhalte schließen.

Thematisch konzentrierten sich nahezu alle Kanäle mit ihren Videos auf bestimmte Inhalte und setzten diese in bestimmten Darstellungsformen um. Am deutlichsten war das bei den Kanälen von *LeFloid* und *Rayk Anders* sichtbar, die in ihren Videos ausschließlich aktuelle politische oder generell nachrichtliche Themen kommentieren. Alle codierten Videos von *Rayk Anders* wurden entsprechend der Darstellungsform „Kommentar" zugeordnet. Da *LeFloid* Nachrichten nicht nur kommentierte, sondern in der Regel auch humoristisch aufarbeitete, wurden seine Videos hier vollständig der Darstellungsform „Glosse" zugeordnet. Am vielseitigsten in dieser Hinsicht war der Kanal von *Tilo Jung*. Jeweils ein Drittel seiner Videos sind der Darstellungsform „Interview" oder „Dokumentation" zuzuordnen. Hierbei handelte es sich allerdings hauptsächlich um Mitschnitte von Bundespressekonferenzen, die er dokumentierte und gleichzeitig Fragen an die Anwesenden stellte. Also hatte auch *Tilo Jung* ein Hauptkonzept entwickelt, man könnte sagen: eine Masche, mit der seine Abonnentinnen bediente.

Bemerkenswert war, dass fast alle codierten Videos der hier analysierten Influencer im Betrachtungszeitraum ihre Inhalte mit Quellenangaben belegten. Das deutete auf eine publizistisch-journalistische Qualität hin, die so nicht zu erwarten gewesen war. Nur *Space Radio* gibt für Dreiviertel seiner Videos keine Quellen an, was möglicherweise an den eher auf Unterhaltung ausgerichteten Inhalten liegt. Immerhin in einem Video haben die beiden Macher ihre Aussagen mit Grafikeinblendungen belegt. Die vielseitigsten Quellenangaben wies *MrWissen2Go* auf. In jedem Dritten seiner Videos zieht er zum Thema passende Zitate heran, belegt seine Aussagen durch Grafikeinblendungen oder lässt andere Personen zu Wort kommen. Außerdem belegt er in 100 Prozent seiner Videos – und damit so konsequent wie kein anderer Influencer – seine Inhalte durch Verlinkungen in der Videobeschreibung, wobei er auch Primärquellen angibt. *LeFloid* verwies in etwa vier Fünftel seiner Videos auf externe Quellen – und zwar in der Videobeschreibung. Allerdings sind dies ausschließlich aufgearbeitete Sekundärquellen von hauptsächlich großen Medienverlagen wie zum Beispiel Spiegel Online. Ansonsten arbeitet er in vielen seiner Videos mit Grafikeinblendungen (etwa zwei Drittel) und zieht gelegentlich Zitate (etwa in einem Drittel der Videos) heran. Am häufigsten belegt *Rayk Anders* die Inhalte seiner Videos mit Grafikeinblendungen (zu zwei Drittel seiner Videos). Auch Zitate (rund die Hälfte) werden von ihm häufig genutzt. Bei Grafikeinblendungen liegt *MrWissen2go* an der Spitze, er verwendet knapp 3 Bilder pro Minute, um seine Quellen offen zu legen. *KenFM* und *Tilo Jung* beziehen sich gemäß in ihren meist auf Interviews ausgelegten Videos auf dritte Personen als Quelle. Insofern listeten die meisten hier analysierten Videos dieser Influencer eine oder mehrere Personen als Quelle. Darüber hinaus wurden andere Quellen bei diesen beiden Kanälen selten genutzt.

Schienen im Falle der Quellenbetrachtung publizistisch-journalistische Standards im Grundsatz gewahrt, unterschieden sich die hier analysierten Beiträge allerdings teils grundlegend in der Aufbereitung ihrer Videos von professionellen journalistischen Formaten. Das konnte anhand der Besonderheit der festgestellten „Gagdichte" sowie der Anzahl der Grafik- und Videoeinblendungen belegt werden. Den meisten Unterhaltungswert bot in diesem Zusammenhang *Space Radio*, mit rund fünf Witzen pro Minute, den geringsten *KenFM*, der in seinen Interviews mit Politikern keinen Platz für Gags hatte. Auf Platz zwei der Gagdichte landete *LeFloid*, dessen Videos mit eingestreutem Jugendslang und Witzen besonders die jüngere Zielgruppe ansprechen sollte. Bei *Rayk Anders, Tilo Jung und SpaceRadio* überwog jeweils ein Themenschwerpunkt, vor allem der politische Themenbezug ist bei *Tilo Jung* (vier Fünftel aller Videos) und *Rayk Anders* (nahezu alle Videos) ausgeprägt. Der Kanal von *Anders* beschäftigt sich hauptsächlich mit internationaler Politik, wohingegen *Jung* den Fokus auf nationale Politik setzte.

3.2   *Instagram*

Insgesamt wurden auf dieser Plattform 260 Beiträge (Posts) der oben gelisteten Influencer erfasst und codiert.

Die drei untersuchten Persönlichkeiten *Elyas' M Bareck, Lena Meyer-Landrut* und *Stefanie Giesinger* wiesen nahezu jeden Tag des Untersuchungszeitraumes mindestens einen Post auf. Eindeutig erkennbar war, dass die Benutzung der *Instagram*-Storys einen weitaus größeren Anteil an veröffentlichten Inhalten einnahm als die regulär geposteten Beiträge.

Bei Betrachtung der Storyfragmente fiel auf, dass es sich überwiegend um Werbe- sowie und Promotion-Inhalte handelt. Dahinter steht oftmals ein Unternehmen, welches den veröffentlichten Beitrag in Form eines Bildes oder Videos entsprechend vergütet. Über die genauen Verhältnisse zwischen Unternehmen und Influencern lässt sich im Zuge dieser Inhaltsanalyse allerdings keine belastbare Aussage treffen.

Insgesamt zeigte sich ein recht geringes Aufkommen von politischen Inhalten (lediglich 2 Prozent aller Posts, n=5, N=260). Den größten Anteil der analysierten Posts machten hingegen „Unterhaltung" (130 Posts, 50 Prozent) und „Promotion/ PR" (45 Prozent) aus.[8] Die jeweiligen Promotion-Posts waren nicht immer klar als solche identifizierbar, denn auf dieser Plattform ist die Verschleierung von

---

8   Beide Bereiche sind allerdings nur schwer voneinander abgrenzbar, da eng miteinander verbunden. Allerdings wurde bei der Codierung darauf geachtet, dass als unterhaltend gekennzeichnete Inhalte keinen PR-Bezug aufweisen. Andererseits ergab sich während der Codierung mehrmals die Situation, dass Videos durch die Kategorien „Unterhaltung" und „Promotion/PR" nicht eindeutig voneinander unterschieden werden konnten.

Werbung im klassischen Sinne Programm. So ist klassische Produktwerbung eher selten zu sehen. Deutlich wird dies im Falle von Schauspieler *Elyas M'Barek*. Während des Untersuchungszeitraums befand er sich in Dreharbeiten. Hier nahm die Selbstdarstellung einen erheblichen Platz in der Gesamtheit der veröffentlichten Beiträge ein und konnte insofern als Marketingbeitrag für den kommenden Film gewertet werden.

In welcher Form Werbung/PR Platz auf der Plattform *Instagram* findet, zeigt sich deutlich an den Profilen von *Stefanie Giesinger* und *Sängerin Lena Meyer-Landrut*. Beide stehen in Kooperation mit der Kosmetikfirma L'Oreal. Während des Untersuchungszeitraums nahmen sie an einer Veranstaltung teil, die in Paris stattfand. Sie veröffentlichten ihre Storys über die Unterkunft, ihr Styling, dem Event selbst und vor allem auch über sich gegenseitig. Inwiefern die Intention also darin lag, ihren Follower ihre echte Begeisterung über die Veranstaltung mitzuteilen oder ein festgeschriebenes Pensum an täglichen Posts für die Firma L'Oreal zu erfüllen, kann hier nicht geklärt werden. Deutlich wurde aber die Marketing-Zielrichtung der Beiträge, die zudem keinen politischen Bezug aufwiesen.

Ein anschauliches Beispiel für offene Werbung auf *Instagram* lieferte ein Beitrag von *Stefanie Giesinger*. Sie verwies in einem Post auf die Firma Colgate. Durch die spezifische Bildunterschrift wurde deutlich, dass es sich um einen gesponserten Beitrag handelt. „Chill time @ the colgate Shooting" verweist mit einem Marker (Tag) auf den Account der Firma Colgate. Des Weiteren geben auch die verwendeten Hashtags #Colgate und #bringbackthesmile Aufschluss über die Intention dieses Beitrags. „Bringbackthesmile" gehört zum Slogan der Colgate Kampagne und unter diesem Hashtag finden sich außerdem weitere Fotos, die von Models dieser Kampagne veröffentlicht worden sind. Einen politischen Inhalt suchte der Beobachter auch in diesem Fall vergeblich.

3.3   *Twitter*

Auf *Twitter* wurden insgesamt 61 Posts der unter Punkt 2.3.3. genannten Personen analysiert.

Bei dieser Analyse fiel zunächst auf, dass die Angebote der gewählten Influencer unterschiedliche Veröffentlichungshäufigkeiten aufwiesen. In der zugrunde gelegten künstlichen Woche blieben die meisten Angebote tweetfrei. Deshalb gingen in der Summe lediglich 61 Posts in die Untersuchung ein.

Die Art des Tweets, der am häufigsten verwendet wurde, war eine Kombination aus Bild und Text. Insgesamt war diese Form in mehr als der Hälfte aller Tweets zu beobachten. Bewegtbilder waren nur in den wenigsten Fällen zu beobachten.

Innerhalb der Angebote der jeweiligen Influencer gab es allerdings erhebliche Unterschiede. *Heidi Klum* und *Ken FM* posteten in einem Dreiviertel aller Fälle jeweils Bild und Text, *Frank Buschmann* lediglich in etwa einem Drittel, bei *Joko Winterscheidt* machte dieser spezifische Anteil gerade ein Sechstel aus. Rund ein Drittel aller Postings bestand aus reinem Text. Das war für diese Auswahl die zweithäufigste Art eines Tweets. Erst auf Rang drei fanden wir Bewegtbilder, die weniger als bei jedem zehnten Post (5 von 61) beobachtet werden konnten.

Die durchschnittliche Länge der Bewegtbilder in diesen fünf Tweets betrug 38,5 Sekunden. Aufgeteilt auf die einzelnen Angebote war Folgendes zu beobachten: *Heidi Klum* postete im Schnitt 32,5 Sekunden werbliches Bewegtbild, *Frank Buschmann* hingegen nur durchschnittlich sechs Sekunden. Sowohl *KenFM* als auch *Joko Winterscheidt* posteten kein Bewegtbild.

Werbung und PR machten rund die Hälfte der inhaltlichen Schwerpunkte auf *Twitter* aus. Das überraschte uns, da wir *Twitter* primär als Nachrichtenmedium definiert hatten. Wie bei *Instagram* waren auch bei *Twitter* die Grenzen zwischen Werbung und PR fließend (u. a. in Selbstdarstellungen von *Heidi Klum*). Neben Werbung/PR waren Kommentare zum aktuellen Geschehen sowie Nachrichten zu beobachten. Etwa jeder zehnte Tweet enthielt eine Kurznachricht, welche die Abonnentinnen erreichte. In lediglich drei Fällen (3 von 61) waren Antworten oder Kommentierungen zu finden, die zu einer Äußerung einer dritten Person gepostet wurden. Diese Antworten werden dann mit sogenannten „Tags" (Markierung) versehen, sodass diese Person den neuen Tweet ebenfalls erhält. Alle Beiträge von *Heidi Klum* und *Joko Winterscheidt* waren von werblichem Inhalt, wohingegen die Beiträge von *KenFm* als politisch gewertet wurden. *Frank Buschmanns Twitter*-Kanal war der einzige, der alle inhaltlichen Kategorien, Werbung, Unterhaltung wie Politik, abgedeckt hatte.

Zu den jeweiligen Beiträgen in den einzelnen *Twitter*-Kanälen wurde untersucht, welche Hashtags eingesetzt wurden. Ein Hashtag ist eine Verlinkung, die durch das Raute-Zeichen hervorgehoben wird. Außerdem kann dem Nutzer eine Liste von so genannten Trending Topics angezeigt werden, die aufgrund solcher Hashtags erstellt wird. Die Untersuchung ergab, dass eher wenig Hashtags verwendet werden. *Frank Buschmann* setzte Hashtags noch am ehesten ein. Beispiele solcher Tags waren #malle oder #Telekombasketball. Auch *KenFM* verwendete diese Technik. Dieser bezog sich öfter auf das politisch-aktuelle Geschehen (Beispiel: #fürfrieden oder #FakeNews).

Um Bezug auf jemanden oder etwas zu nehmen, können in *Twitter* Zitationen verwendet werden. In diesen Quellen kann eine Person oder deren jeweiliger Kanal zitiert werden. Eine andere Möglichkeit eine Quelle zu nutzen sind Links. Diese können in den 140 Zeichen Text eingefügt werden. Nutzer können diese dann

anklicken, um auf entsprechende Seiten zu gelangen. Diese Art der Quellenanga-
be wurde von uns häufig beobachtet. Zitationen nahmen den zweiten Rang ein.
Insgesamt wurden von 61 Fällen 26 Beiträge mit einer Quelle gepostet. Ein Link
wurde 15-mal verwendet. Eine Person wurde sechsmal als Quelle angegeben. Die
restlichen fünf Quellenangaben verweisen auf eine „sonstige" Quelle, wie zum
Beispiel ein Foto mit Unterschrift einer Onlinezeitung ohne dazu auch die Zeitung
zu nennen (*KenFM*). *Heidi Klum* hat als einzige in keinem analysierten Tweet eine
Quelle verwendet.

4   Fazit: ein heterogenes Bild

Die experimentelle Analyse der Posts ausgewählter Influencer auf drei Social
Media-Plattformen hat gezeigt, dass politische Inhalte durchaus auch über Bewegtbilder verschiedener Angebote vermittelt werden. Insgesamt ergab die Analyse
aber in mehrfacher Hinsicht ein heterogenes Bild. Ungleichmäßig war die Häufigkeit und Menge der politischen Bewegtbildinformation auf den einzelnen Social
Media-Plattformen verteilt. Ungleichmäßig war aber auch die Verteilung politischer Bewegtbilder zwischen journalistisch orientierten Publizisten und anderen
bekannten Persönlichkeiten aus Kultur und Sport. Während erstere regelmäßig
politische Ereignisse thematisierten, hielten sich letztere deutlich mit politischen
Botschaften zurück.

   Deshalb können wir vorsichtig und in aller Vorläufigkeit folgern, dass formatbe-
zogene Angebote, die journalistisch oder zumindest journalismusähnlich bearbeitet
werden, offenbar häufiger politische Inhalte transportieren. Personenbezogene
Angebote waren in unseren Fällen eher PR- und marketinglastig ausgerichtet und
dienten zudem oftmals Unterhaltungszwecken. Vorsichtig kann gefolgert werden,
dass Unterhaltung offenbar stärker an marketinggetriebenen Inhalten (beispielsweise
Berichterstattung über „Shootings") angelehnt ist. Andererseits kommt Unterhaltung auch bei vielen hier analysierten politikbezogenen Angeboten nicht zu kurz
– das zeigt sich an der oftmals humorigen Aufbereitung politischer Sachverhalte.

   Aufgrund der plattformübergreifenden Analyse von Angeboten des jeweils
gleichen Influencers (u. a. *KenFM*) kann zudem vermutet werden, dass die einzelnen hier betrachteten Plattformen (*YouTube*, *Instagram* und *Twitter*) funktional
differenziert eingesetzt werden – je nach Stärke der einzelnen Plattform. Funktionale Differenzierungen wurden sichtbar im Hinblick auf die Machart der Posts.
Influencer, die auf mehreren Plattformen aktiv sind, versuchen, die Nutzer auf
ihren jeweiligen Hauptaccount zu leiten. Obwohl also auch auf *Twitter* längeres

Bewegtbild möglich wäre, werden Nutzer per Link eher auf den – hauptsächlich frequentierten – *YouTube*-Kanal geleitet.

Insgesamt können wir festhalten: Politische Inhalte stehen bei den exemplarisch ausgewählten Angeboten insgesamt nicht sehr hoch im Kurs. Eine Ausnahme bilden die publizistisch-journalistischen Angebote auf *YouTube*. Man muss allerdings einwenden, dass sich viele der in der Öffentlichkeit bekannten Personen, deren Accounts hier analysiert wurden, vermutlich bewusst nicht politisch äußern wollen, um Schwierigkeiten und Diskussionen zu vermeiden. Das hier vermutete bewusst Apolitische mag zum Konzept eines professionell geführten Accounts eines populären Sportlers oder Künstlers gehören.

Zum Schluss soll noch einmal betont werden, dass die vorliegende Analyse mit methodischen Einschränkungen behaftet ist und deshalb als „experimentell" zu werten ist – unabhängig von der Tatsache, dass dennoch interessante Forschungsaspekte sichtbar geworden sind. Insgesamt war der Analysezeitraum relativ kurz, aber auch die methodische Validierung lässt Wünsche offen.[9]

Dennoch bleibt zu hoffen, dass die Ausrichtung der Untersuchung dazu führt, dass auf einem breiteren und sichereren methodischen Fundament, weitere Analysen durchgeführt werden, die sich mit der Thematik des politischen Bewegtbildes befassen – die Frage, ob und wie sich Jugendliche über politische Sachverhalte informieren, ist relevant genug.

Literatur

ALM [Die Medienanstalten] (Hrsg.) (2016): *Digitalisierungsbericht 2016. Kreative Zerstörung oder digitale Balance: Medienplattformen zwischen Wettbewerb und Kooperation*. Berlin: Vistas Verlag.

Anders, Rayk (2017): *Ja, ich arbeite für die Öffentlich-Rechtlichen. Und JETZT?* Online: https://www.*YouTube*.com/watch?v=29a4T2MnHeM [20.02.2018].

Bakshy, Eytan, Hofman, Jake M., Mason, Winter A. & Watts, Duncan J. (2011): "Everyone's an Influencer: Quantifying Influence on Twitter." In: *Proceedings of the fourth ACM international conference on Web search and data mining*, 2011, 65-74.

Blumler, Jay G. (2013): *The fourth age of political communication. Keynote address delivered at a Workshop on Political Communication Online*. FU Berlin. Online: http://www.fgpk.

9 So wurden die Daten zwar von den einzelnen Teams erfasst, die jeweils auch die Codierpläne erstellt hatten, allerdings gab es dann keine systematischen Intracoder-reliabilitätsberechnungen mehr – ein Manko angesichts der teilweise schwierigen Abgrenzungsfragen beispielsweise zwischen PR und Unterhaltung.

de/en/2013/gastbeitrag-von-jay-g-blumler-the-fourth-age-of-political-communication-2/ [20.02.2018].

Beaumont, Claudine (2008): "The team behind Twitter: Jack Dorsey, Biz Stone and Evan Williams." In: *The Telegraph*. Online: http://www.telegraph.co.uk/technology/3520024/ The-team-behind-Twitter-Jack-Dorsey-Biz-Stone-and-Evan-Williams.html [20.02.2018].

Bürger, Tobias & Dang-Anh, Mark (2014): „Twitter Analytics." In: Welker, Martin, Taddicken, Monika, Schmidt, Jan-Hinrik & Jackob, Nikolaus (Hrsg.): *Handbuch Online-Forschung. Sozialwissenschaftliche Datengewinnung und -auswertung in digitalen Netzen*. Neue Schriften zur Online-Forschung, Band 12, Köln: Halem, 284-302.

Carmines, Edward G. & Huckfeldt, Robert (1998): "Political Behavior: An Overview." In: Goodin, Robert E. & Hans-Dieter Klingemann (Hrsg.): *A New Handbook of Political Science*. Oxford et al.: Oxford University Press, 223-254.

Cha, M., Haddadi, H., Benevenuto, F. & Gummad, K. P. (2010): Measuring user influence on twitter: The million follower fallacy. In 4th Int'l AAAI Conference on Weblogs and Social Media, Washington, DC

Derrer, Jan (2010): *Einsatz und Verbreitung von Bewegtbild- und „Multimedia"-Inhalten am Beispiel von vier Deutschschweizer Nachrichtenportalen*. Masterarbeit im Studiengang „New Media Journalism", Leipzig School of Media, Leipzig. Online: https://www.leipzigschoolofmedia.de/fileadmin/content/Dokumente/Masterarbeiten/NMJ/Masterarbeit_Derrer-Jan_2010.pdf [20.02.2018].

DLM [Direktorenkonferenz der Landesmedienanstalten] (Hrsg.): *MedienKonvergenzMonitor der DLM, MedienVielfaltsMonitor. Ergebnisse 1. Halbjahr 2017. Anteile der Medienangebote und Medienkonzerne am Meinungsmarkt der Medien in Deutschland*. Online unter https://www.die-medienanstalten.de/fileadmin/user_upload/die_medienanstalten/Themen/Forschung/Medienkonvergenzmonitor/DLM_MedienVielfaltsMonitor.pdf [20.02.2018].

Drotschmann, Mirko (2014): *Gestatten: Wissen2Go – Herzlich willkommen!* Online: https://www.YouTube.com/watch?v=OvtzcveUTY8 [20.02.2018].

Faßmann, Manuel & Moss, Christoph (2016): *Instagram als Marketing-Kanal. Die Positionierung ausgewählter Social Media Plattformen*. Wiesbaden: Springer VS.

Flemming, Felix & Marcinkowski, Frank (2016): „Der ‚trap effect' des Internet. Ausmaß und Folgen inzidenteller Rezeption von Wahlkampfkommunikation im Internet während des Bundestagswahlkampfs 2013." In: Henn, Phillip & Frieß, Dennis (Hrsg.): *Politische Online-Kommunikation. Voraussetzungen und Folgen des strukturellen Wandels der politischen Kommunikation*, 193-214.

Gladwell, M. (2000): *The Tipping Point: How Little Things Can Make a Big Difference*. Little Brown, New York, 2000.

Hennig, Bettina & Schulz, Rike (2014): *Klatsch. Basiswissen für die Medienpraxis*. Journalismus Bibliothek, Bd. 7, Köln: Halem.

Katz, Elihu (1957): "The Two-Step Flow of Communication. An Up-To-Date Report on an Hypothesis." In: *Public Opinion Quarterly*, 21 (1), 61.

Katz, Elihu, Lazarsfeld, Paul F. & Roper, Elmo (1955): *Personal Influence. The Part Played by People in the Flow of Mass Communications*. Somerset: Taylor and Francis. Online https://ebookcentral.proquest.com/lib/gbv/detail.action?docID=4926191 [20.02.2018].

Kempe, David, Kleinberg, Jon & Tardos, Eva (2015)[2003]: "Maximizing the spread of influence through a social network." In: *Theory of Computing*, Volume 11 (2015) Article 4, 105-147, online: https://theoryofcomputing.org/articles/v011a004/ [20.02.2018].

Klapper, Joseph T. (1960): *The effects of mass communication*. 4. Aufl. New York: Free Press.

Kobilke, Christina (2014): *Erfolgreich mit Instagram. Mehr Aufmerksamkeit mit Fotos und Videos.* Heidelberg: mitp Verlag.

Kwak, Haewoon, Lee, Changhyun, Park, Hosung & Moon, Sue (2010): "What is twitter, a social network or a news media?" In: *ACM: Proceedings of the 19th International Conference on World Wide Web,* New York, 591-600. Online: http://dl.acm.org/citation.cfm?id=1772751 [20.02.2018].

Noelle-Neumann, Elisabeth (Hrsg.) (2002): Das Fischer-Lexikon Publizistik, Massenkommunikation. Aktualisierte, vollst. überarb. und ergänzte Aufl. Frankfurt am Main: Fischer.

Rössler, Beate (2001): *Der Wert des Privaten.* Frankfurt/Main: Suhrkamp.

Rössler, Patrick (2008): „Das Medium ist nicht die Botschaft." In: Welker, Martin; Wünsch, Carsten (Hrsg.): *Die Online-Inhaltsanalyse. Forschungsobjekt Internet.* Neue Schriften zur Online-Forschung, Band 8, Köln: Halem Verlag, 31-43.

Schuto, Steven (2016): *Geht unsere Welt unter? Oder sind wir zu gut informiert?* Online: https://www.*YouTube*.com/watch?v=Q5m6XLYae9E [20.02.2018].

Schweitzer, Eva Johanna (2008): „Politische Websites als Gegenstand der Online-Inhaltsanalyse". In: Welker, Martin & Wünsch, Carsten (Hrsg.): *Die Online-Inhaltsanalyse. Forschungsobjekt Internet.* Neue Schriften zur Online-Forschung, Band 8, Köln: Halem Verlag, 44-102.

YouGov (2017): *Politisches Informationsverhalten der Deutschen. Nutzung traditioneller und neuer Medien bei der Suche nach politischen Informationen.* PDF. Online: http://campaign.yougov.com/DE_2017_Informationsverhalten_der_Deutschen_Landingpage.html [20.02.2018].